致女儿书

王朔 著

北京出版集团公司
北京十月文艺出版社

目 录 | Contents

致女儿书

关于咱家我这一方的来历

有一天夜里，看见这样一个画面：夕阳下，一座大型火车站的道口，很多列车在编组，在进站，层层叠叠压在一起，像有人在拉无穷大的手风琴。

你从暗绿色的一节车厢露出身子，跳下路基，圆圆的笑脸，戴着嵌有蓝珐琅圆帽徽的无檐帽，穿着沉重长大的俄式黄呢子军大衣，帽檐和双肩披着一层光芒，是一个远方归来休假的女兵，满心欢喜，迫不及待。

这是你出生的那一刻，你在宇宙洪流中，受到我们的邀请，欣然下车，来到人间，我们这个家，投在我们怀中。每个瞬间都是一幅画，美好的，死亡那一刻也是如此。

你是从画上下来的，我们都是，我们为人之前都是在画中。永恒是一幅无涯的壁画，我们是其中的一抹颜色。

这之后也要回到画中，所以不要怕死，那就像把降落的镜头倒放。

向天上飞去是不疼的，因为你不会撞在一个结实的平面上，是一个没有落点和终点的过程，不结束。是溶在里面，像黄油抹在一片烤热的面包上。到你想找自己，已经渗透开来，在灿烂之中。

你就是灿烂，如果灿烂有眼睛的话。你会看到自己的出生，看到一切，因为这一切原封不动一五一十摆在你眼前。

你会忘了人间的爱恨情仇，因为你已经不是人，无法再动哪怕一下人的感情。

失去感情怎么再记住这一切？在永恒中，人生没有长度，因为永恒没有时间，都在一起，不分你我，不像人可以留意，有属于自己的回忆。

那就是善，泰然的，不针对任何东西，又包罗万象，因而壮美，可叫世界。也可叫我，我们，反正一样。

我们都是上帝，人这一生，是我们精神分裂时的一个浮想。

人生的意义止于人生，你不要悲切，有不做梦的，没有梦不醒的，你要这么看。

我是你叫爷爷奶奶的那一男一女带进梦里的，和你一样，也是别无选择。

我来的时候是步行，沿着一条大江走了很久，也是在夕阳中。

波涛汹涌的大江高出地面，悬浮列车一样闪着光从我头顶无声轻快地掠过。远处的平原是黑暗的，有大块雨云在上面飞播。雨点是闪亮的，移动的，集中射向一块块地方，竟然像探照灯把一片片湖泊、房子和旷野照亮。

中间一度我在水里，那样厚而有弹性的江，伸出很多张脸和噘起来的嘴撞到我皮肤上，在水下也不需要氧气。那时我想，我是淹不死的。

我们生在中国，就是中国人，不必多说。

中国是最早有人的地方，北京这一带就有猿人坐地演化。

最早都是人不人鬼不鬼，披头散发坐在树梢上，喝西北风，一年四季吃水果。忽然雷劈下来，大树一棵接一棵烧起来，像盛大的火炬接力赛。大火过后头上全是天空了，那敞亮，那浩荡，真叫猿猴崩溃，像咱们现在被扒光了衣服扔到大街上。只得蹲在草棵子里，鬼鬼祟祟地行走，一步一瞭望，脖子短的，罗圈腿太严重的，撞进大野兽设下的局，对这个世界的最后印象就是一张血盆大口。腰长的逃进山洞，重新考虑自己的未来。

那实在是一个毫无希望的局面，相当于一声令下咱们都要回到树上或海里生活。根本不是有决心有毅力就能做到的，要从进化做起，重新把自己变一个样子，要调整骨骼，改变比例，换牙，换人生观，从一个吊环冠军有水果吃的飞贼变成一个宽肩膀全世界走路最慢的拐子。相信整整一代猿人思想都转不过弯来，都是在生活贫困和绝望中悲愤去世。也不止一代了，几十万年都是这个情况，身体条件不好，一生下来就是食物链中比较靠前那种。几十万年啊，人类作为大野兽菜谱上的一种食物，像今天的猪羊和果子狸，存在着。谁要在那时候被生下来，真是倒血霉了，多少代的猿人精英还没来得及发展就被吃掉了，或者自杀了——那时如果有人想对这个世界进行思考只能是狂奔出去纵身跳崖或者跳河。

再困难也要活下去，像今天依然能看到那样，最愚昧的人活得最好，是一批傻子支撑着人类，或者用阿谀人民的人爱说的话——是人类的脊梁。

那时候哪有正经吃的，说是打猎，其实是捡剩饭，冒死跟在真正的猎人剑齿虎后面，人家吃完，拣些骨头回家，敲骨吸髓，永远是半饥半饱，哪里谈得上营养和健康发育。

冬天天冷，大雪封山，一出门就是一溜脚印，跟踪别人经常被人家反跟踪，搞不好就被人家抄了窝子堵着山洞像守着冰箱一样样吃。

那时的荒野就像油田，到处火炬，那是下雨雷劈着了野火的树，很好看。

有手欠的，掰下一枝举着回山洞，拢在洞里，既暖了身子又照了亮，砸不烂啃不开的蹄头兽脑也烤焦了，有烤杂拌的香气。

也不用一晚上一晚上不敢合眼守着动静，剑齿虎闻着味儿摸来了，瞅一眼又走了。洞里这帮就骂：操！你也知道怕呀。

这之后人类才有完整睡眠，睡眠好，大脑紧张才缓解下来，才有梦，有夜生活，悠闲、翻来覆去最终导致面对面的性生活，产生缠绵和美好的感受，有质量的性交导致出生率的上升和有婴儿质量的上升，从生理上保证了领袖人才和理论家的出现。

再出来人多势众，举着火把，大家脸上露出了微笑，重新有了冠军的感觉。理论家审时度势，指出：不要再跟着人家后面跑了，没看到它们看到我们都跑吗，我们来给飞禽走兽组织一场赛跑，金牌是活下去，跑不快的惩罚是都变成烤肉。理论家说完，点燃了脚下荒草，同志们一字排开，放火烧山。

那是一个什么样的场面呢，整个山冈、平原都变成烤炉和煎锅，野兽跑着跑着就熟了，油汪汪地躺下，外焦里嫩；鸟飞飞就慢了，就熟了，外焦里嫩；天空中成千上万只鸟笔直地掉下来，像射肉箭，下肉雹子，山头上猿人们欢声雷动。

这回丰盛了，遍地宴席，最高兴的还是小孩子，原来只能流着哈喇子含着手指头看的走肉，这回都吃着了，吃不了的做火腿和腊肉。

就有皮子了，做衣裳，做弹弓，做小鼓，做小船，睡软和点；骨头也省下了，做箭头，做针，做鼓槌，做号，代替自个儿喊。

再开春，贴河边走，打鼓吹号，一路放火，沿途吃着烧烤和鱼生刺身。

有一天，北京猿人和蓝田猿人会师了，两大主力合为一股，十分自信，就在河边住下了，搭棚子，洗洗涮涮。

两队身后已烧成一望无尽的平原，正有些彷徨，春风吹又生，野小麦从施了草木灰的地里长出来了，一片金黄。

试吃员叫神农氏，把所有植物都吃了一遍，屡次中毒，上吐下泻，接着胡吃，止了泻，于是有黄连素。选举国家领导人的那天，是小麦成熟的季节，放眼望去一片金黄，大家指小麦喜悦地结巴起来：黄、黄……转脸看见刚选出的这位，又一齐指着他结巴：黄、黄帝。

炎帝是一个纵火犯，到处放火，为黄帝所擒，发挥特长，管理火堆。

当时都不结婚，只知其母不知其父，遇见其他野人，问起是哪儿的，都说是炎黄子孙。

也不排除这二老一个管吃的，一个管生火，哪个女的能睡在火边第一排

也是待遇，饱暖思淫欲，权力是最好的春药，女的也愿意找他们，确实是他们生的孩子多，成活率高。

也可能炎、黄就不是一个人名，是官称，职务，粮食局长、饭店总经理、计划生育领导小组组长什么的。求壮大嘛，刚从动物那儿发展过来，优秀传统就是谁身体好谁上，一个成药渣儿了一个接上去，位子不能空了，反正都是一脸泥，都是结巴，在女的眼里都一个德性。那时女的也都是一脸泥，也都不好看，男女找对象都不看脸，谈恋爱也就这几千年陆陆续续听说有这么回事这几十年蔚然成风，由此上溯炎黄五帝到山顶洞人几十万年都是强奸过来的。

"天塌下来有高个儿的顶"，说的就是当时那种原始选举的草率和单一的标准。

王昭君去匈奴，跟完父亲跟儿子，都叫单于。说黄帝活八百岁，那种卫生条件和恶劣环境，我就不信。

第一本房中术为什么叫《黄帝内经》，那个认识，要经过大象量，根本不是一个人能完成的。那是一个职业、一个行当的工作总结，类似《电工手册》。古代的人总比我们离事实更近。

那时候喝面汤，也叫糊糊，疙瘩汤。喝不了的，忘一边了，天热，隔了夜，发酵了，成酒了。有小气的，舍不得倒，一喝，美了。再喝，成醋了。也成。有时糊糊稠了，发酵了，大起来，胡乱再烤，成面包了，巨香无比。从此知道吃干的了。

那时也不论顿儿，饿了张嘴就要吃，来不及发面，直接贴锅上熟的，叫馍，陕西人今天也吃，掰碎了，泡肉汤里。

馒头是再后来，为了省火，下面烧汤，上面蒸面。我小时候，食堂做米饭，都是搁笼屉里一碗碗蒸出来的。

这是咱们北方人，四季分明，一会儿有一会儿没有，要种地，养一些肉，挖地窖，烧土为砖，发展各种手艺和工具，到冬天才能忍过去。

南方人，永远有的吃。果子也可以吃，虫子也可以吃，饿了就上树，一年四季见太阳，所以他们晒得黑黑的，面孔也不急于进化，到今天很多热带人民还处于自然状态。

这是世界范围。

中国南方人大都不是南方古猿的后代，基本是北方跑过去的难民。

潮州人是陕西人，秦始皇原来就讲汕头话。

杭州人都是河南人，西晋"五胡乱华"接着金兵南下一拨拨游过去的。刚去还牛掰，都是门阀世家高级知识分子，终日吸毒终日侃山，喝大酒吃豆腐干，把河南那点糜烂和爱好都化为江南的纸醉金迷和急管繁弦。

广东人、福建人、客家人也是河南人，可能还有山西人。他们那话都带着宋朝味儿，今天是听不懂了，一念唐诗就押韵。

你看广东人，他们吃得那么杂专跟野生动物过不去带有强烈的难民特征。翻山越岭刚到一个地方，当年没收成，只能逮着什么吃什么，猫和老鼠都吃(有记载蒙古统治时期的奴隶动物蛋白补充主要靠鼠肉)。日后回忆起来津津有味，记录在基因里，遗传给下一代。

他们开发南方有功，保存汉族风俗包括封建迷信有功，就一条，嘴贱。

咱们的餐桌上总是不如南方人丰盛。咱们急了眼吃土、吃树皮、吃小孩和姑娘。文明的火炬就这么一棒接一棒被他们传到海边上去了。

中华民族是来自五湖四海的，汉族本身就是一个混血民族。北京猿人一个妈生的，流徙四方，五十万年后都不认得了，再结婚也出现杂交优势。

残酷的过程啊，旱的旱死，涝的涝死，活下来的都是冠军代表队。

到了汉朝，白人的队伍，匈奴来了，全国都在马背上。汉武帝有小布什那样的抱负，在他这一任把所有仗打完，打了三十年，全国户口减半，一个法国打成了加拿大。

经过三国演义，到晋，"天下不耕者二十余年"，成捷克了。扒拉来扒拉去一千六百万人，北方就剩八百来万，一个瑞典。

移民吧，匈奴鲜卑羯氐羌中亚西域老外移进来小九百万，匈奴和羯住山西，氐、羌住甘肃陕西，鲜卑东起辽东西迄青海，已然一半对一半，互相瞧着都新鲜。

新来的总是浑身有使不完的劲，到唐，北京军区司令安禄山就是突厥人，土耳其系列的，河北已经没人会说广东话了，尽操胡语，妇女骑马带弓，扬臂可闻狐臭。

后来蒙古，那也是多国部队，斯拉夫人、匈牙利人、萨拉森人、波斯人、畏吾儿人、犹太人，进中国都叫回民，汉族人觉得他们的眼睛像宝石，给他们起名"色目"。

游牧民族打仗像开嘉年华会，妇女儿童都出来观看，赶着牛羊，马队前面走着五花八门的各国人士。

这之后，谁要说是汉族得脱袜子，小脚指头指甲盖坡平的就不是，汉族都是两瓣。还有一个办法，看胎记，纯汉族生下来屁股上都有两块青。据说还有锛儿头眉际之分，大小双眼皮，总之一笔糊涂账。

皎皎者易污，你看老姜的女儿老崔的女儿，蒙古人种和高加索种生的孩子，牛奶里加鸡蛋，做出的蛋糕就是起司的，老牙色，就均匀。加黑人，怎么做躲不开巧克力。

再往后，下死劲揉中国这团面的是满族大师傅，等于不放奶多磕鸡蛋，到咱们上好几代，一盘子鸡蛋糕——点俩黑葡萄。

咱俩的眼睛一单一双分头来自蒙古和高加索；大脸蛋子来自唐朝；煎锅底一样的后脑勺来自东北满族；红头发来自五胡乱中华。奶奶年轻时一头红发，像宫墙的颜色，他们家五个兄弟姐妹加上父母都是黑头发，就她一人满头燃烧，应该是隔代遗传。到大大，像一染红钢笔水；到我，像蜡烛苗；到你，忽成一顶小草帽。你妈妈深目尖鼻桃子下巴，肤色像可乐加冰，掉进德黑兰卡萨布兰卡闲人堆里就找不出来，他们湖州古代也是水陆要道，元军重点占领的地方，可惜你一点没继承她。

奶奶家这一支姓薛的是从山西跑到辽宁的。从薛仁贵王宝钏开始老薛家就跟老王家联亲，到薛宝钗她爸妈是这样，到奶奶她爸妈还是这样。

奶奶她爸姓薛她妈姓王。

老王家姑娘长得好看自古就很出名，曾经是中国出口的最著名的产品。

山东这块儿有一家，跟江苏姓刘的好上了，姓刘的在汉朝当皇帝，老王家就成了皇后专业户。也是姑妈介绍侄女，一代一代肉烂在锅里。

老王家唯一一回坐天下就是这次吃软饭吃出来的。老王莽，小舅子加老丈人加老外公三位一体，一高兴把小刘的天下端了。开了一很不好的先例。后两朝曹操、司马兄弟都学会了这手，当了大将军就把皇上变成姑爷，先搞成一家人再说。

第一个王朝是汉武帝时的国家气象局长，官拜"望天郎"。知识分子型干部，勤勤恳恳的。后来姑娘们惹出祸来，刘秀这样挨不上边的远房亲戚出来主持正义，朋友也没得做了。

王这个姓，还是火到了南北朝，党校一样出干部出会聊的，很牛逼地谁也不尿，之后一只只飞入寻常百姓家。

"信口雌黄"说的就是西晋老王家一个最会聊的国防部长，"清谈误国"说的也是他。

这是往南跑的。比较惨比较没觉悟的还有一些，"闻匈奴中乐"，和匈奴人对着跑。到晋，辽东地区"流人之多旧土十倍有余"。

这里有一孩子，在蓬莱下了海，本来是去看海市蜃楼，看见了，靠了岸，上去是大连。

这孩子就是爷爷家先人。

爷爷家先人上了岸，走走停停。奶奶家先人这时从张家口过来，也在找幸福。

也不知俩孩子谁先谁后几百年当中，反正都走到鸭绿江边，看见凤凰城不错，落下脚，都别吹了，种地为生。

凤凰城出玉，小时候总听爷爷奶奶说他们是凤城人，到我上小学要填籍贯，爷爷叫我填岫岩，搞不清这地名变迁的由来，大概是解放后重新划县了吧。

爷爷他爸是乡村小学教师，除了教书还种着几亩地，今天说就是"民办教师"。我懂事前这个老爷爷就过世了，家里有照片，抱着大大，后排站着年轻的爷爷奶奶，二叔二婶（从我论），是个留一圈山羊胡子耷拉着皮瘦出骨相的老头，眼神和爷爷晚年的眼神一模一样。

照片上还有爷爷他妈，抱着我，老两口并肩坐在儿、媳们身下。老太太个子不高，有些驼背，佝偻着，头发很多很茂密，整整齐齐梳在脑后；一张长脸，布满皱纹仍显得五官疏朗，一双踮起来的大脚。

这个老奶奶是满族，依我看，从爷爷到我，到你，咱们平头正脸一副正楷的样子更多的是来自这个老奶奶。

东北很多满族，岫岩就是一个满族自治县。看老历史照片，民初时期一个满族村庄的妇女儿童很郁闷地坐在村头晒太阳，那些满族姑娘梳着大辫子或空心高髻，穿着没腰身的大褂，唱戏的不像唱戏的，扫地的不像扫地的。

其中一个一身白挺俊的姑娘回头看镜头，远远皱着眉头，大概就是老奶奶年轻时的模样吧。

这时满族人眼睛中已经全无金戈铁马气吞万里的神采飞扬了。

满族是一个很强悍很电视剧的民族。区区几万壮丁，大张旗鼓两次入侵中原，第一次灭北宋，第二次灭大顺南明，建立起中国最后一个疆域辽阔的多民族大帝国。今天中国的版图，除去民国初年独立出去的蒙古和晚清割给帝俄的远东部分，基本上就是那时清的势力范围沿袭下来的。

一个避暑山庄，把长城废了，把两千年解决不了的华夷之分、农牧之争，一刀抹了。"长城内外是一家"，这个话也只有当年雄视天下的满族人敢讲，汉族人讲了就是汉奸。可以说，有满清一代，中华民族才真正五味调和。

满族这个靠胳膊根儿起家的民族，曾经很残酷地和汉族作战，岳飞故事你知道，清初征服南中国也搞过几次大屠杀。他们刚在东北建国时把当地汉族人不分良贱统统掠为奴隶，这里包括了爷爷的父系祖先和奶奶全家。

两百多年风吹雨打，没人劝，这民族自个儿变成一个爱好文艺和美食的民族，成了败家子、贫嘴呱舌和穷讲究一帮人的代名词。八旗兵跟洋人打仗，都跟北京饭铺里叫盒子菜，瞧着就不像话。

中华民国说是武昌起义打下来的，不如说老袁连蒙带诈讹过来的。隆裕太后和小宣统那娘儿俩脑子都不够使也没人好意思跟他们算账大清国也算善终吧。

之后的满族人就剩典当家产和靠玩意儿混饭了，改出写字的、画画的、唱戏的、说相声的、拉洋车的和倒卧。今天还有几个后代在搞喜剧的。

说北京人能聊，拿自己不当外人，说大话使小钱，穷横穷横的，都是满族人带出来的。辫子没了，语言文字也没了，姓也改了，再脱下长袍马褂，比汉人还汉人。

完颜的汉姓就是王，不太较真的话，我也可以叫完颜朔。

从成功走向消失，消失得这么彻底，汉语拼音乌安——完，这就是为什么说满族很电视剧，大概可以作为犹太人相反的一个例子，可以想象如果他们偏安东北一隅不来君临中原，至今还会有个民族的样子，尽管可能落后得很难看。

一方是几百年熬上来的奴隶，一方是万劫不复的主子，这是咱们爷爷这一血脉的两条来路。

奶奶她爸是个小生意人，算盘打得好，一九四九年以后在沈阳一家商店当会计。她妈是家庭妇女。

爷爷说小时见过奶奶的爷爷，外号薛大烟袋。

奶奶她妈好像也知道一点他们老王家的事，当初爷爷奶奶要结婚时就不太同意，说他们老王家身体不好，担心遗传病的意思。这是爷爷去世后我听老姨奶奶和奶奶念叨的。

爷爷奶奶两家都是多子女家庭。爷爷有两个弟弟，一个妹妹和五个姐姐。姐妹们都很早去世，现在只剩两个弟弟我叫二叔和老叔的还在。一个在沈阳，一个在长春，都得了脑血栓，生活不能自理。

脑血栓是他们老王家的遗传病，包括爷爷一家人大都死在这个病上。大大若活到老年，那样的体形，恐怕也免不了。

奶奶说，爷爷的基因缺陷都遗传给大大了。

我只遗传了一个痛风。这个病传男不传女，所以你是安全的。

话虽这么说，你也要注意，咱们都有发胖的基因。

奶奶有两个兄弟两个妹妹，早年有一个妹妹夭折了。这四个兄弟姐妹都

还在。两个姨奶奶你都见过。

奶奶她爸这边大概是小地主，殷实人家。

她妈这边一直混得不好，到她姥爷这一辈还在给人家扛长活。

这家人是当地有名的大地主，姓刘，跟王家有点瓜葛，爷爷的一个姑姑嫁给这家人的儿子当过媳妇，后来死了。爷爷管这家人的儿子叫姑父。

奶奶的姥爷虽然在人家当长工，但和东家关系搞得很好，女儿认了人家老太太当干闺女，和这家人儿子姐弟相称。所以，爷爷的这个姑父同时也是奶奶的干舅舅。

这位姑父兼干舅舅，曾在爷爷奶奶两家生活中起过重要作用。对咱俩来说，最重要的是爷爷和奶奶的认识结婚似乎是这位姑父的女儿介绍的。

和爷爷从不提自己的父母不同，奶奶很崇拜自己的母亲，十分爱说她妈。

我小时候，家里也是和母亲这边亲戚走动得多，两个姨奶奶一来，姐儿几个的一个长青话题就是聊我姥姥。

她们都已经为人母了，聊起妈来仍像小女儿一边叽叽喳喳一边啧啧赞叹。

奶奶形容她妈，用得最多的词是"刚强"。她讲，她妈十九岁嫁进薛家第一个大举动就是在干兄弟的帮助下逃出婆家，去日本找十六岁的丈夫，用奶奶的话说"反抗封建婆婆"。

那个年代，一个农村小媳妇，裹着小脚，不识字，漂洋过海找老公，既是冒险又是丑闻。

奶奶她爸当时在大阪一间丝绸铺子当学徒，挣不了几个钱。奶奶她妈去了，一个接一个生孩子，供一家子，吃不起肉，怕人笑话，奶奶她妈就跟日本邻居说，我们信佛，吃素。

一家孩子都只有一件好衣服，奶奶她妈连夜洗，连夜熨干。第二天穿出去，日本街坊都夸，呦，你们家孩子怎么天天穿新衣服呀。(是不是讽刺啊？)

这帮日本人也是小市民。

咱家有一张照片，奶奶拉着她哥的手和她爸她妈在大阪一个公园里和鹿一起的合影。

都穿得很体面，和洋混杂，是那时日本小资产阶级一家的典型装束。

身上的衣服也许都是她妈刚熨干的吧。

奶奶说这些总是喜不自胜，满脸放笑。她说，姥姥可开明了，那时就说了，女孩子必须念书，将来独立。

奶奶生在大阪，她对人殷勤起来那个劲儿总让我想起传说中的日本女的。

奶奶说，姥爷在日本辛苦了几年，存了一些钱，回东北经商，开了一家铁工厂和一间绸缎庄，发了。

在大连买了海边的房子，"家里天天吃席"。

那时东北叫"满洲国"，是日本人替溥仪做的复国大梦。奶奶说那时她不爱吃肉，只吃水果，对皮肤好。

说自己"最会来事儿"。晚上弟弟妹妹都睡了，她一人等她爸下班回家，她爸总给她带栗羊羹、糖炒栗子什么的。

我问奶奶，全国人民艰苦抗战，你们家日子过得那么滋润，我姥爷不会是汉奸吧？

三姨奶奶说，你姥爷胆可小了，不招谁不惹谁，就是个本分的买卖人。

我问，我姥爷算大资产阶级吗？

三姨奶奶说，小资产阶级小资产阶级。

奶奶说，她们小时不知道自己是中国人，学校全是日本老师，语文课念的是日文。她有一次在大街上看见一个人，同学们指指点点议论，说，瞧，中国人。

爷爷说，亡国奴自个儿不知道。

爷爷一直说奶奶是咱们家的亲日派，奶奶什么事都爱和爷爷戗戗，唯独这件事满不在乎。奶奶确有日本情结，不好讲亲日吧也一向乐以知日派自居。

爷爷不喜欢日本人，日本人在农村比在城市里不是东西。爷爷一提起日本人就称他们"小日本"，但他又说"最坏的是高丽棒子"。

奶奶说爷爷家是"穷棒子"，这是东北人过去对穷人的蔑称。奶奶一这么说，爷爷就很激动，说奶奶是小资产阶级清高，骨子里瞧不起劳动人民。这在毛泽东时代是很严重的指控，差不多等于说这个人是思想犯。但就在那样的时代，也没见爷爷把家里穷当光荣的事，否则他也不会这么生气。

爷爷的腿上有一大块亮闪闪的疤，我小时候听忆苦报告听拧巴了，认定那是地主家狗咬的。

爷爷说不是，是小时候生冻疮留下的。

我要他忆苦。他说他上到初一就因为家里穷休学了。说大年三十大雪纷飞走很远的山路到地主家借了三十块钱和一袋面回家过年。

我说地主怎么会借给你。他没好意思说地主也不都是坏人，而且还可能是亲戚，还可能出共产党。

爷爷后来参加抗日，进太行山当八路就是地主儿子爷爷他姑父安排的。

那是一九四五年，从关外到关里是国境有海关检查。爷爷的表姐一副阔小姐派头把他带了出去。那时这个姑父已经是共产党方面的高官。

出关前，爷爷在一家粮店当过管吃不给钱的小伙计。跟我说每天的工作是把面口袋吊起来拿棍子抽，抽下的面粉是赚的，然后把成袋面原价卖出去。

爷爷还当过满洲国的警察。这他不说，是"文化大革命"时有一次我偷翻他抽屉看到他写的交代材料。

有一次他打我，说我不学好。我说你还当过伪警察呢。他一下颓了。

奶奶家日本投降后败落下来，铁工厂和铺子被政府当逆产没收了，那也不证明姥爷和日本人有勾结，当时国民党接收大员到了沦陷区，很聪明的发财手法就是扣你个"附逆"的帽子侵吞了你的财产还叫你没处喊冤去。

中国官吏第一本领就是欺负本国百姓，这也是在中国做百姓最寒心的。

到一九四八年，国民党在东北失败，奶奶家已经沦落到靠变卖家产过日子，最后一套细瓷餐具也拿出去换了苞米面，可说是一干二净。

共产党进了沈阳，给老百姓重划三六九等，新词儿叫"成分"。姥爷定的是城市贫民，比无产阶级——产业工人略逊一筹，不属于严办对象，近乎农村无地流民我以为——属不属于联盟基础这要请教党校专家。

这中间出过一件对女的是大事的事儿。我也是最近看奶奶自己写的自传才知道的。奶奶这自传写得不得要领，通篇如工作简历加思想汇报，只有这件事——堪称隐私——本人作为儿子相当震撼。本想告知你，但奶奶自己说将这段删了——最近。我也只好隐了。你猜吧——照女人最无奈又貌似为家庭牺牲那方向猜。我可不想让奶奶觉得我故意——她已经时而流露、指责我报复她。

我只能告诉你那件事发生的时间：一九四九年。背景：国共东北最后一战，辽沈战役——史称。地点天津。

故事的前半部分是林彪围长春饿死很多人。奶奶一家怕沈阳也被围城，决定姥爷留下看家，姥姥带着奶奶和其他几个姨和舅舅到北平避战。

奶奶是家里最大的女儿，姥姥是小脚，几个姨和舅舅都是小孩，到了北平要紧的事只能由奶奶出面奔走。

奶奶拿着家里最后一笔钱去买粮食，结果被带她去的人，大舅一个东北大学的同学给骗走了。骗术也很简单，那个人带奶奶去粮店，让奶奶在外边等，自己拿钱进去，从另一个门溜走了。

奶奶当时也就是十七八岁的姑娘，在家也是娇生惯养，哪里有什么阅人经验，蒙她太容易了。

奶奶家有一张照片，是他们刚到北平在颐和园万寿山下拍的，奶奶穿着旗袍，一家人里个子最高，挺好看的。

你也见过奶奶年轻时的照片吧，确实很好看，大眼睛，高鼻梁，还有一头红头发。

奶奶一说谁好看都是大眼睛高鼻梁。我问她，你觉得马好看吗？

红头发容易白，我很小就看奶奶染发。一次撞见她刚洗过头，一头花白，以为不是自己妈。

这笔钱没了，奶奶一家人生活陷入绝境。仗还在打，越打越大，关里关外的交通断了，想回沈阳也回不去。

大约在这时，天津一个有钱人家的女儿是奶奶读奉天第一女子国民高等学校时要好的同学，知道奶奶是美人……下边没了。

总而言之，奶奶曾经为家人委屈了自己——能叫牺牲吗吃不准，你定——也没传说中那么自私像你我一样。

奶奶的自传中这段也没细节——没叙事——是论说文。她自称回忆录但所有人名都是假的连她自己在内，我不禁问她：您这是回忆录吗？她倒不是成心，是真没概念，隐去糟心事除了脸皮儿薄——她还文以载道呢潜意识里。她对此经历的不痛快，是藏在我姥姥她妈的一句治家格言——你一定也有印象——里表达出来的，她写道，她一直记着我姥姥对她说的话：女孩子要念书，自立。奶奶的自传中没有说谁坏话——怕得罪人我以为，老好人儿回忆大家伙就是这么个性质。

还是一九四九年，东北全境解放——台湾那边叫"沦陷"。平津战役、淮海战役已分别结束，整个华北成了共产党的天下，山东人东北人被湖南人湖北人领着饮马长江虎视浙江人，浙江人已然残了，史家讲：改朝换代——

革故鼎新。多数人的命运将被改写，但确有少数个别人命运照常，我就听说过几位。(可见历史也不是万能的。)

姥姥一家回到了沈阳，奶奶借考大学离开了天津，还真考入长春的一所军医大学——教会学校改的刚刚。这既是上学也是参军是进步是革命没人敢拦当时——现在哪件事儿是没人敢拦的呢？

我以为这事对奶奶心理造成严重创伤虽然她坚不承认。过去对她那么疯狂工作没事也在医院待着七十了也不肯退休经常讽刺。对她总逼你的功课，动不动把姥姥那句名言挂在嘴边自诩一生就是这句话的写照十分反感，认为她是个缺乏情感被当时阶级伦理彻底洗脑的人——特别是爷爷血栓了之后，我对她照常上班几乎感到气愤。现在看来错怪了她，她其实是个病人。

奶奶曾经跟我说过，她那个年代一般女孩子就是家里有几个钱也大都身不由己，不能掌握自己的命运。

她那一班女同学，日本占领末期就有家里做主嫁给汉奸的。民主联军来了动员走一批。国民党进沈阳又被那些军官娶走一批。都是中学生，被有势力的男人带到不知天南地北去了。

她有个国文老师疑似中共地下人员，私下给她们传鲁迅和苏联的小说看，差点把她动员走。

她十六岁，回家跟姥姥说，被姥姥拦下了。姥姥说你跟那些大老爷们儿钻山沟能钻出什么好。可见她也天真过。她那个时代的人最绕不过去的词儿是"进步"。现在好点了听说，让落后了——你听说了吗？

爷爷死后，你和你妈去了国外。我和奶奶聊过几次天。我说我的一生很明确，是为自己。问她：你呢，你的一生是为什么。

她怔了一下，说：为别人，为那些病人。片刻，赔着小心对我说：我们就是那个时代的产物。

我无言以对。

——2007年8月9日补白：我只能说我们这儿曾经发生过一次改变物种的革命。

奶奶军医大学念了三年，去了朝鲜。

朝鲜正在混战，中国站在北韩一边，美国率领的联合国军支持南韩，双方百万战士蚁聚于挂钩形朝鲜半岛腰部互相攻防，从二战式的闪电进攻、跨海登陆打到一战式的堑壕战，整个朝鲜化为焦土仍僵持不下。你知道美国的军事名声的，尤其是他们的空中优势，老姨奶奶说，姥姥得知奶奶去了朝鲜，天天在家哭，怕奶奶叫美国飞机炸着，每日烧香拜佛，求菩萨保佑她女儿。

奶奶回忆这段战争经历倒很平静，说她入朝没多久，双方已经打顶牛了，在板门店签了停战协定，形势一下好了，美国飞机不再到处轰炸。

她在后方医院，最大的不安全就是散步可能碰上渗透过来的南韩特工队，他们医院有过女兵失踪，说是给绑架去了南方。

她说吃得挺好，祖国的慰问品吃不完，前方部队还殷勤地给他们送缴获的美国罐头。

部队伤员也不多，闲来净给当地朝鲜老百姓看病和上山采金达莱。她的日语在朝鲜用上了，那儿的老百姓都会讲不止几句。她说朝鲜的大米比长春的好吃。

从朝鲜回国，奶奶一个疤也没落上，全须全尾儿去了南京一个步兵学校当军医。爷爷在这间步校学习，毕业后留校当了教员。

爷爷这个兵当得也比较顺，一九四五年参军没下连队——连队是真正放枪的——直接进了太行根据地的"抗大"六分校学习。爷爷把这归于他的学历，在当时的八路军里，初中一年级就算知识分子了。

第二次国共内战爆发后，他在刘邓所属王树声部做侦听破译敌电的工作。这个工作是司令部工作需要认字不是一般的聪明但是安全——跟在首长身边，部队只要不被聚歼就没有直接被瞄准的危险。

刘邓在内战中是打得比较苦的一支野战军，担负战略进攻任务，向大别山展开，在蒋管区大后方作战。司令部也要天天跑路。

爷爷在大别山里转来转去时得了疟疾，胃也饿坏了，其他倒无甚大碍，战争局面好转后，以其聪明伶俐改给首长当秘书。

渡江之后，他的首长驻节武汉，他也一直在武汉军区机关。二野后来进兵西南，入朝轮战他都没去。

中间一度下到直属部队一个团里任职，是混个作战出身的意思我猜啊。军队也有同行相轻这种事情，作战的和搞情报的互不服气真到论资排辈的时候——这也是乱猜——这也是中国的文化精神：鱼帮水，水帮鱼。给首长做几年秘书，客气的首长总要给安排一下，严重正常。

他这个团很快编掉了，他去了南京"总高"，见到奶奶。

爷爷后来不太顺，"总高"解散后他来北京重作冯妇，又给首长当秘书。这个首长的山头整个没起来，他也没戏了，几十年泡在参谋、教员的位置上，经常自嘲：参谋不带长，放屁也不响。离休后意气消沉，跟我抱怨：职务也压了，级别也压了。

爷爷奶奶在南京这个相遇也许不是偶然的，这里又能见到爷爷那个姑父的影子。

东北解放后，那个曾带爷爷去太行的表姐又在姥姥家出现了。论辈分她该管姥姥叫大姑。

不清楚这位奶奶也可以叫表姐的表姐对奶奶上军医大学起过什么作用。

可以肯定的是面临失学的三姨奶奶，借干舅舅的名儿进了东北一所供给制干部子弟学校就读。这就算有恩了。

这位两家的表姐和爷爷感情最好。对奶奶家的情况也熟悉，见过奶奶。从中促成一段好事，有这个面子，也是顺理成章。甚或可说是亲上做亲。

不管奶奶是不是因为恋爱关系调到南京，反正她在南京很快和爷爷确定了恋爱关系。听爷爷口气，奶奶那时就挺管他的，不许他吃肥肉，不许他喝酒。奶奶说，一九五五年授衔后改工资制，爷爷和一群单身汉狐朋狗友，天天在教员食堂大吃大喝，补解放前亏的。国防大学有一个爷爷当时的死党，四十年后见了奶奶还作大惊状。

不久，奶奶和爷爷结了婚。在自传里她写，她告诉了爷爷她以前的事。爷爷说，没关系。

结婚照片上的爷爷奶奶扛着肩章一个是少校一个是中尉，爷爷端坐，奶奶歪着头倾身从右上方入画。那时兴这姿势。

五几年的军装是苏式的，军常服还配武装带，束腰拔胸，奶奶烫着短发，眼睛明亮。

爷爷不戴军帽是个分头，细皮嫩肉，都不像缺过油水的。

咱们家，大大五官随奶奶；我、你，咱俩是爷爷这一系列的。我到十八岁的照片看出随爷爷。

之前挺不靠谱的，脏孩子不知道像谁。所以你也不用着急，到时间自然出落出来，一定是美女——玩气质那种。

大大一直胖，眉眼是奶奶的，脸蛋是两个奶奶。

大大一九五七年出生，是爷爷奶奶的头生子。那是毛时代最后一个镀金年份。连年丰收，供给充分，物价低，军人工资又高，生活方式全面向苏联看齐。

奶奶按苏联育儿标准对大大进行喂养，半岁就一天半斤肉，奶奶自己说，把大大的吸收细胞都撑大了。他们带着他在中山陵拍的照片，大大就像只小猪。

第二年，他们生了我。八月二十三是个凶日子。福建前线解放军万炮齐轰金门，按迷信的说法，也不知有多少冤魂托生，小时候不觉得，四十以后发现脸上带着一股戾气。

另一个大日子，也是打仗。一九四四年齐奥塞斯库在罗马尼亚发动反对纳粹德国的起义，代号"橡树，十万火急"。看过电影。

此人——齐哥——一九八九年在该国人民和军队的另一次起义中被临时军事法庭即审即决，和他太太一起面对士兵行刑队挨了排子枪，是本世纪——上世纪最后一个按军事礼仪枪决——你的兵瞄准你——的国家元首——简称国首——到目前为止我所知不分国家大小意识形态混同。老萨——达姆被处决时像一个普通刑事罪犯。

这位古典辞世临终神情憔悴如在梦游——有录像——的罗国前国首我见过。小学中学时上街挥舞小旗欢迎过他，是咱们国家的好哥们儿，大鼻子，鬈毛，媳妇儿特瘦。他一个，北韩金正日他爸金日成一个，阿尔巴尼亚霍查一个，加上流浪的柬埔寨西哈努克亲王一个，是当年咱们国家四大近亲，老来。小时候我一听新闻广播，罗国使馆开"祖国解放日"招待会，就知道我生日到了。

我是南京八一医院出生的，所以护照上出生地要写江苏。那医院我去过，又忘了。实在和别的部队医院譬如你外婆家没什么分别。

南京"总高"原来那个院子在孝陵卫，现在是一所地方理工大学，和你出生的老政治学院83号院别提多像了。

能阅几千兵的大操场；庙似的大礼堂；老大爷似的垂柳；一座座岗楼似的宿舍楼教学楼和一扇扇敞开无人的楼门。

唯一不同是操场四周环绕一圈明沟，南方雨水大，走水的，沟里的草又绿又肥。我去的那天，刚下过雨，沟里存着二遍绿茶般澄澈的水。

中国人其实挺愿意省事的，一个时代一张图纸。我站在那个操场边，看着那些似曾相识的旧楼直晃范儿，好像自己随时会从一个楼门里走出来。

世界上很多院子长得一模一样。有一年去慕尼黑边上的达豪集中营，一进去惊了，完全是我在山东即墨北海舰队新兵团待了三个月的据说原来是日本军马厩的那个院子的翻版。

也是一排排钻天杨一排排平房一排排上下铺一排排水龙头一排排抽水马桶——我们是一排茅坑。

关于爷爷奶奶

我不记得爱过自己的父母。小的时候是怕他们，大一点开始烦他们，再后来是针尖对麦芒，见面就吵；再后来是瞧不上他们，躲着他们，一方面觉得对他们有责任应该对他们好一点但就是做不出来装都装不出来；再后来，一想起他们就心里难过。

和那个时候所有军人的孩子一样，我是在群宿环境中长大的。一岁半送进保育院，和小朋友们在一起，两个礼拜回一次家，有时四个礼拜。

很长时间，我不知道人是爸爸妈妈生的，以为是国家生的，有个工厂，专门生小孩，生下来放在保育院一起养着。

每次需要别人指给我，那个正在和别人聊天的人是你爸爸，这个刚走过去的女人是你妈妈。这个事我已经多次在其他场合公开谈论过了，为了转换我的不良情绪——怨恨他人，我会坚持把这事聊到恶心——更反感自己——为止。

知道你小时候我为什么爱抱你爱亲你老是亲得你一脸口水？我怕你得皮肤饥渴症，得这病长大了的表现是冷漠和害羞，怕和别人亲密接触，一挨着皮肤就不自然，尴尬，寒毛倒竖，心里喜欢的人亲一口，拉一下手，也脸红，下意识抗拒，转不好可能变成洁癖，再转不好就是性虐待——这只是一种说法。

十岁出保育院，也是和大大两个人过日子，脖子上挂着钥匙吃食堂，那时已经"文化大革命"，爷爷经常晚下班，回来也是神不守舍，搬老段府之前就去了河南驻马店五七干校，一年回来一次，他的存在就是每个月寄回来的一百二十块钱的汇款单。

奶奶去了一年门头沟医疗队，去了一年甘肃"六·二六"医疗队，平时在家也是晚上八点以后才到家，早上七点就走了，一星期值两次夜班。

上到初中，爷爷才回来，大家住在一个家里，天天见面，老实说，我已经很不习惯家里有这么个人了，一下不自由了。他看我也别扭，在他看来我已经学坏了，我确实学坏了，跟着院里一帮孩子旷课、打架、抽烟、拍婆子——就是和女孩子说话并意图见识她身体。他要重新行使他的权威，通常伴随着暴力，非常有意思的是后来我们谈起这一段的事情，他矢口否认打过我，他记得的都是如何苦口婆心地感化我和娇惯我——有人向自己的孩子一天到晚检讨吗？中国道德最核心的灌输就是要学会感恩——感恩戴德——不信你瞧一瞧看一看各媒体上表演的道学家们振臂疾呼的数量——数他们猛！——但是，是有了，非呢？

有恩也是事实，爷爷——他说，小时候带我睡觉，每天夜里我都要"大水冲倒龙王庙"，说带我去食堂吃饭，我老要吃小豆饭，食堂卖完了我还要，赖着不走，最后他不得不给我一巴掌，把我拖走。有一阶段他很爱说我小时候的事就像我爱说你小时候的事——这是惊奇、惊喜——惊喜孩子长大焕然一新。是人性——正常的。说明爷爷有人性——相对、所剩多的意思。

相对地说，爷爷还是喜欢小孩的，对你就很明显，对我——我失忆了——只是在那个年代他也没机会表达，只能偶尔流露。据他说，他那时下班吃完晚饭经常到保育院窗外看我和大大，有一次看到阿姨不给我饭吃还冲进去大闹了一场。昨天晚上在一个酒吧聊天，一个朋友说老人对第三代好是想通过第三代控制第二代，我们都认为这个说法有点刻薄，大多数人还是觉得是那个时代使那代人丧失了物种本能——我不想管这叫人性。人性是后天的，因为人是后变的，性情逐渐养成——潜入下意识，形成反射，譬如说恐惧。

——趋利避害你认为是先天的还是后天的？小孩可是都不懂危险刚生下来——这个我有经验，必须被环境教训过才知道躲谁。

失掉过本能或者就叫人性吧免得有人矫情，本能恢复——我就叫本能！——当然格外珍惜，看上去感情强烈——像演的。

我对爷爷的第一印象是怕。现在也想不起来因为什么，可以说不是一个具体的怕，是总感觉上的望而生畏，在我还不能完全记住他的脸时就先有了这个印象。

说来可悲，我十岁刚从保育院回到家最紧张每天忧心的是不能一下认出自己的父亲。早晨他一离开家，他的面容就模糊了，只记得是一个个子不高的阴郁暴躁的黑胖子，跟家里照片上那个头发梳得接近一丝不苟尽管是黑白摄影也显得白净的小伙子毫无共同之处，每天下班他回来，在都穿着军装的人群中这第一面，总像是突然冒出的一张脸，每次都吓我一跳，陌生大过熟悉。

他和院里另一个大大任海的爸爸有几分相像，大人下班我和大大任海经常站在一起猜远远走来的是谁的爸爸，有时同时转身魂飞魄散地跑，跑回家待了半天发现爷爷没上来，才觉得可能是认错了人。我们必须及时发现父亲，因为多数家庭都给孩子规定玩的时间，而我们一玩起来总是不顾时间，所以一看见父亲回来就要往家跑，抢在父亲到家前进家门就可以假装遵守时间。

小孩们一起玩时也互相帮着瞭望，看见谁的父亲正往家走就提醒这孩子赶紧撒，最怕正玩得高兴，身后传来爷爷的吼声：王宇王朔！那喊声真能叫人全身血液凝固。爷爷是搞情报出身的，神出鬼没，我们在哪儿玩都能找到，冷不丁现身大吼一声。上初中时有一次旷课和几个姑娘去王府井东风市场"湘蜀餐厅"吃饭，忽然听到厅堂内有人怒喊一声"王朔"，几乎昏过去，缓过来发现是一端盘子的喊另一个端盘子的"王师傅"，北京话吃字，王师傅仨字吼起来就变成"王缩"。后来我就听不得别人喊"王师傅"，听了就心头一凉，到现在，谁也不怕了，别人喊别人王师傅，我这厢还是头皮发紧。

小时候，院里有两个小孩我和他们长得很像，一个叫北海，一个叫江红。江红家在老段府和我家住隔壁，江红妈妈每次我进走廊都要凝视着我直到她跟前。我就知道她拿不准走过来的是谁。北海妈妈有一次我在食堂排队打饭，上来就抢我的饭盆，我连忙叫阿姨阿姨我不是北海，她才发现认错了孩子，笑着往后面去找北海。

爷爷都吼过人家孩子。

也不是所有人家都限制小孩出来玩，我那时最羡慕的几家，都是母亲对小孩和小孩的朋友很友好，叫自己孩子回家也不恶声恶气的，欢迎小孩到自己家玩，有时还会请来玩的小孩们吃点东西，我们家是著名的不欢迎小孩来玩的，只有几个同单元的小孩是允许来的，爷爷奶奶一回来也要赶紧溜，奶奶是给人脸色看，嫌我们把家搞乱了，爷爷有时会训别人家孩子，他们还不算最过分的，院里有几家大人，看见小孩淘气还打别人家孩子。

爷爷奶奶的理由是：院里很多坏孩子，怕我和大大受他们影响。他们不了解情况，我一直想解释一直也张不开口，我想告诉他们：不是别人家孩子坏，是我坏。我也坏。我们本来就坏到一块儿去了。要说影响，也是互相影响。

爷爷对他认为是坏孩子的院里孩子一点好脸色没有。我有一个好朋友，叫杨力文，是爷爷认为的典型的坏孩子，每次见到这孩子人家叫他叔叔，他理也不理人家，还叫人家以后不要来找我们家王宇王朔。那样的粗暴，针对一个小孩的笑脸，是我小时候觉得最没面子的几件事之一。我十五岁第一次从公安局出来，朋友们为了祝贺我出狱，在我们家窗户下放了一挂鞭炮，爷爷正在跟我谈话，一溜烟跑出去，想逮一个，没逮着，在院里破口大骂混蛋，很多人闻声出来站在门口看他。我觉得他真是失态，心里就算郁闷也用不着这样，从那以后我就对他不怎么尊敬了。

我小时候最恨大人的就是不理解小孩的友谊，把小孩贴上标签互相隔离，自己家孩子是纯洁的羔羊，别人家孩子都是教唆犯，我最好的几个朋友，都被爷爷堵着门骂过，害人家挨家长的打，简直叫我没法向朋友交代，好在小孩间互相有个谅解，都知道大人在这个问题上无法理喻，否则直接陷我于不仗义。直到我进了公安局，成了院里公认的坏孩子，被别人家长当做坏孩子隔离，爷爷自认为颜面丢尽，也不再好意思去找人家。

你小时候有一次，奶奶开家长会回来，拿着小本子一条一条谈你的问题，说到老师提醒你注意和袁航的关系，立刻激起我强烈反感，我跟奶奶说：挑拨孩子的关系真卑鄙。

爷爷的脾气是在"文化大革命"中变坏的，我记得很清楚。

爷爷去世后我曾给自己定了个要求，不要再和奶奶吵架，也是想看看自己能在多大程度上摆脱自我中心主义。很遗憾，又没做到，前几天又和奶奶大吵了一架，也是去扫墓，清明节。我穿了一件砂洗磨边军装样式的上衣，刚买的，伊拉克不是打仗吗，时髦。奶奶一见我就说，你怎么穿这么一件衣服，我不喜欢。我没理她，但已经不高兴了。她又说，你那边蹭上油了。我那衣摆上有一大块黑，油渍状，是装饰。我还忍着。接着她又说，你怎么连件新衣服都没有。我跟她急了，说你管得着我穿什么衣服吗，你管好你自己好不好。她又来那套，你是我儿子我说你几句怎么了，关心你。我大怒，说你少关心我，你怎么还这样，就不会尊重别人，一定要用贬低别人的口气说话，你难道不知道你使别人、一直使家里人都不舒服吗。在这里，我把话头扯开了，扯到爷爷身上，你身上，说她一直用好心欺负你们。我在美国的时候，爷爷给我写过一封信，上面有一句特别让人揪心的话，说"你妈妈对咪咪比对我好多了"。他写这话是要我放心，我写信是不放心你，觉得我逃避责任，要他们对你宽一点，别老逼你写作业，主要是针对奶奶，要她不要给你的童年制造不愉快留下阴影像我一样。我大概是写了一些对她的看法，指她是恶化家里气氛的罪魁，写的时候挺动感情，还流了泪。奶奶回信大骂我忘恩负义，不忠不孝，她一番辛苦养了个白眼狼。当时我就觉得这个人已经不可理喻。

我一直克制着自己，没对奶奶说过爷爷这话，几次话到嘴边又咽了回去，怕太伤她，虽然我猜她可能根本无所谓。那天忘了我说了句什么，也许带出她对爷爷不好的意思，她说，爷爷得病怎么能赖我呢。我主要是拿你说事儿，为什么咪咪不愿意回来，你把一家人都逼走了。她说孩子有错不能管吗。我说孩子能有什么错，能错到哪儿去，是大是大非品质问题还是犯罪。她说我不就是她看电视晚管她吗。我说你别以为我不知道你是怎么管的——你准是冲进去抽风。我说一家人谁对谁真抱有坏心想害人？嘴上不好就是不好，就是全部，不要再跟我提好心这两个字！

我也疯了，一边开车一边嚷，嗓子都劈了。奶奶说，你现在脾气真大。我说，你知道你给人一生造成什么影响吗，看看我，最像你。我说，你对我好过吗，我最需要人对我好的时候你在哪儿。奶奶冷静地说，你在幼儿园。我说孩子最需要什么，需要理解和尊重，把他当个人，父母跟老师一样，那要父母干什么，还能信任她吗。我没有提爱，那是奶奶理解范围之外的事，她只认对错按她的标准，要一个孩子永远正确就是她的爱。我向她咆哮：家里人都死光了，你居然还不反省，你就当孤家寡人吧。我说你以后你自己跟院里要车去扫墓，我自己去我的。她说你怎么这样。我说咱们不亲密你不知道吗，咱们之间应该客气，你不要再对我品头论足，头发长短，穿什么衣服，一天吃什么，你不要上午给我打电话，你起得早不代表别人也那么早起，我什么时候半夜给你打电话你要学会站在别人的角度替别人想想。我说咱们是不同年龄的人，身体条件、趣味都不一样，根本没活在同一时代，你管好你自己就行了。我没说、不想太刺激她的心底话是：你过去不当回事，独往独来，不可能今天想要儿子了，就来一个儿子。过去我和她吵架时探讨过这问题，血缘关系不代表一切，你从来不付出，照样什么也得不到，没有谁天生对谁好的。

奶奶不说话了，她现在最怕我不管她。前一阵和她聊天，说我有可能出家修几年密宗，她第一反应是：那我怎么办。她这种凡事先想到自己的本事我真服了。前面说的希望我再成个家只盼我过得好的话立刻不对味儿了。我歹毒地说，你靠自己呗，还抱什么幻想，还不明白人最后总是要孤独。把她说哭了，才说我也就是那么一说，也不见得来真的，再说出家也不是判刑，还能回来，没准我就在家修行了，而且你不还有一孙女呢。

每回气完奶奶，我比她后悔，觉得自己很操蛋，怎么办，毕竟是自己的妈，她就不能招我，一招我就特别歹毒。清明那天一早她打电话，我都出门了又回家耗了一小时，就因为觉得她催我。后来知道她是颈椎阻碍脑部供血不足忽然晕眩去医院打点滴想通知我，我这边一嚷她一句话没说慌忙挂了电话。好几次我跟她通话，旁边有人都会问我，你跟谁打电话呢这么凶。她是特别能激起我恶的一面的那种人，我对别人，周围的朋友包括半熟脸从来不这样，再瞧不上忍无可忍，也至多是一副眼睛朝天的操行。可能是因为是妈，不怕得罪。可能是吵了半辈子，形成了一模式，好话也不会好说、好听。和爷爷也是这样。其实我不恨他们，我再恨他们的时候只要多一想，离开人，就不恨了。清明第二天我有点内疚，回家陪奶奶吃顿饭，我们俩一起做的，都挺好，我嘴里还是一句好话没有，张嘴就是训她，后来我索性不开口。

也就是这二年，才说奶奶小时候对我不好，还是她起的头儿叫我往这边想，有一次她跟你妈说，要我们多抽一点时间陪你。说我小时候她不常在，所以"你瞧他现在对我们的这个样子"。之前觉得她不近人情，有时庸俗，冲突是价值观的冲突，是反抗专制，觉得她一向在家里称王称霸，不能让她在家里独大，必须再出一个霸王才能生态平衡，让你们这些老实的家庭成员活。之后也不真那么想，只是吵急了眼拿这个堵奶奶的嘴，属于不择手段。平心而论，至少在我小时候，并不觉得父母不跟孩子在一起就是对孩子不好，不拿这个当借口，假装心理有创伤，没那个概念。少年时代，完全不希望父母在身边，走得越远越好，才自由，在一起只会烦我。

以上是二○○三年春节到四月"非典"爆发前陆续写下的。"非典"期间社会沸腾，我的心也散了，望文生义地用北京话翻译了一把《金刚经》和《六祖坛经》，接着你回来了，跟你一起玩了一个月，又睡了一个月觉，现在想重新捡起来写，觉得为格式所束缚。我从一开始写作就总是为结构和叙事调子的问题困扰，总想获得一种最自由的表达，写着写着就不自由，容纳不下此刻要说的话。我的意思是说，一件事正写着一半就想说别的，可又不能放下眼下进行到一半的这件事，坚持把这件事写完，就可能越绕越远，中间又生出别的事，永远找不到接口，直到把要说的话忘掉。有的时候只好为一句话推倒重头写。譬如在这篇东西里，我感到我被自己列出的章节束缚了，这一章是讲我对爷爷奶奶的看法，而我时时想离题说点别的，压抑自己真是件很难受的事，关键是注意力也会因此涣散。写作是为什么，我要问自己，还不是要把心里话痛痛快快地讲出来，至少这篇东西只是有关咱们俩的，我说的你总是能听懂，我又何必在乎什么完整性和所谓流畅。我已经推倒重写十几回了，最早的第一章是我对你的一万字大抒情，一个月后再看觉得肉麻便删了，现在又觉得好，也懒得再恢复。现在的第一章是我在定中写的，觉得语气轻浮。这样删下去，永远写不完。昨天还是前天一觉醒来，想起一个形式，干脆用日记体，注明每天的日期，想起什么写什么，写到哪儿算哪儿，第二天情绪还在就接着写，情绪不在就写正在情绪上的，如此甚是方便，心中大喜。渗了一天，今天决定就这样写了，前面写的也不删了，就当做废墟保存在那里，没准写着写着又接上了。这样很自由，如果以后再改形式就再改，他妈的也没人规定一个人要给自己女儿写点东西还要一口气说个没完中间不许换腔儿的。

　　今天是2003年9月13日。

　　"九一三"是个很重要的日子对我来说。一九七一年这天中共副主席林彪乘坐的一架三叉戟军用飞机坠毁在蒙古温都尔汗的草原上，官方的说法是他在叛逃苏联的路上不留神掉了下来。林是当时中国的二号神，主席毛最后一个好兄弟。我们这些偶像崇拜者每天都要祝他身体健康。他的这一举动，对当时的我们来说等于基督徒听说耶稣背弃了他的父亲上帝。我还记得我知道这个消息的晚上，距"九一三"几天之后，我们一帮孩子吃完晚饭在老段府的花园长廊上聊天，那个跟我长得有几分像的叫北海的孩子神秘地告诉我们这件事，当时已经在省军一级干部中传达这件事了，他大概是听他爸爸说的。我的第一反应是不信，我宁肯相信我不是我爸爸生的，也不相信老林和老毛会闹掰。我们所有孩子都傻了，包括传谣者北海本人。天渐渐黑下来，我们在黑暗中沉默着。一个更大的怀疑在我心中生起，立刻就把我吓坏了，我相信在场的所有孩子都在想同一件事并且都被自己的想法吓坏了——主席毛怎么不英明了？

我刚一出生就知道毛是全知的，知道什么是对的什么是错的，谁是好人谁是坏人。实际上他也出了一本书叫《毛主席语录》，每当我们不知道怎么做才叫正确时就翻这本书，而且一定会找到答案，小到每天该不该起床，吃饭该不该掉饭粒。我们国家的坏人差不多都是他一个人发现的，这可不是一般的坏人，都是国家主席、总书记、副总理、元帅司令什么的看上去比谁都正经的人。这种神一般的洞察力真是让我们这些孩子佩服得五体投地。他们——中央和老师们后来说，林，主席毛也早发现了，一直就瞧着他不对，把他安排在自己身边就是为了最终让他暴露。对这样的逻辑，我只能承认自己是傻逼了，因为我要不是傻逼，那谁是傻逼？这种事在小孩间经常发生，这种愤怒、伤心的体会我们都不陌生，你把一个人当朋友，后来发现他没把你当朋友。这种挨涮的事情经常发生，碰到这样的事情我从不认为这算自己英明，也从不认为交朋友的目的就是为了有朝一日揭穿他。

从这之后，我认为自己和主席毛的心接近了，他那张神圣、雕像般的面孔变得有感情了如果不能称之为茫然的话。后来我们回忆，一致认为他从那天起一下衰老了再也不像万寿无疆。

也不是一下发生的，经过很多年，我不再相信别人了，特别是那些有崇拜者鼓吹的人。我相信崇拜者是世界上最没价值的一些人，崇拜是世界上最坏的一种精神状态，很多本来还不错，还有些意思的人都是被崇拜和崇拜者变成众目睽睽下的傻剥衣的。

一换形式就滔滔不绝，顺一阵子。能随便写真好。今天我很舒服，就写到这儿。我一顺就懒，就想无所事事地混一会儿。晚上我要去翠微路那边的一个叫"基辅"的餐厅吃饭，听这名字是俄国饭，菜里有很多奶油和番茄酱的那种。我小时候以为所有西餐都是那样的，当时北京的几家西餐馆只卖这种俄式饭菜。头一百次吃，至少五十次我吃完都出来吐。我有很多嗜好都是活活练出来的，譬如喝酒，譬如抽烟，不喜欢，也没需求，只是为了跟上大家。抽烟抽醉的感觉比喝酒难受一万倍，天旋地转乘天旋地转，永远除不尽的也吐不出来的恶心。可见我身上的很多习气本来不属于我，就本质说，我是个纯洁的人，如果有条件，我应该再安静、再瘦、再挑食一点。我跟你说过我的真正理想吧，当一家豪华餐厅的领班，看着大家吃，自己彬彬有礼地站在一边。

2003年9月14日星期日

基辅餐厅在翠微路的一个地下室里，晓龙叫我先找水利医院，说这餐厅就在水利医院对面。开车拐进那条路，才想起水利医院就是大大去世并且停尸的那家医院。大大胃疼去水利医院看急诊，坐在大夫对面的椅子上滑到地上，再也没醒过来。这是两年前夏天的事，那天是周末，你正在奶奶家等我们回来吃晚饭。

基辅餐厅很大，至少两三百平米，铺着光滑的木地板，中间留出一块很宽敞的地方给客人跳舞，但是一抬头天花板是漆成橘红色的混凝土框架。这餐厅吸引客人的不是饭菜，是一支由乌克兰国家歌剧院演员组成的演唱组合，他们在这低矮扁平的地下室里唱前苏联的革命歌曲和意大利咏叹调。来这儿的客人都是中年人，有俄罗斯情结的。我们旁边紧挨的两桌男女都会讲俄语，跟着演员的每一首歌合唱，演员休息的时候他们就自己唱，很陶醉而且忘形。点点姐说，好容易翻篇儿过去的情结又被迫找回来了。

那几个乌克兰歌手也是上了年纪的人，有两个完全是老头，其中一个仪表堂堂满头银白发像叶利钦时代的叫什么梅尔金的总理，另一个脸颊和下巴也都耷拉了下来。他们穿着前苏联的军服，有一个上校、一个中校、一个穿裙子的女中校，还有一个元帅，排成一排唱《国际歌》。那个穿元帅服的老头最不正经，一边唱一边朝女士挤眼，还嘬着嘴唇吹口哨。点点姐说，俄国人两杯酒下肚就这个德性。我们知道乌克兰是一个独立的国家，我们只是习惯地把他们统称为俄国人。

军官们在我们桌旁唱了几乎所有我们叫得上名儿的苏联歌曲《山楂树》、《喀秋莎》、《列宁山》、《小路》、《三套车》什么的。我点了首《华沙工人革命歌》，这是我觉得最无产阶级最有暴动气息的歌，一听就仿佛看到彼得堡积雪的街道，扛着长刺刀步枪的武装工人排着队迈着沉重的脚步去推翻政府。这歌里有反抗压迫昂然赴死的气魄，我这种已经成为新资产阶级的人听来仍有所触动。我对点点姐说，看来革命先烈的血是白流了，每一滴都白流了。

我克制着自己的感动，因为我觉得这波动不合时宜，也很无聊。点点姐问起一个我认识的以作品具有正义感出名的作家"是真的还是假的"。我说至少他自己认为自己"是真的"。我说了我的观点，当一个人民的同情者——我们用的是"道德家"这个词，是不能光说说的，自己必须过最贫困的生活，把一切献出来包括生命。晓龙说，他认为切·格瓦拉够格。我说我还是觉得甘地、马丁·路德·金更像。我们聊了几句毛，我们都很熟悉他的悲剧，他用暴力铲除不平等和社会不公，有一刹那他做到了，接着他越过高点走向了自己的反面。有的时候我想，这是不是个人品质问题，他有没有机会避免这个结果？比较倾向于这无关个人品质，在这种时刻和氛围他没机会。

接着我发现自己开始暗暗不快，有一点阴郁悄悄爬上心头像一只黑甲虫。我开始找这阴郁的源头，也是一个回忆，两年前在另一间叫"大笨象"的俄国餐厅，我和这同一圈朋友在那儿喝酒，也有一支俄国乐队在那儿演出，不过是支电子乐队。我们喝的是"安特"，安徽伏特加，玉米酿的，口味清冽，我个人认为比这次喝的"斯米尔涅夫"还可口。我们一桌人有六个喝醉了。小明姐一直在哭，她丧失了现实感，以为是在小时候，那时她妈妈遭到关押，她吃不饱饭。她哭着央求坐在她旁边的每个人，要他们答应让她吃饱，并且不断地说，我饿我饿呀。那天晚上有一个人，是我的一个朋友，(此处删去一行字)我不知如何反应，因为能反应的都反应过了，这是一个我无能为力的现实，我喝了很多酒但又无比清醒地看着这个现实，就像……就像……我也不知道像什么——就像等着锅里水开煮自己。我想你大概不要听这个故事，这是一个肮脏的故事——我是指我，我在这个故事里表现得十分不光彩就不在这儿跟你讲了。总而言之，这天的气氛和那天的气氛表面极为相似，我有点高兴不起来了，我想，坏了，以后我再去俄国餐厅都会有心理负担了。

2003年9月15日星期一

今天起得有点晚，醒了已经是中午一点，又躺在床上看了会儿电视里杂七杂八的节目，彻底起来已是三点。昨天睡下的时候也是三点，晚饭在"昆仑"的新罗餐厅吃的韩国饭，喝了几瓶"真露"和我们自己带的一瓶"酒鬼"，饭后又去"苏丝黄"喝了一瓶"芝华士"。一起吃饭的有位金先生，是搞遥感治疗的，就是拿你一张照片，放进电脑里分析，诊断出你的健康状况，有病就在电脑里给你治了。金先生正在申请美国专利，并且已经在日、韩治了一些大企业的社长，获得了两笔风险投资。在座的还有一位生物化学家，很客气地表示了难以置信。金先生的理论一言难尽，有佛教"空"的概念，有老子的"天人合一"，有气功师们爱讲的全息理论，有量子力学的一些实验现象，有各种退休的老年政治人物表示支持的只言片语和遍布世界的成功病例和伽利略这样曾遭迫害和误解的科学先驱者的著名事迹，主要运用循环论证的方法进行说明，最后自己醉倒。

我最近喝酒有点奇怪，当场不醉，回家也不醉，第二天一觉醒来酒劲才猛地涌上来，甚至去吐前天存的伏特加。这个胃停止吸收了吗？

北京冷了，一年又拿了下来。我认识的一个人去年曾对他的女朋友说过，我就想尽快把这一生过完。当时我们都大了，认为他这句话说得很牛掰。他还说过很多掷地有声的话，譬如"崩溃就是想起了以前的历次崩溃"。

2003年9月17日 星期三

一闭上眼就在另一个世界里，一个是视觉存在，一个是文字思维，就像电影画面上打出的一行行字幕，字幕消失了，自我也消失了。

2003年9月19日 星期五

心里很不静，还是不能拒绝金钱的诱惑，收了人家钱不做事，心里不安。我跟你说过我给两家影视公司做顾问，都是很好的朋友，摆明了是借一个名义送钱给你做学费。渐渐地就不踏实了，老想着该做些什么对得起这些钱，白拿人家的钱真不舒服，可要做事就是很麻烦的组织剧本的工作，就要去想平庸——只会使人的智力降低的故事——又为我痛恨。每天都在困扰中，要不要放下小说拍片子挣几年钱去，又信不过自己，之所以我始终没挣到大钱就在于我只能为钱工作半年，半年之内就烦了，必须脱离现实去写头脑里飞来飞去的想法，觉得这个无比重要，上升到为什么活着的高度。如果中国不是意识形态高度管理并且电影严于小说的国家，也许我用不着这样矛盾。年龄越大，容忍度越小，过去还能和他们玩玩，现在连朋友低级一点也看不惯。有一个拍商业片很顺手多少有些急功近利的朋友，前天低三下四地请我写剧本，被我当着另外两个朋友用近乎无礼的口气拒绝了，还顺带贬低了人家一顿教训了人家一顿。其实完全不必，不写就不写呗，何必这样激烈，有点见着尿人压不住火。不能尊重那些低姿态处世的人，是我的一个毛病，根子上还是欺软怕硬，那些有权势的哪怕是公认的二逼我怎么也没跟人当面急过。这很不好，要么就跟所有人急，要么就该跟所有人客气，有什么分歧谈什么分歧，别假装暴脾气。

　本来是一个我有心理优势的事儿，现在弄得我不好意思，觉得做人出了问题。

我越来越觉得我和这个社会有隔阂，有点愤世嫉俗，有这心态应该离人远一点，不要妨碍那些活得正好的人。从别人的生活中退出来既平静又焦虑：平静在自己的本来面目中，焦虑在于按捺不住表态的冲动。最让我难以正视的是，我时时发现在自己内心深藏着一个打不消的念头：退出是为了更大型更招摇地进入。我很怀疑自己不再次卷入世间的争名夺利。我跟你说过我的计划，那也不全是玩笑，这之前我看到另外一个世界并被那个世界吸引后，想的真是活着再也不发表作品。

那个世界完全不同于这个世界，用这个世界的文字进行描写就像用方块字堆砌浮雕，把一座建筑还原为图纸，描来描去框立起一道透明的墙，千万色彩从笔画中倾泻在地，遗失在词句之外。

十七号夜里我们讨论这个问题，猜想那个世界应该是用音乐语言描绘的。我们认为电子音乐具有指令性，是大脑可以翻译的一种语言，当我们听电子音乐时深感到受其召唤和支配，举手摇头，翩翩起舞。那是一种灵魂语言，我们的灵魂都被它嗅出，在那个世界遨游；那个世界根据音乐变化而变化，而成形，而广大，而绚丽，怎么能不说这是一种精心描绘呢？

我们建议一个朋友做这个工作，翻译电子语言。他在电子音乐方面表现得像一个天才，从来没受过音乐教育，有一天晚上初次上来闭着眼睛把碟打得像一个大师，其嗅人灵魂的能力超过世界上所有难拨万的打碟师。我们中有两个音乐学院出来的，一个弹过十七年钢琴，剪过六年片子，和一个澳大利亚缔结好过两年自己也打过两年碟的姑娘；一个是资深电影录音师，都当场拧巴了。

当天晚上我们还商议成立一个公司，签掉这个朋友做艺人，他的名字音译成英文叫"我们赢了"，天生就是一个大牌缔结的名字。

早晨出来外面下倾盆大雨，整个北京显得很奇怪，圆猫在车里一阵阵魂飞魄散。

2003年9月20日 星期六

今天脑子里像一个空脸盆。

你小时候有一个本领，进一个都是人的屋子，立刻就知道谁是老大，对这个人笑脸相迎。这是我的遗传。

2003年9月24日 星期三

扩张血管和阻断神经一起用就是禅定，扩张是禅，阻断是定。很有意思的神经阻断现象，手腕完全不受控制，随音乐翻飞——马部讲话"像打折扇"，嘴里正常聊天，头和肢体齐脖子断开了，各行其是。

一点体力储备都没有，极度扩张一次几天缓不过来。亢奋之后反应还是极度消沉，心情失去了刻度，整个人生没有意义，人类没有意义，只是一些牵挂和虚拟的处境。知道人为什么自杀了，不是渴望死摆脱生，而是生死无门槛，在同一时间里空间里，待在哪边都无所谓，不能区别两边，互为延长，像阴霾的午后和晴朗的夜晚。轻视活不道德吗？如果世界上只有一个人，也无所谓道德了，显然道德是人群中的游戏规则。我的人群只有四个女的，你们占据着我的感情，是我唯一活着的部分。

你一定要有自己的孩子，我们都不在了的时候好陪伴你。

爷爷和大大在的时候我和他们很疏远，他们走了我很孤单。

不想写了，情绪太灰了。

2003年9月28日 星期日

我要驾驭自己的幻觉。用扩张打底儿，就等于在幻觉上加一个客观注视，如果能腾出手，就能看着幻觉写。有很多世界彼此交叉。我今天跟装节讲，你见没见过另外一个世界存在，装节讲见过。我和他握手说，那我们都

是那个世界的见证人了。有一个世界，不服从地球证明的物理定律，不服从人类的伦理道德，不服从全部人类知识。这个世界是用声音描绘的。我怀疑它有意志，因为它在展现自身的同时捎带着把坐在我旁边的一个男人描绘成女人，他有错误。他还在叠化这两个世界的同时，为此时此刻虚构了几个人物。

思想不但变成形象，还构成情节，构成戏剧性，认得出它们。

声音是古老的东西，从永恒传向永恒，经过人间成为音乐，一小部分有返祖现象的人听得懂。他们使用这电子碰撞发出的摩擦声描绘那个世界，要接收它需要用化学的方法，要经过这样的程序，才能调到波段，接收由声音细细描绘的图像。用悦耳的声音传达信息是全宇宙的交流方式。神经已经因为要适应人的艰苦生活迟钝了，被训练得只会对人世发生反应，大部分内存被忽略，必须刺激一下。

主要是放弃人的立场。我们从来存在，从前存在，以后还将存在，只是这一阶段是人。我们有宇宙真相的全部图像，知道所有的事情，一旦精神觉醒，记忆恢复，就是神。这就是为什么全世界不同意识形态的人类政府都禁止的原因。

我是谁？我是人，我的全部知识和价值认定都来自人的生活，到这儿就分裂了。

这个立场叫什么？神的？不准确！什么是最小的生命形式？蛋白质？蛋白质立场？还是人概念了的生命？站在蛋白质的立场，人类等于没存在过，谁在乎一个叫中国的地方要富起来，一个叫美国的地方感到伊拉克的威胁。悲剧的概念也是人的，生死永恒都是人看到别人家想出的词儿。

一下子不是人了，这一腔人情往哪里放？

身体还在。精神病不精神病的底线就是能不能应付人类社会。

除了人谁看呀？

两套价值观互相消解，在每一只具体杯子上。一只放在台子上的符合地球引力规定的杯子，伸手一拿，变成一枝花。两个世界同时出现，犹如在一块银幕上同时放两部电影。每一个形状，每一块颜色都失去了必要性。只能有一个是真实吗？是传感器官的差别吧？

一切以人的利益出发，以人为中心想象世界的时代已经一去不复返了。对不起，就是不牛逼。

人一直知道这件事，知道自己是一种低级存在，大堂在别的世界。很多人还记得自己生前的样子，知道一些植物通往外面。是这几十年我们这里科学蒙昧主义的刻意隐瞒，使人才以为自己只配是人，只有这短短的几十圈转动的一生，之后两眼一抹黑。人生追求太可笑了！人类文明太可笑了！

2003年9月30日 星期二

刚才睡觉梦见大大了，在小时候我们住过的老段府前院的三间平房里。他买了很多油漆一新的桌子柜子和床。我和他发脾气，问他为什么买新家具不和我商量，我买的家具哪儿去了。他买的家具沿着墙一件挨一件排列着，满满登登。我找不到我的家具。我记得我曾有过一张木材很优良做工精美的黑灰色写字台和几件珍贵的家具在这个家里，都弄丢了。

醒来想这个梦，因为我和他都没有家，他没有家就死了，我只有一个个住处，都不觉得是自己的家。要找家，就找到三十年前，我和大大两个人住过的地方。那是我们第一次住平房，爷爷奶奶都在外地。有一年下大雨，水漫进屋里，我一进门大澡盆从床底下漂出来。

我从来都没有过那样一张写字台，我想有。也没有属于自己带有记忆的家具，我就没买过一件家具。这几十年，西坝河、幸福公寓、万科，还有我现在住的博雅园，都是人家布置好了，我住进去。

家要有孩子，有晚饭。四十五年，一万五千顿晚饭，我和你吃过有两千顿？

植物风一吹就繁殖了，人辛辛苦苦一年最多只能生一个孩子。孩子使人伤心，本来已经放下的，又要转身看，放得下自己，放不下孩子。又要做人。人还是挺美丽的，那样晶莹的质感，跑来跑去飘动的头发，突然嘴一撇滚落下来的泪珠。这么脆弱，美好，一下子就使人生充满了意义，就觉得死也不能解脱，特别特别绝望。爷爷看见你之后去世，这使我觉得还不那么不孝。大大也喜欢你，把你当自己的孩子。很多快乐到今天已不是快乐，你的快乐还是快乐，一想起来还快乐。时光过去了，才发现有过幸福。

小的时候，特别想见到爷爷奶奶，这是我最近才想起来的。我以为我一直都不需要他们，一直很独立，其实不是的。总是见不到他们，习惯了，就忘了。觉得有爸爸妈妈真好的能想起来的是我割阑尾的那个晚上，十一岁，在304医院。我动完手术，从麻醉中醒来，昏暗的灯光，他们站在床头，刚下班的样子。奶奶用一只细嘴白瓷茶壶喂我喝鸡蛋汤，蛋花堵住壶嘴儿。我早上在学校觉得恶心，自己请的假，自己回的院，自己去的卫生科，一个战士开车送我去医院，301病床满了，他又送我去304，到了就备皮，进了手术室。

在304，我差点让一条三条腿的狗咬了。它是做实验的，一帮同伙在楼后面卧着，我在花园里溜达，突然和它们面对面遭遇，我傻了，它站起来。我被遇见狗不能跑这个传说耽误了时间，到我转身想跑时，丫已经嘴到了我的脚后跟。和爷爷正在一起聊天的也是病号的一个院里干部看见了，来不及抽身原地大吼一声，三条腿的狗连犹豫都不犹豫掉头溜了，我才幸免。爷爷是不是骂我了不记得了，不管怎么说，这也是一次让我庆幸人有父亲。

2003年10月4日 星期六

看来还是处于变化中，今天觉得这样写好，明天又想写另外一个东西。主要在几个题材中间犹豫：想用女第一人称写一个感情小说，偏常规的，可以看懂的，打俗人的。女第一人称可以限制风格，也许有意外的表现，出版

用陌生的名字，也可以检验一下作品的纯度，不受名声之累。再一个写精神探险，名字叫《灵魂俱乐部》，一些人在那里进行灵魂对话，估计要在定中写，精神分裂了写，才写得出气势。第三个就是眼下这个，给你的遗嘱。

困难在于两个小说都在一块生活上，激发故事的是同一源泉，禁不住想合并，最好是合并，才不自我重复，已经有一本《黑暗中》了，也是同一生活，不能再三。可是两个调子不协调，女第一人称一定是冷静、节制的，灵魂对话一定是疯狂的、狰狞的。

这在我个人生活中是并存的，一个是世俗层面，一个是精神层面，每天交替出现，已经使我逐渐分裂，我不能统一这两个调子，拖一天是一天。这需要一个什么样的故事才能托住这样一个人，一方面细腻比谁都周到地生活，一方面全力以赴地发疯，扑向大脑中的海市蜃楼。

看上去也不是完全不能协调，双重人格嘛。也许应该再等等，会出现一个合适的故事，具有包容二者的结构和反向合拍的叙事调子。还有一个情节是我一定放到新小说里的，就是一帮人死了还存在，在相邻的一条街存在。这情节放到灵魂俱乐部没问题，反而可以帮助一般人理解，问题是怎么和一个艳情小说衔接……得毫无痕迹。简单想就是"一半一半"式的结构，还有没有更佳？

用女第一人称写灵魂恐怕下笔受制，一想到那种状态，完全放开自己尚不能追上思想，再检讨笔墨，会丢掉精彩的句子的。完全放开手脚，又全暴露了。哥们儿的世界观和语言还是很突出的。

最笨的方法就是写起来看，打到哪儿算哪儿，出现什么问题解决什么问题，不怕做无用功。

这就是想毕其功于一役，斩草除根一网打尽大获全胜。这想法使人不自由。

有的时候觉得可以从一句话往下类推着写，写一百万句，环环相扣，实际上没那样长的一口气。《黑暗中》就是这样写的，现在也是这样放任地写，难不成都是这样？

不相信自己了，每天活得太激烈，太冲突，每分钟都有可能全盘自我否定。写了几万句再自我否定太痛苦了。

奶奶写的自传还放在桌子上，没勇气看。现在做什么事都要一个契机，一个发动，要等到那样的时刻，最后一个情境，全是这个念头充斥，一点余地没有，才起床，才刷牙，才开电脑。就生活在这样的极端放纵中。

不知道吃什么每天。下午看韩国电视剧《澡堂老板家的男人们》就想吃韩餐。现在下午要看几眼电视，找胃口，看美国电影想吃牛排，看日本电视剧可以吃日餐，看中国戏什么都不想吃。

昨天到一个四川人家吃他家的川菜，非常可口，是家里饭的味道，比馆子好太多，也不过是红烧肉海带汤什么的。没有家里饭可吃的人真是太可怜了。这是模仿韩剧里老太婆的口气。

我是自作自受，有家的时候把家折腾没了，现在又想吃家里的饭了。吃点维生素吧。

我需要在激动中写作。一个伤口，一想起来就疼的伤口。一个打击，越沉重越致命越有效的打击。这就是我的问题，这段时间太和平。我必须在真实的情感中写，已不能忍受安生日子里的自作多情。

2003年10月5日 星期日

"绝地天通"就是国家垄断致幻权吧？在此之前人和神是一体的，每天每进行的，饭后睡前，一点都不神秘。这局面很可怕，人人通神，对统治者而言。权力归于祭司和巫师，就可以借神的名义号令百姓，统一思想。研究古代人的精神世界和信仰起源，不提麻醉品总是说不到点儿上。古人的宇宙观说起来仰观天象俯察大地，也不全是由敬畏、不解产生的猜测，与其说是捕风捉影不如说照猫画虎。他们很知道是怎么回事，深度麻醉一次就知道了。天人合一说的就是微观世界和宏观世界同一，是经验之谈。我就不信人的想象力会凭空发生，相由心生，都在神经丛上携带了，自然界只是借喻，为大意志赋形。

实实在在感受到了大意志，因为其完美，由己推人，不能相信那是任意的，现实太残酷，肉体太丑陋。由山川万物雷电风火想到人自身，也只是想象力迈出的一小步。从这点说，伊斯兰教还是坚持原则的，不为方便理解歪曲真相。佛祖看得很清楚，后来的问题出在和尚要吃饭，搞团结，搞普度众生，什么事一牵扯到人民就为人民左右了。坚持真理就要独往独来，话一说出来就变味，他很清楚，但还要那么做。一部《金刚经》，话已经讲绝了。还要讲，有些经就成了给观世音阿弥陀这些老同志说好话。

没有严格区分先知和神也是一大失策。人民习惯祖先崇拜，面前最好有一个可以理解和自己有关系的形状，明明一大批老一辈无产阶级革命家，求知者、先驱者、觉悟者——佛本人、罗汉、菩萨生前的样子，都被标榜为大意志本尊。

把神——大意志——用人形表示会产生严重误导。会使人认为人可以穿行各个世界各个时空。神是干预人间的，甚至是为人存在的。所以那么多人想长生不老，想上天堂，在死后保持人的乐趣。这就把大意志庸俗化了，把永恒等同于无尽的寿命，把终极归宿理解为人的幸福——可以被充分满足的欲望——就此一劳永逸地获得保障。

多少人是抱着死后可以继续享福的幻想去世的？多少人因此胆大妄为以为背后有人——他的神——撑腰？在空虚中，分子世界，与神同在，他们还记得这一切吗？

在宇宙中，人感到孤独，这是因为我们自创了一个世界，有独特的感官，是感官的孤独。要互相慰藉也只能在相同感官的人群中。仰望可以，但是不可逆，大意志看不见人。

他不是人。他的世界没有情感，因为没有例外和打断，都在规律中，没有善没有恶。情感源自痛苦，痛苦源自失落，痛苦的反面是喜悦，因获得产生，无从失落无从获得，情感便是无源之水。

他本身就是他的世界，没有对象，他也无法在自己当中制造价值。

人是生活困难才有诸多目的。

看了《小鸡快跑》，煮了两个鸡蛋吃。

2003年10月6日星期一

或者就是任意的，无论怎样任意地开始只要持续发展总会形成规律。存在只是幸存。最大的平衡在"无"那里。这就要说到涅槃了，取消奇点，连无都没有。很难想象吗？没有物质，没有维度，在数字之前，无从概念。所以人无从发现，或者说无从描述。既然宇宙不是为人诞生的，那他一定不必在处处都符合人的理解方式。如同在澡盆里养鱼，小环境适宜足够了。这个观点大概不新鲜了，人类出现纯属偶然，二十亿分之一的几率。从偶然反推必然，势必穷尽再穷尽，前面永远一片苍茫。

人类还要发展吗？我看算了。

想想还要感谢爷爷，他走出山沟，赌中了一支胜利的军队，使我出生在一个还算体面的家庭。想想看我要是个农民的儿子，在中国这个贫富悬殊歧视严重的国家将受到什么样的刺激。

2003年10月7日星期二

恐怕要拿出一生最宝贵的时光向上爬，在城市中混一个位子。一定是充满愤恨的，即便成功了能不能恢复自爱和平常心还是问号。如果习惯了被歧视被嘲笑呢？我身上自有媚骨我知道。

决定了。昨晚睡不着觉决定了先写女第一人称的小说，写一个叫"爸爸"的人发现自己灵魂的故事。女人叫小麦，是爸爸的情人和知己，目击者。书名也想好了，叫《一切都合乎秩序吗》，据说这是德国人过去的问候语。

马上开始。

2003年10月10日

把所有可能性代入逻辑。出来以后觉得荒唐。

用全部机会去接近一个人。

2003年10月16日

每天睡到下午太阳下去起来，这就是幸福吧，以后一定很回忆这段能睡无所事事的日子。

好像是找到故事了，一直爱的这个人是幻觉，遇到的上帝是自己分裂出来的一个人格。用幻觉人物否定分裂人格，这样一切都合理了，怎么抢也都在里面。用谁否定幻觉人物呢？

2004年3月13日

今天晚上吃的是所谓"梅家菜"，其实是很一般的淮扬菜。到西5街玩了半夜。今天很大的收获就是确立了物种立场，介于人、神之间，相当于佛教里的"众生"。

站在物种的立场看人，人是停止进化的物种，主动停止进化，发明工具代替进化。不进化就会退化。放在几百万年看，将来人或说进化或说退化——只会有一个大脑，到那时就可以人机合一，人即是电脑。

同样立场，人不牛逼，比人进化快的物种有蚂蚁和病毒。病毒也在进行智力传播。蚂蚁直接把自己进化成工具——兵蚁、工蚁、蚁后。

人以为自己是万物之灵这也只是人自己的幻觉。

我们都在奋力进化大脑。

有宇宙视野，地球视野，人类视野，自我视野，再加一个物种视野挺好。

可以放下上帝的包袱了。这是下一步，上帝太难了，因为他是创造者本身。很难在这个立场站稳。

现在又开始回到人类视野了，这就是下劲了。人是不会大于人的。

太伤心了重新看2003年写的东西——2007年8月9日。

致女儿书初稿

一

一月四号是大大的生日，奶奶给我打电话，叫我接她去福田公墓给大大和爷爷扫墓。这几个日子，大大和爷爷的生日，忌日，加上一个清明节，都成了咱们家重要的日子，到这一天就要买花，去墓地，算下来上半年隔不了仨俩月就要往八大处跑一回。当初大大和爷爷都有遗言死后不留骨灰不置墓，现在看留还是对的，给活人一个去处，否则叫奶奶去哪儿呢。

去年北京下了百年不遇的七天大雪，今年公墓里还是一片银素，园子里的积雪硬如铠甲，踩在上面也不留脚印，也许真是因为这种地方阴气重，同样照下来的阳光，这里的雪就比别的地方化得慢。大大的墓上已经有两束扎得很细致的白玫瑰，擦碑的女工说上午有人来过，听她讲来人的模样，我们猜是大妈和大大的一个战友。我和奶奶带的花也是白玫瑰，不过没人家拿来的好，头天买来是含苞的，每朵套着网子，一夜放在暖气旁，到早晨也没开，看来是开不了了。爷爷的墓上没有花，他到晚年没有朋友你知道的。他墓后原来的那排桃树也砍了，大概开春要在这片空地上修新的墓穴，买墓地时人家就讲过。墓园里很冷，刮着风，我穿着军大衣走了一会儿身上就吹透了，尤其是脚下，像穿着布鞋走冰。我和奶奶在大大爷爷墓前各站了一会儿，摆上花，听奶奶说我们来看你们了，等她哭出来，哭得差不多，就劝她

走了。每次都是同样的过程，她只有这一句话，然后就是站着，捂着鼻子哭，哭完东张西望，看周围的树、花和别人家的碑。表达感情是很困难的事，奶奶还能说一句，我一句也说不出来，心被压在很多层棉被底下，要挂在脸上就觉得像在装，这也是我不愿意去墓地、病房这类地方的原因，每次去都手足无措，回来就要一个人坐着喘半天长气，好像刚去过高原。

晚上我在奶奶家吃的饭，白菜冻豆腐和葱爆羊肉，小颖做的。要过春节了，小颖要回家，奶奶说，小颖不在，她就觉得特别孤单。我看小颖也留不住，奶奶说明年她要回去结婚，小颖也就二十岁吧，这么早就嫁人，也许是他们那儿的风俗。当初还想她能给奶奶当半个女儿，也是自私才这么想。

和奶奶聊天，奶奶说到你，要给你寄压岁钱，她有一些美元，问我给你一千够不够，我说一千可以了。我们挺想你的，虽然你觉得我们都很无聊。你在这个家才像个家，大家有的忙，所以早说过你是咱们家的主心骨，人物关系都围绕你来，没有你，过个节都成了可畏可怖的事。

从奶奶家出来一路开车都在想你，想你小时候圆墩墩一脸憨厚的样子和那时咱们家吃饭乱成一片的场面。刚上北四环，前面一辆大货车不打灯猛往最里道并，我狂踩刹车狂摁喇叭从它和隔离墙之间千钧一发冲过去，还是感到车被震了一下。大货车司机停在后面下车向我道歉，是个头发立着大衣脏得看不出色儿的河北人，他指给我看后面一辆抛锚横在路上的桑塔纳，说是为了躲它。我下去检查车，没见到剐蹭的痕迹，竭力平静下来，跟他说，咱们都好好的，快过年了。再开车上路，看不见右边了，这才发现右后视镜被刚才那一下撅了进去。你妈开车一贯鲁莽，像开推土机，你坐你妈的车，一定记着提醒你妈锁车，系安全带，美国路况好，车速快，你们每天上下高速公路，出一点事就不得了。你妈说我虚伪，怕老妈子出事，我也分辩不得，怕、心如惊弓之鸟也是实情，觉得现在的太平像画在玻璃上，你们那边稍一磕绊，我这边就一地粉碎。知道你又要说什么，说我还是自私。

我承认我自私，真不巧让你看出来了，但你不是别人，你就是我的

"私"，我做自私考虑时都把你包括进来，尽管你可能坚决不同意。照照镜子就知道，你为什么跟我这么像，一看到你我就特别分裂，你妈也说过，真是"活见鬼"。当年你妈刚怀你我就反对生你，知道生了你就完了，当时惧怕的是内心的温情，没想到是这样的一个魔术，让自己看着自己，永远无法安心。

前几天和你在网上聊天，你的一句话真有点伤我的心，你大概是无意的，随口一说，你说，做你女儿真倒霉。还记得吗，你上来态度就很激烈，问我为什么几天没消息，一口一个自私，一口一个白痴。我说你怎么骂人，你说跟我学的，还问我为什么没有老郝那样的朋友。我说你不要当愤怒天使，问你是不是因为是我女儿受到别人什么亏待。你说那倒没有。既然无关别人，那就是我亏待你了。我不是在这儿抱怨，你有权表达你的感受，我不能当一个你满意的父亲，至少可以当一个言论自由的父亲。说伤心也请你原谅，毕竟被自己女儿这样说也不是什么光荣的事。过去我认为只有你妈才有资格这样说，觉得我对你已经比对所有人都好了，把你视为珍宝，想象自己可以为你死，经常被自己感动，也知道你未见得如我一般想，没想到差距这么大。更锥心的是你说得对，我说爱你，其实最基本的都没做到——和你生活在一起。一个女儿对好父亲的要求其实很低对吗，只要他能和自己住在一起，这一条没有，再说什么也只能称为虚伪了。你妈说过，我错过了很多你成长中的时刻。过去我还不太能体会她这个话，现在这句话每天都在敲打我。你妈这话有两层含义，一是替你不平，二是责我不懂人生什么重要。也只有你妈，能一语道出咱们俩的不可分，一份缺失就是两个人不完整。

嘴里说最爱你，实际上从一开始就使你的人生像残月，这就是我，你讲"倒霉"也不为过。

不知道你有没有想过希望你的父亲不是我。我小时候这样想过，我那时想将来我要有孩子绝不让她这样想。人家讲，当了父母才知道做父母的不容易，我是有了你才知道孩子的更不容易和无可选择。当年和爷爷吵架，说过没有一个孩子是自己要求出生的。想到你，越发感到这话的真实和分量。你是一面清澈的镜子，处处照出我的原形。和别人，我总能在瑕瑜互见中找到容身之地，望着你的眼睛，即便你满脸欢喜，我也感到无所不在的惭愧。你还是婴儿的时候，只要一笑，就像太阳出来，屋里也为之一亮。那时喜欢捧着你的脸狂亲，因为想，大了就不能这么亲了。抱你的时候也想，怎么办，总有一天不能抱了。最后一次离开你们，你妈妈一边哭一边喊你的名字，你不应声，悄悄坐在自己屋里哭，我进你屋你抬头看我一眼，你的个子已是大姑娘了，可那一眼里充满孩子的惊慌。我没脸说我的感受，我还是走了，从那天起我就没勇气再说爱你，连对不起也张不开口，作为人，我被自己彻底否定了。从你望着我的那眼起，我决定既剥夺自己笑的权利，也剥夺自己哭的权利。

很多有过家庭破裂经历的人说，大了孩子都会理解的。我相信。我一点都不怀疑你将来充分观察过人性的黑暗后，会心生怜悯，宽大对待那些伤过你的人。那是你的成长，你的完善，你可以驱散任何罩在你身上的阴影但我还是阴影。在黑暗中欠下的就是黑暗的，天使一般如你也不能把它变为光明。理解的力量是有限的，出于善良的止于善良。没有人因为别人的理解变回清白，忏悔也不能使时光倒流，对我这样自私的人来说，连安慰的效果也没有。

当一个自私的人，就意味着独自待在自己当中，和这个世界脱钩，既不对这个世界负责也不要这个世界对自己负责。自私也讲规矩，也讲权利义务对等，不攀援，不推诿，是基本品质。喜事、成就未必不可以择亲分享，坏事、跌了跟头一定要悄悄爬起来或者躺在这个跟头上赖一辈子。被人拉起来再抱住这只手哭一场大家混过去为真正自私者不齿。做了小人就勇敢地当一个小人，这是我在你面前仅能保存的最后一点荣誉感。

我选择自私，盖因深知自己的卑下和软弱，与其讲了大话不能兑现不如压根不去承当，是苟全的意思。在你之前，做得还好，也尽得他人好处，但始终找借口不付出，沿用经济学概念，将自私视为"无形的手"就是立论之一。这一套到你这儿就不成立了，你是孩子，因我出生，这不是交易，是一个单方行为，在这里，唯独在你，我的自私法则走到了尽头。

如果说我对你怀有深情，那也不是白来的，你一生下来就开始给予，你给我带来的快乐是我过去费尽心机也不曾得到过的，我跟人说过，没想到生一个孩子这么好玩。相形之下，养你所花的金钱微不足道，所以咱们俩要有账，开始就是我欠你。

如果你鄙视我我不能无动于衷，这个世上大概只有你才能让我鄙视自己，所以我比你更迫切需要一个鄙视自己的理由，我怕你轻率地原谅我同时给我借口原谅自己。

离你越远，越觉得有话要跟你说，在你很小的时候就想，等她大一点，再大一点。二〇〇〇年开始我给自己写一本小说，本来是当给自己的遗书，用那样的态度写作，把重要的人想说的话那些重要的时刻尽量记录在里面，当然写到了你，写我们在一起时的生活。写到你时闸门开了，发现对你有说不完的话，很多心思对你说才说得清比自言自语更流畅，几次停下来想把这本书变成给你的长信。坦白也需要一个对象，只有你可以使我掏心扒肝，如果我还希望一个读者读到我的心声，那也只是你。

这种拼命想把自己端出来向你诉说的心情在大大和爷爷猝然去世之后更迫切了，我怕像他们一样什么都不说就离开了。不说，就等于什么也没发生过。我怕被当成另外一个人，这个世界还是很宽容的，至少对死人是这样。我想要你确切地知道我是个什么人，为什么会走到今天，那样也许你有机会和我不一样。我不知道自己的一生意义何在，希望至少有一点，为你的一生打个前站。做人是一件很麻烦的事，所有说法和实情之间都存在着巨大的空隙，好像一生都在和这个东西挣扎，分辨力越强这空隙越深不见底，最后似乎只好把这空隙视为答案和真相。大大去世后，我陷入这个空虚。爷爷去世后，这空虚更无边际。他们是我的上线，在的时候感觉不到，断了，头顶立

刻悬空，躺在床上也感到向下没有分量地坠落。我也常常想他们，想他们的最后一刻。我把自己想象成他们，每天都是自己的最后一天，我想在这一刻，我也许有机会明白，我们这样来去，这样组成一家人，到底为什么。

特别怕像奶奶一样，你也知道，她还活着，我也对她充满感情，可我们在一起就像生人一样。

很感激你来做我女儿，在这个关头给我一个倾诉机会当我能信任的倾诉对象。在你还不会说话的时候，你就在暗中支持我，你一直支撑我到此刻。这两年我一样样儿丢光了活着的理由，只有你丢不开。这些日子，是靠你振作起来的。你大概也这样支持了你妈妈。你比你所能想象的还要有力量很多倍对我们来说。不知把我的一生强加给你会不会太沉重。也很难过，一想到我没了之后，你妈妈、奶奶去了之后，你一个人还要在这个世上待很久，为你自己操心，为你的孩子操心，就觉得带你到这个世界上来真是太不负责太自私了。

二

我对人间的第一印象是畏惧。一下子被扔进人群中，在还不知道自己是谁前，先要学会控制自己的生理反应，依照一个严格的时间表进行每天的活动。按时吃饭没有问题，任何时候吃饭总是一件喜事。按时睡觉问题也不大，睡不着躺着也多少是个令人舒适的姿势。比较麻烦的是按时撒尿和定点拉屎，到时候没有，过了点又来了，这是不以孩子的意志为转移的，特别是在梦里，来了就要搞在身上或者床上。人生而是自由的，天赋权利就包括随地大小便，原始人一定一辈子都这样。你小时候，想在哪儿拉就在哪儿拉，来了感觉正在哪儿玩就在哪儿原地蹲下，地毯上沙发上饭桌上，最缺德一次拉在我们枕头上。我们谴责过你吗，没有。我们尊重你的这个权利。是一次次，不厌其烦地往你开裆裤下塞便盆，再后来是把你往厕所赶。你比我强，只记得一次你在幼儿园尿了裤子，打电话让我们送棉裤。我到部队在新兵连还尿过一次床，打了一天靶，成绩不好，又累又沮丧，晚上情景重演，幸亏天寒被薄，睡觉也穿着绒裤，没在床上留下痕迹。今天我也没学会数着次数尿尿，想尿就尿，怎么可能呢，像火车进站那样准时定点。

当时我不知道这是人之常情，以为我是有缺陷的，爱拉屎，每当一群小朋友在一起好好的，我忽然拉了裤子，我就崩溃了，刚刚获得的一些做人的信心荡然无存。不知道你是在什么情形下有的自我意识，我是在一次次当众出丑中强烈感受到的，我来了，我在这儿，倍儿让人讨厌的一个家伙。

现在都讲人能被生出来是得了冠军，中了头彩，单为此就该对这趟人生感激不尽倍加珍重。我来的时候可没这么想，一点也不像一个闪亮登场。你见我小时候拍的照片都皱着眉头，不高兴，还有一张干脆是哭的，那是我对做人的真实看法。这个世界上来给我一个下马威，吃饭跟抢命似的，每天至少尿一次床，和小朋友打一架，挨老师一顿骂，当众或背地里哭一场，谁也靠不上，只能靠自己，而自己也很不靠谱。

很难，学做人很难，难在收拾，自己是一个烂摊子，不懂也要装懂，沐猴而冠，鉴貌辨色第一要学会。要忍，从生理需要练起，这个功夫练好了，装其他的孙子也就是小菜一碟。送你去幼儿园，不是家里无力抚养，有一种担心，怕在家里长大的孩子将来不能适应社会，也确实看到在家娇生惯养的孩子上学后被其他抱团儿的孩子排斥，变得孤僻，影响了性格。从我这里就希望你具有讨人喜欢善与人相安无事的能力。人的宿命是跟人在一起，我不是国王，可以把你一辈子放在身边，早晚你要离开家，越小越容易得要领，痛苦越少，或者说痛苦是一样的，越小越容易忘记。一般认为三岁就该去学了。小狗生下来为人抚摸，长大就把对人忠诚当做自己的天性。不知道你的内心，看上去很令人欣慰，两三岁就会看人下菜碟，一屋子人你一进去就知道谁是老大，越没靠山越会来事儿，从来不自个儿找亏吃。大家都说你这眼力见儿和乖巧劲儿像我。瞧，一代就形成遗传，到你的孩子，不会生下来就是个马屁精吧。

我是在保育院变成油子的，一件事首先不在于对错，而在于可不可以当着人做，是否能给出一个很好的理由。永远不要相信别人会原谅你，只要有可能就否认一切。打算撒谎最少要有两套方案，一个被揭穿就撒第二个。这就是大人说的两面派。这才能在我长大后非常完整地保存了下来，是我最重要的品格，每次遇到麻烦就是凭借它转危为安，乃至化敌为友。一直有蛊惑和压力让我放弃这才能，书啊知识分子的呼吁以及来自我内心的声音，我都扛住了，没意气用事。经验告诉我，大部分人不配我用诚实的态度对待。诚实大多数时候不会使事情更简单，反而导致尴尬和不必要的浮想联翩。一般会被指为缺心眼儿，同时助长一种极为不良的心态：自大。要诚实，先要有条件，诚实之后别人也拿你没办法。

保育院的快乐都是恶作剧，要么是看人出丑，偶有几瞥同龄女孩的友好眼神儿。孩子的单纯在那里都是粗鲁，没见过通常表示爱意的拥抱和亲吻，对人好也是用侵犯对方的方式表达，只有这样才能和别人的身体接触。这样的环境，对别人始终抱有警惕，要不断判断对方的意图。把人分成两类，可以欺负的和不可以欺负的。和强者结盟，因为和弱者在一起就意味着你也是弱者会跟他一起被欺负，渐渐习惯毫不同情弱者。献媚和屈从是每日的功课，渐渐练出一副巧嘴和笑脸。最困难的是打架，大家看着你，必须打，否则不会被强者圈子接纳。我是胆小的，知道自己不行，还要去，每次去都十分恐惧，硬着头皮坚持。去打架，是我一直到少年时代的最大的噩梦，总怕露馅。八岁时，和大大在楼前跟二单元的屁巍子打架，一棍子打在人家头上，人家没事，我一屁蹾摔在冰上。十四岁在神路街打一个在路边玩扑克的人，人家都失去知觉了，仍抱着人家的头拍砖，脑子一片空白，后来为这事进了朝阳分局。最恐怖的朋友就是到处惹事一喝酒就闹酒炸的。长大后最轻

松的就是一个人遇到事可以忍气吞声地走开。我在白塔寺等公共汽车时曾被一个人从车上踹下来，一句话没说。当兵时和一个老兵骂起来，他要动手，我立刻向他道歉。在中央警卫局开的翠微宾馆，我的自行车被看门的撒了气，本来是我发火，人家一发火，我就走了。这是我的性格，苟全性命于乱世，惹不起躲得起，富贵可淫，威武可屈。很高兴你是女儿，这样你就不必受这份考验。

今天我终于可以承认我不勇敢了，面对公然的暴力，一心想的就是怎样逃开，哪怕丧失尊严。我就是人家说的那种软蛋，屎包，雏逼，一直是。能承认这一点真好。我感到放下一个大包袱。这辈子背着它我真是累坏了。姜文有一次坐出租车，司机说你就是演姜文的那个人，他回来跟我们说这个司机说得真好。我从保育院开始就演自己，演到今天经常要醒一下，告诉自己你不是这样。

上个世纪的中国，人是不可以不勇敢的，尤其是在北方，鲁莽好斗被视为男子气概。历史上的中国，总是北方入侵南方，除了明和蒋政权两个例外。后来也是这个路子，在南方失败，北方再起，靠北方几省子弟由北向南打天下。北方的无聊人，又把这说成北人对南人的胜利，强化了民间北人善战南人善贾的说法，这在很大程度上迎合了政治家的心思。在这里，你又将看到中国式的宿命，经验思维，跳不出自己的遭遇。政府本身是通过战争上台的，主要领导人前身都是战士，他们用暴力手段达到了改变社会的目的，很成功，当他们想达到更为远大的目标，首先希望统治下的人民个个是战士。尚武便成了那个时代大受鼓吹的气氛。

站在同情的立场上，他们这样想是有苦衷的，这里必须回顾一下中国上一世纪的国情，否则你会以为他们是疯子。不知道你对中国近现代史了解多少，给我感觉你是一无所知，有一次带你路过天安门，问你知不知道毛主席，你说知道，是古代人。只隔一辈就这样遥远，让我心下十分感慨，照你的说法，我也是从古代过来的人。

上一世纪，中国大部分时间处于战乱和人祸当中，兵连祸结直到你出生的第二年。大的外敌入侵有两次，丢了首都的，一九〇〇年的八国联军进北京和一九三七年日本人攻占南京。改朝换代两次，一九一一年推翻帝制建立民国和一九四九年建立中华人民共和国。短命颠覆共和两次，袁世凯称帝一次，张勋复辟一次。国土分裂两次，蒙古独立和溥仪"满洲国"十四年。全国性内战五次，北洋军阀自己直皖奉，国共联合北伐，国共第一次内战十年，国民党自己蒋冯阎，国共第二次内战四年。严格说国共第二次内战到今天也没正式结束，只是休战，演变为大陆和台湾的隔海对峙。

一九四九年以后是对外战争，一九五〇年出兵朝鲜，一九六二年对印度边境作战，一九六八年和苏联爆发珍宝岛之战，一九七三年和南越海军进行西沙之战，一九七九年对越南边境作战。还有从五十年代到七十年代和台湾不间断的炮战、海战和反小股登陆、空降的特种作战。包括六十年代到七十年代的抗美援越。

内乱，一九六六年到一九七六年的"文化大革命"算规模最大、时间最长的。其他——官方假定的周期表是七八年一次，你除去吧。拿四十除。

不光领导人，全国人民都受迫害妄想，而且这被证明总是对的。

所以，我这样的小孩——当年，也认为：我国处于众多敌国包围之中，要准备打仗。我们和世界其他国家敌对到这样的程度，他们不打我们，我们也要去打他们。老死是一件可耻的事。上学是多余的。工作是不可想象的。长大唯一目的就是死或把别人打死在战场上。没人想过要活过四十岁。而且都同意这样一个逻辑，打架不勇敢将来打仗肯定是叛徒，叛徒的下场也是死。

几张照片的说明

本来是准备给女儿个交代的以防万一，写到这里，才知道原不知道自己从哪里来，将来到哪里去，如今在这里只是凭着欲望做一些事，亲近一些人，疏远一些人，利用一些人，伤害一些人，今后也是如此。

这几张照片里的一男一女是把我带到这个世界上的人，过去我认为他们有责任，要对这样一件荒唐的事负责，现在也不这样想了，他们俩也是无辜的，在一个大家都凭本能办事的世界，你又能要求谁怎么样呢？

另外两个人是我最对不起的人，加上前面两个。我帮过很多人，但从没帮过他们，在他们需要我的时候，我给他们的只是冷漠，这是我不能原谅自己的。两个男的已经不在了。两个女的还在，但是我也无法弥补。不管我想多真诚。

我的女儿和我心肠一样，但我知道她不会像我一样，因我已经把事做绝了，是她的前车之鉴，她只会走向我的反面。这使我欣慰，又觉得不道德。

不多写了。我把这文字和照片公布，已经很过分了。我又会受到不顾别人感受的指责我知道。但是不公布我又觉得是一种罪恶。抱歉。

一号照片应该是南京玄武湖，一九五九年以前，我要不是没出生就是刚出生。

二号照片是北京，应该是复兴路29号院内。我爸和我哥。

三号照片我不知道在哪儿拍的，应该我不在场。

四号照片应该是一九五五年，我没出生。这两个人也是年轻人以我现在的年龄看。很多人受了穿他们这种军装的人欺负不管戴不戴领章帽徽，被我感受到了。我不想说这是阶级报复——这个词太刺眼，还是价值观复辟吧。但是请放心，我不打算冤冤相报，我替他们还。我希望这些仇恨到我这一代为止。

　　其余几张照片里的楼房和这些人身上穿的衣裳，就是当年我们的既得利益。

　　往前看，指日可待；往回看，风驰电掣。这是我对岁月的感受。

　　少年和中年的分野是，人小树高看似遥遥无期。

2007年8月23日夜

和我们的女儿谈话

第一章

2004年，我还住在朝阳公园门外朋友家里，一天早上，楼上一个朋友给我送来一封信，是咪咪方从三藩市写来的。因为不知道我的地址，经过几个朋友之手耽搁了几个月才转到我这里，信皮儿已经有点皱了。她在信里写她就要高中毕业了，考上了东部一个我拼不出名字的公立大学的英文系，夏天就要从家里搬出去，租房子或者住学校宿舍。她有了一个男朋友，当地人，诚实、文字能力强、理智但是沮丧——她在信中问我"是不是和我爸有点像"。她说，她的理想就是尽快念完这四年大学，然后回北京找一个小学教英语，然后每天混，写剧本或者小说。她信中的原话是"过一个北京女孩该过的日子"。咪咪方十三岁跟妈妈移民美国，一直不习惯加州和英语，想北京。她念十年级那年放暑假自己回过一趟北京，我请她吃东西，孩子说想回中国读大学。我跟孩子说，你已经考不上中国的大学了，你的中文就停在十三岁，之后接受的知识都是英文的，返回中文理解力就钝了一步，怎么能和本地那些一心通过考试解放自己一直都在本地语言环境中的孩子竞争。想回来也要在外边念完大学，假装留学归来。我还对孩子说，北京作为一个新的消费中心，过去那种生活方式正在逐渐消失，你不要太理想主义。

咪咪方在信中问我，她爸爸理想主义吗，还是一个经常感到沮丧的人？是不是一直都在压抑着一种情绪？她和父亲住的那几年还太幼稚，不是很理解他，问我能不能告诉她一些关于她父亲的事，"他到底有没有信基督·天主教"。咪咪方在信中留了她的电子邮箱地址，我给她回了个邮件，说信收到了，祝贺她考上大学，告诉她我的邮箱地址和手机号码，以便联系；告诉她我的看法是她父亲没有真信基督·天主教，他最后那几天的精神状态毋宁说是迷惘。

时间太久了，我已经记不得在那封邮件里还说了什么，只记得写邮件时的心情：难过，有一点激动，觉得孩子还太小，很多话不能说，尤其不能隔着天空说。想等到她再大一点，多接触一些类型不同的人，结两次婚，自己经过一些哀乐，那时候还想问，再当面跟她聊。咪咪方信中夹有一张她自己的照片，人在阳光中笑，紧张、单薄、有所保留，和方言十几岁时一模一样，只是个女孩。

邮件发出后没有回音，也许是孩子忙，新生活，总是有顾不上，按旧中国的标准，进入大学也算走上社会了，也许是我把她邮箱字母大小写拼错了她没收到，我总是不能正确拼写英文，不知道。我以为很快就能见到她，也没太在意这件事，第一个十年，夏天学生放假，高速公路堵车，飞机一架架横着从天上过，我会想一下咪咪方，手机上进来不熟悉的号码001什么的，会闪一念是她。人有太多理由不互相联系，久之，这份惦念也淡了，只是在机场接人、欢场熬夜身边走过年轻讲英语的圆脸果儿喜欢多看一眼——都忘了为什么了。

慢慢第二个十年——第三个十年，过去了。一代代果儿苍了，下了枝头。我也从中年步入老年。一生交的朋友都散了，各回各家，建立养老公社共度晚年的计划成了泡影。住在城里的费用太高，我收集了一下自己的存款，照目前的方式活，活不到八十就要沿街乞讨，而照紫微斗数的预测，我的寿命是八十四，朋友也都穷了，老住人家也不合适。于是收拾下自己的一点衣物，告别了最后一个房东，自个儿搬到五环外早年也是朋友给置下的一所小房子里，不出门，也不再上网和记日子，我的时代已经落幕，该尽的心都尽了，剩下要做的是把阳寿度完，不闹事，不出妖蛾子，安静本分地等着自己的命盘跑光最后一秒。这个世界已经与我无关，我每天眯在床上，补这辈子缺的觉，醒了就看窗外天空，看蔚蓝，时刻准备着这个大家伙嗖一下跑掉——翻脸。

酷热三年后又是豪雨三年，春天也不见晴日，门前的玉兰没抱成朵儿就成湿纸了。这年暮春有人给我打了个电话——报了半天名儿没想起来——说，上世纪我们一起玩得很好的一个孤老头在家里花盆拉了一泡屎再也没站起来，几天后成了酱豆腐被警察送去火化。"北京市才联"、"孤联"联合出钱买了棵柿子树，把他栽在密云水库山上的"万人林"。遗产律师来处理遗物，网上到处发消息找他的后人，一个和他住同楼，年前还帮他买过小苏打丁烷气筒和一瓶医用酒精的孤老太太，也是我们旧果儿，才得知。孤老太太建议大家到密云春游一趟，顺便给树浇浇水。没一个人响应，都说腿脚不方便，有事儿。求了一圈儿，比较多的态度是就近找个地方让活着的人聚聚。上世纪也忘了谁说过，人死了，开个欢送会，让剩下的人有个理由乐乐。上世纪说过的很多话都白说了，这个事似乎还可办。孤老太太上世纪就特别爱操办把生人变熟，把熟人弄腻这种活动，过两天电话打回来，说地方找好了，上世纪我们常去的酒吧还剩一个蒋9在营业，还在原来的地方，是蒋号的孙子在经营，已经跟蒋孙说好了，包他一夜。

天上往下掉槐树穗子的那天夜里，我进了蒋9，看见一群苍鹭和信天翁朝我狞笑。我做了充分现实很残酷的心理准备，但现实比我准备的还残酷，我问他们：咱们熟吗？他们说，瞧你丫那操行。我伸出我的手，那是一只爪子。

一帮妖怪坐下，都先要杯子，清水，泡上自己的假牙，再要一只干净杯子，打听都有什么喝的，——所有人都在讲话，讲出来的话哪儿都不挨着哪儿，——有的人忽然轻浮了，也不知为什么；一男一女明明和这里所有人都睡过，现在装耳背一个名字都想不起来——装眼花。

摘下假牙，我立刻看不见自己嘴了——这屋里所有脸，鼻子以下都是塌的。忽然一堆爪子举起杯，一片牙床声，也没听清为什么，人人都把酒倒自己下巴和领口里，洗了把脖子，而且立刻就有人腮帮子一耷拉——醉了。蒋孙站在门口不进来，和街上的人说话，说不认识我们，我都听见了。

咪咪方一直在楼下倒水递手纸，擦人，擦桌子，引导并腋托女士迈厕所门槛，坐下，起来，冲水，再给送回来。有老奶奶对着厕所镜子哭，还给捶背。到下半夜，有的人坐着睡着了，假装疯魔的嗓子劈掉，全屋人进入发呆阶段，她绕开一地腿走过来，向正在玩手的我进行自我介绍，问在座哪一位是我弟弟。

我早就猜她大概是谁的女儿，也是中年发福的妇人，问了一下年龄，正是当年她父亲去世时的年龄。我说我就是我，我哥哥已经去世了。

她自我介绍说她是联合国的，负责非物质文化遗产保护的，这次来中国就是考察中国申报的一项遗产：小说。同时她也是研究人类学的，想找个时间跟我聊聊。

我说你是什么？——她说完她是联合国的我就空白了，后面的话没听见。

她又说了一遍她是什么。

我说噢噢很好。

她问我什么时候有时间和方便。

我说现在吃什么都不香，就是睡眠还可以，托您的福，一天还能睡十二个小时以上，就是十二个小时要起来十二次上厕所。

她说给我打过电话可是永远没人接。

我说我这个那么不怕冷的人，现在六月还要生暖气，见到点阳光就像蛾子一样凑过去。

她说有我的地址可以开车去我那里。

我说千万不要买我们那儿的房子，别听销售说得好听，一条新航线经过我们头顶，附近婴儿妈妈都不出奶了。

聊了半天，她说您是不记得我是谁了。

我说您不是联合国的嘛。她说是是，又从头自我介绍。我又空白了。回过神来，听到她说她大学不慎交了个书呆子男朋友就继续念下去了。书呆子得了一奖学金去欧洲，她也弄了一笔奖学金跟着，书呆子弄了一奖学金去南非洲，她没弄上奖学金就生闯了去跟着，到书呆子向全世界申请准备去南极洲，她才发现书呆子不呆，是个旅游狂，这一崩子奔出去已是小十年了，地方没少去，十年环球旅行。

到了南极，企鹅出来迎接他们，书呆子流泪了，说到地方了，从此搬去和企鹅住，不再和人说话。她找书呆子他妈调出书呆子小时候看病的档案，全明白了，书呆子是小儿自闭来的。

念书有念好自闭的。我说，听说过。

一般我隔几年回一次北京，她说，中国很重要嘛。但是每次落首都机场也觉得是到了一外国，人家跟我说中文，我还跟人家说英语，心里特别堵得慌想多待几天往往没待住又走了。

您终于把自己变成另外一人了。我说。

也许吧，反正长大就意味着我总要变成一人，变成谁都是我。

我又空白了。她还在那儿说：……入了籍，嫁了人，第一任丈夫……爷爷去过中国，生了一女，后来离婚，对方外遇。又和一个也说不上是哪国奔出来的华裔结过一次婚，她外遇。目前独身。后来混进教科文组织北京代表处打一份工——还是您建议的呢，进联合国工资免税——当年据说。一方面搞一点自己感兴趣的研究，一方面——想北京了。转进北京一年了，还是一说话就搭错表情——你不觉得我北京话地道点了吗？但渐渐找回点北京的感觉了。

我说没关系，在国外待久的人都有点二。

她问，想起我是谁了？

我说：北京的，联合国。

她叹了口气，拍了拍我的手，问我下周有没有时间，能不能到我住的地方去看我。

我白天都不起床。

那晚上。——不是看你，是想跟你聊聊，也不聊别的——她正写的一本书有些问题想请教我——你愿意帮助我吗？

什么书啊我问她，现在还有出版——纸媒吗？

课题。她说。长篇博客。电媒——随你怎么说我只是沿用一种比较古老的说法方便您理解。

我说小说，听说过，我年轻的时候见过，到我刚上点岁数，中年，就已经是遗产了——怎么才申报啊？

要证明没有失传还有老艺人——当代的，很难……你懂我意思吗？

当代，是眼面前儿吗？

她说国际上划分是从上世纪80年代往下，之前到1949年是现代，1949年之前到五四是近代，再往前是古代。当然她说这样划分也是从俗。还有一种更俗更不科学的是按地域和心态划分，说到大陆地区，有佯狂时期，党同伐异时期，全体变成孙子时期，假装不是孙子时期和全被当成笑话全被消费期。至此，文学强迫自己冒充一股社会势力的现象被终结了。您是假装不是孙子期到全被当成笑话期的一个过渡人物——按哪种划分都在她写作的范围内——所以有些事想采访一下你，请王老先生不要再推辞了。

我说，没听懂，你认错人了，您把我当谁了。

她说您是我大爷，我可是您一晚辈。

我说我没装啊，你说我是谁？

她说你不是那谁谁吗？

我也晕了，是啊没错啊。

她说那就对了，你就是一老艺——作家，——还活着的——我不好说是不是唯一。

不对啊。我说。没写过字，怎么就成人物了。哎哎，我喊一老太太转脸儿，你不信我，你问问她——这屋都是我多少年的老弟弟老妹妹，我的事儿全知道——老妹妹，她说我弄过小说。

老妹妹目光炯炯：你不加一"老"字会死啊？

对咪咪方：女士你可能真搞错了，没听说过他弄小说净听说他弄小买卖了，他倒腾，在朝阳一带；一辈子，娱乐业，听说过吗？开夜店，隔几年倒闭一次，隔几年又冒出来；没听说他挣过钱，净瞧他坐饭店大堂商量事儿——真的，您是干吗的？

老妹妹脸盘子转得跟电扇似的：我十六岁就认识他，才发现一直不知道你是干吗的，前三十年还有人说你是点子呢。

我说我就记得我是个小贩，辛辛苦苦，什么都卖，什么好卖卖什么——凡经我手的东西，一开始社会上都叫我朝阳小王，后来叫我北京老王，后来生意越来越不好做，可卖的越来越少，我也老了，碰见谁都比我小，再出来卖也挺没劲的。

老妹妹：还卖过人口。

必须的那是必须的。我抓住老妹妹手腕子：你给我，那是我的假牙。

对不起对不起我以为是我的呢。

咪咪方：您真不记得了？

我要真是一写字的我又何必这么操劳？我怎么不愿意省点心随便写点东西找个有势力的养起来。

咪咪方说如果您真是北京老王，那就曾经是一卖字人，您还卖过不少字书，上世纪80年代后期到90年代中期那一阵，是"没良心文学"代表作家。

字儿——视觉艺术？我说，我受累问一句，我代表作是什么呀？

《捏着半拉依然不紧》。咪咪方说。我上小学的时候，这本书满大街摆着和另一个没良心派作家写的《人巨脏无比》并排——方言，这名儿您听着耳熟吗？

书呢？你说得这么热闹拿一本出来我瞧瞧。

手上没带，搁家了，真的，当年满大街现在也可以一本也不剩，当年逛大街的现在还有谁呀你数数。

挨位八弟你们看过《捏着半拉依然不紧》吗？我回头问。

大家没听见。

我说，我要干过这样的事我不会忘的。

一老哥哥对咪咪方说，你别逗他了，他还以为自己被枪毙过现在是鬼，混在人堆里呢本来。

咪咪方一拍桌子：下次，下次我一定把那本书拿来，上面有照片，你看了就知道了，我这暴脾气。——把你的手机给我，我把我名字和电话输进去，下回打电话别不接。

说这话的时候我正从她的车里下车，车停在我家门口，黑天下着雨，中间的事儿，局什么时候散的，怎么上的车，怎么开回来的，全不在屏幕上了。一眨眼又剩我一个人哆哆嗦嗦捅家门钥匙。

我问她在北京住什么地方。她说我在北京有太多房子了，妈的，爸的，奶奶的，大大的，每个长辈都给她留下一处房产。她说她现在住她妈原来的家最靠东边一公寓里。我说，是工体北门那栋吗？她说是。我说，那房子有功啊，你们刚去美国多少年都是靠那房子的租金，我还以为那大红楼早炸了。我在梦里和咪咪方聊天，我知道这是梦，还在梦里想这要是真的多好啊。

手机在震动，已经震动半天了，我一直听成在机场坐飞机滑行，飞机翅膀在颤，翅膀是瓦做的。醒来满屋暴雨声，手机已经掉在地上，还在地上转圈儿。

我下地蹲尿盆，雨声太大也听不见盆响还是没几滴。往床上爬时捞起手机塞枕头下，刚要睡，听见一女的在我枕头下说，我快到了。我说你别来了。她说不是都约好了嘛。我说飞机没起飞，下雨，路成湖了。她说她已经拐弯了——已经进院了——已经到门口了。

门铃当一声响，电直接通过我脑子——四十年了，我不能没精神准备听铃儿，猛一听一定被电击一下，脑内容短暂、万分之一秒地被一扫而光。

这时我真醒了，雨声小了，此外一片寂静。我有一个顽固的念头：要去开门。人老了，就会纵容自己，想干吗干吗，想开门就去开门。

我拉开门，咪咪方背着个大包和一大个子女孩站在门外，端着盆花儿。

还真有人儿！我这一跳吓得不轻。

怎么了？咪咪方望着我。

没事儿。我捂着胸口摇头。

一直是我，刚才就是我打的电话。她说。

不是下周吗咱们说好的？

已经是下周了老爷子。

这雨没停——我中间一天没醒？

您问谁呢？停了，晴了几天，昨儿又开始下了。

咪咪方把我搡进屋，叫那女孩换鞋。对我说，不好意思惊着你了，不是外人。我女儿。

骗人。

骗你干吗？你让她自己说——梅瑞莎。

梅瑞莎：我是她女儿，她生的我。我会讲中文。

咪咪方带她女儿梅瑞莎一起来的。那孩子一米八几，职业女排骨骼，黑眼睛，瀑布般的褐色头发，葡萄干脸形，一副特别知道自己是谁的聪明样子。能说中文，是老外找不着准星那种，说多了也能带得你的中文缺葱少盐。跟方言是一点关系也没有了，跟咪咪方站在一起不说是一家人也没人朝那儿想。

以下是我去世前从头年春到隔年夏六个季节里和咪咪方，有时梅瑞莎也在场每次谈话的记录。因为是事后做的追记，脑子经常乱码，不免遗漏。咪咪方那一方也有记录。我们谈过几次后，发生了一些事情，她辞了工，比较密往我这儿跑，她用录音机录了后面的部分，那是她的资料，与我无关，我手上这份文档整理时没有参照她的录音。到隔年热天儿，我已经失明，最后换的一个肾也衰竭了，不能吃东西，靠输液，说话如同漱口，和咪咪方的最后几次谈话，是在顺义区社会福利局退伍军人临终关怀医院病房里，她全部录了音。那里涉及他父亲方言的一些为社会善良风俗所不容甚或可能被认为是违法的隐私，如果她乐意发表，全由她本人决定。

因为这部分也有内容关联到我，本人在这里声明：永远放弃自己的名誉权，禁止任何冒充本人后代的人就咪咪方日后可能发表的文字中涉及本人的事实和措辞提起任何理由的诉讼。因为这和本人的一贯自我要求相悖，本人从不认为本人除了自身之外还有一个叫名誉的东西，本人死后，也无隐私。

声明二：这个文件不是我们谈话的全部和准确记录。本人也无意准确，追记的时候有很多发挥，本来就是本人发挥起来讲的话，本人有权再度发挥并且基于普遍的人性特权进行部分自我美化。

声明三：本人不对这里写下的字负责。追着要我负也不负。

我坐下，恢复道貌岸然的样子：花儿放门外。坐坐，都别客气跟到自个儿家一样，既然来了。喝什么？有凉水。要不要开窗户，放放味儿？

咪咪方：您不用忙，我们喝什么自己倒。甭开窗户再冻着您。这是屋里养的花儿。

我：放门外！回头它死了，我又该动感情。

咪咪方：你干吗非把它往死了养呢？

由着我嘛，它就是一定会死的东西。我盯着女孩看：上学呢还是工作？

咪咪方说：上学，学电影，没出息，学了好几年了也不知哪年毕业。

现在还有人学电影呢，早多少年北京电影学院已然改亚洲游戏大学。

咪咪方说：不是制作，是研究，放在人类学里，当做人类的一种行为分析。她那个学校您一定没听说过，挺背的一个美国乡下，二十多字母一名字，大冷门大偏门都开在那儿。

想想上世纪拍电影的人还都叫自己娱乐之王，啊——呸！当年我就和人赌过，电影再过不了第二个百年，三十年之内就得让游戏顶了，再看电影得去博物馆。让我说着了吧，中国电影你看过吗？

梅瑞莎被我盯得有点发毛，看过一些。

喜欢吗？

不喜欢。

看不懂吧。

真有人那样吗？以为别人都需要他，以为自己能讨好所有人，那么自信。

我说：你说的一定是喜剧。

梅瑞莎说：你们当年就看着那种东西笑。

我说：你可以写一篇论文，叫《人类是怎么通过自我丑化来自我取乐的》。

梅瑞莎说：写了，我的题目叫《从几部华语电影看——自尊不是人类的本能》。当然我主要讨论的是武侠电影中那种奇怪的人。

我说：中国人过去就是通过那种电影宣泄自己的犯罪倾向。

梅瑞莎说：这我倒不知道。教授拒绝看。当地的FBI政治正确科还找我谈话，说我歧视特定人群，虚构了一种人类行为，一旦发表会引发族群抗议。我和他们吵起来了。

我问：美国是《动物口头平等地球宣言》的签字国吗？

咪咪方说：是。但"不得嘲笑家畜"和"释放家畜"是保留条款。

我说：方，这几天我觉睡得并不香，一做梦就梦见我跟你过去认识，而且特别可笑的是在梦里我不是我，是一个写字为生的人，那是我的一个被压抑的愿望吗？如果能再活一次，也许我该去试试当一个作家。

咪咪方说：那不是梦，您就是一个作家，不用再活一次，你已经实现你的愿望，咱们也确实认识，三克疙瘩，你想起来了。

我说：你这样很不好，拿一个老人开玩笑，他这么真诚地对你。

咪咪方说：我像爱开玩笑的人吗？从大背包里拿出一黄书：你看看这书皮上作者名字印的是谁。

我说：把我的望远镜拿来。

我戴上镜子，看这本已成酱油色的黄书，果然印着我的名字：北京老王。

我说：据我所知，有一女的，也叫王什么，人家是作家，老出书，老在机场卖，书名我还记得，因为一听就记住了，叫《就想吃饭》。

咪咪方：看里面的照片。

是我吗？我笑。把书拿给梅瑞莎看：你主持一下公道。

梅瑞莎合上书：是你，——年轻的你。

咪咪方说：当过作家是一丢人的事吗？

我嗓子眼儿咸了，以为舌头破了，连忙把书还给咪咪方：快收好，别弄坏了。

咪咪方：还是不想承认？

我说：想承认，但是一点想不起来，脑子里丁点儿印象都没有。

我的眼眶，也感到发干，脸皮都绷起来了，用双手搓，问咪咪方：刚才我是哭了吗？

咪咪方说：如果成心呢，那别人一点办法都没有。如果不成心呢，我觉得还有希望帮您回忆起来。

你帮我回忆吧，我愿意当作家。你千万别以为我装，我真是——我为什么不愿意呢？我这一辈子跑街站店挣点钱不容易，当真干过作家，也没算，都在下九流。说着我嘴又咸了，话梅味儿。

咪咪方说，能哭出来，就是想起什么了，往事嘛，总是含着辛酸。

我说，我哭，不是想起什么，是这么露脸的事你怎么才告诉我。

我抢书：我再看看照片。

梅瑞莎抽出一纸巾：您擦擦自己。

我写过书！我写过书！我举着黄书，十分激动的样子，——我还干过什么？

这正是我想和你聊聊的。咪咪方说。

我举着一包饼干，外面一轮大太阳，红脸贴在玻璃上，梅瑞莎不见了，屋里只有我和咪咪方两个人。

今儿是几儿呀？我小声问咪咪方。

周六。她说。

不对呀。应该还有一人。

你是问梅瑞莎？她这礼拜没来。

我为什么举着饼干？

我一进来您就举着呢，还让我吃——你嘴里都是饼干。

怪不得牙齿有泥，原来是饼干。我的空白期越来越长了，好在空白的时候还能照常进食。我站起来满屋乱看。

您找什么呢？咪咪方疑惑地眼珠跟着我转。

我记得，我记得我突然害臊了，我记得见过一本书。

那不就在你眼前嘛，上星期来你就找这本书，我就怕你忘了，专门给你搁枕头边，睁眼就能看见。都两个星期了，还到处找。

果然有书，不是做梦。我端起黄书，不好意思地瞅着书名：我写的？

问八百遍了，咪咪方给我扑落胸前的饼干渣儿：你写的。

我写得好吗？

还可以。就爱问这句。一说还可以就笑。您一笑就像六十五的。

大家呢？

大家特别喜欢您。

稿费呢？

给了，特别多，您都花了。

都花了？我陷入沉思。

咪咪方：可以接着谈吗？

谈吧。我振作了一下。

咪咪方：刚才我们谈到上世纪80年代，北京有愤怒的一代，简称"愤青"。这个年龄层包括70年代出生的人吗，还是到70年代出生的人走进社会，愤怒的一代已经结束了？你认为1992年是愤怒的一代的兽散期？

1992年？——1992年我在干什么呢？1992年我女儿四岁，我还住在我爸妈家——不对，我已经搬西坝河去了，她妈妈单位分了套房子，第一次装修，才花一万块钱，装修完了我朋友来说，跟旅游景点似的。

上星期聊得挺好，这星期又什么都忘了，您理解"愤青"这个词吗？

理解，"愤青"就是不上班成天在街上玩还挺不高兴的人，不"愤青"都是上班的日子过得挺让人羡慕的，——"愤青"不好。

咪咪方望着我：您不赞成"愤青"？

我摇头：都挺不容易的，我喜欢人都在一起，开开心心的。

咪咪方双手按我肩膀：坐下吧，别老站着了，您觉得您这一辈子开心吗？

挺好的，挺顺的，没得罪过人儿，跟谁关系都不错，还好多人没我活得长呢。

咪咪方开始吃我的饼干：我也觉得您挺有福儿的，我要说您年轻的时候一直被看做是在演"愤青"，而且您的朋友都是"愤青"您会吃惊吗？

我想小便但知道没尿，那是错觉。那时候生活很难，大家的日子都不好过，经常兜里连坐公共汽车的钱都没有，也没地儿挣去，报纸上很高兴，说那是个开始，岁数大的人也很高兴，因为他们前边过得更糟糕，可是活在那个时代的小孩——我，——也不是小孩了，都当兵回来了，也是个小伙子了，可还是娇气，就觉得遭到遗弃。

被谁遗弃呢？咪咪方问。

我弯腰坐着这样特别舒服，我说：嗐，不过是做不成奴才的不踏实。

你是指被一种国家理想遗弃？

听不懂，就是郁闷。好比我现在已经八十了，一睁眼——现在，你告诉我，人能活二百岁，你还要出去想办法，——你叫我想什么办法，我本来是照着八十活的。

明白，愤怒就是这么来的。

你们没打算把"愤青"当非物质文化遗产保护起来吗？

现在当然知道国家很虚幻，是各种利益的一个集合体，自私是它的本性。当时把它看得太不具体了，神一样，有无穷的资源和慷慨，信它，它就能照顾你——我也不知道全世界哪儿还出过这样的事儿，你跟着你的神走，半道上神一弯腰回头对你说：拜拜了您哪。

叫你选择，你还是选有神的日子？咪咪方说。

现在不了。当时傻呀，被人晕了，你说愤怒我就老一直在想，跟谁愤怒？这会儿想起来了，跟自己愤怒，我怎么这么傻呀，让人给我晕了——怒自己。你懂我意思吗？不带这样的。

咪咪方：后来呢，——接着往下说别停。

今儿是几啊？

咪咪方：还是今天，你怎么了，又要找书？

我觉得有点不对，好像我在说别人的话，在替别人广播。

咪咪方：说得挺好的，是你，很是你。我一定要记着，下次带录音机来，——你觉得你现在在哪儿？

我们是在聊从前是吗？

咪咪方：聊上个世纪。你年轻的时候。当作家的时候。

我现在感觉很不舒服，好像我在说瞎话，我说的话和看到的画面搭不上。

咪咪方：你能看到过去？

我一说话过去就出来，一不说画面就变成一股股火柴头灭了的黑烟儿。又出来了，东单，无轨电车，都是发青的；五棵松，阳光很强，我在街上走。又没了，都分散变烟儿了。

咪咪方：您喝口水，闭会儿眼。

没事，我经常看过去，闭眼看得更清楚，一闭眼就是彩色世界——这话谁说的？怎么说呢，当年的事儿不能事后聊，事后聊都是经过概括的。我不怎么敢跟人聊，就是怕聊出来的不是自己，是想象的自己，演的自己，好在有画面把着我。

咪咪方：你的小说好像一直有这样的主题，发生过的事就不可能再现，再努力想真实，也是经过描绘。结论很悲观，我们都生活在自己制造的假象中，不断歪曲着自己。

原来我早就知道。

画面里你是什么样儿？

画里——此刻，我很高兴，正跟人说话，笑着。都是轻松的，脸色很平静。所以我要推翻刚才说的话，没人愤怒，我和画中的人都是在玩的。正在生活真好。六十年前真好。这一天我记得，我去我朋友家打牌，出门没赶上车，就是这辆车，338路，马上就进站了。

我瞪大眼，被深深陶醉了，因为我看到自己跑着挂上了那辆车，如果我上了那辆车，车上就有那个无名姑娘，每次我遇到她，她都会贴近我。那是80年代头三年我最大的事儿，我就是为这个天天坐这趟车。

汽车化烟儿了。我闭上眼，用手用力压自己的眼睛，汽车又隐约出现个涂着黄油漆的尾部，老是尾部，我没赶上这班车。

咪咪方：车开走了？

开走了。

咪咪方：你有正在写作的画面吗？

没有。从来没有。有很多夜晚，夏天的，纱窗外面有树的味道，灯光是台灯照下来的，有桌子，反光，但没有我，一只搁在桌子上的手也没有。如果你坚持我干过作家，大概那些画面就跟写作有关，我不确定，因为我也可能就那么无所事事待着，或者等人。

咪咪方：怎么做到的？我也想再看看自己的过去。

到一定年龄自然就做到了。要足够老。

我说：我脑子里都是电影，特累，所以很抱歉，我这个记不住事可能和这个脑子里都是电影有关系，一会儿放这部一会儿放那部，都在库里，但都没按顺序接着。

咪咪方：没有画面你就没法相信自己是个——按你的说法，干过作家。

相信啊，我相信了。书在这儿摆着，证据，证人——你坐在我对面。可你跟我聊作家的事儿，我还是不愿意相信，万一我是个特臭的作家呢。——从你来过，我想起过去做过的梦，梦里的角色有一个奇怪的我，经常在那儿自己和自己狂聊，说着我听不懂的话，有一部分就像你说的话，特别讨厌，这可能就是我当过的那个作家现在想啊。我当过的人挺多，都留着画面，怎么就作家没画面，这事有点怪。

咪咪方：我要说码字你有画面吗？

我说：没。

咪咪方：有没有可能把内容生成画面？

什么意思？

咪咪方：作家，就一个姿势坐那儿嘛，很概念，生成画面也不知是个什么意思。容易记的、看得懂的最好有人物，有对话，带关系，咱们叫故事。你检查过你的电影吗？有没有其实不是你的纪录片，而是你小说改编的？记不住码字过程，记住字儿编成的事儿也行呀。

我说我懂你说的意思了，可以试试。一试，立马崩溃。又试，又崩溃。

怎么了？她问我。

一这么想就连续崩溃，我说，——你意思我看到的自己过去有一部分也不真实。

有可能啊。她说。想象能生成画面这都是常识。眼睛看到的只是自己想看的。开普敦大学已经在猴子身上做过试验，两台摄像机监视猴子视网膜，拿一只香蕉一把手枪同时给猴子看，大屏幕上投出来的只是香蕉。她说，不要太相信拍照，画面也不等于全部。

我说，那我们应该相信什么？

她说，这是典型你们那一代人要问的问题。什么都不可信就不能活吗？在虚无中就不能活吗？我养过一只苍蝇，一冬天往玻璃上撞，春天我打开窗户，它经过窗口就掉下来经过窗口就掉下来，我说，你丫装什么呀？它说：不习惯。

我看咪咪方：你丫胡编的吧。

咪咪方：胡编的。第二年苍蝇回来问我：你们家沙发呢？我说卖了。它就不高兴。我说你坐吗？它说看着少样东西。我说你丫一千多个画面少看一个就这样？没两天，扑地而死。我问苍蝇的灵魂：吃脏东西了吧？苍蝇灵魂回答，不为这个。我说那为什么？它不说。另一只苍蝇飞来告诉我：它是"愤青"。

我一指她：我认识你，你姓方，你爸也姓方。

咪咪方：您出画面了——您记性太好了。

我：你妈漂亮，你像你爸。小时候你是个胖子，脸都托不住脸蛋，抱起来得三个人，一边一个捧脸蛋的，外号水滴。怎么样，你爸你妈还好吗？你爸还在七机部吗？

咪咪方：您这一句明白一句糊涂的我没法正经回答你。

我：你们家不是七机部的吗？我现在看见的就是永定路口的红绿灯。还有奥迪车。

咪咪方：噢，你是看见什么说什么。我说一人名你看你能看见什么，——方言。

我：一个小孩，躺那儿哭，很小的小孩，在一个大屋子里。

咪咪方：还有呢？

我：越走越近，摇晃的，主观镜头，一只小手入画，我的手，打他的脸。

咪咪方：不许打人！

我：一排互相牵着的小孩的手，经过土地，冬天，天是苍的，树是干的。

楼，红砖楼，层层阳台，午后，一口痰飘飘荡荡拉着丝儿垂落，正掉一趴阳台小孩的后脑勺旋儿上。

他是谁？我问咪咪方。

咪咪方说，再看，你再看。

一个中年人坐在我家里哭，胖胖的，穿的衣服是我的，拿手绢捂眼，说，一生要做的事都错过了。

我在开车，一个早晨，环路拐弯，隔离带被冲开一个口子，对面趴着一辆车，反向撞在一棵树上，车头已经瘪进去，有个戴口罩的警察在察看。大白天，整条马路只有这辆车和这个戴口罩的警察，越来越远。

　　咪咪方：还没看见他的脸吗？他已经死了。

　　我说：他是我朋友。

　　咪咪方：你还记得有这么个朋友。

　　我说：他是我朋友。

　　咪咪方：知道知道。

　　我：他是我什么时候的朋友？

　　咪咪方：你现在打开书，他就在第一页，在你的书里。你的记忆能保持多久？我是说你现在看书，能记到明天吗？这三周书一直在您枕边难道您就一直没打开过？

　　我：能记住到——合上。

　　咪咪方：能在你们家乱翻翻吗？

　　老王：为什么？

　　咪咪方：真行，一张照片也没有，您把过去打扫得够干净的。

　　老王：给我讲讲，我和你爸是怎么认识的。

　　咪咪方：电脑——我能看吗？

　　不能。

　　我一定要看。——这一盘子纸渣儿是什么？

　　老王：你给我写的那封信，昨天找着了，一拿都粉了，就成这样了。时间过得真快，你脸上也全是褶子了。

　　咪咪方：可不是，前些天去美容，美容师说，我们要拿护理羊皮的方法给你打油。再见。我对她说。

　　老王：这句话我要到处去讲，人还是得有个女儿。北京好吗？

咪咪方：北京不好，这个样子，世界上可以完全没有北京。

老王：我是完全没感觉了。梅瑞莎怎么看？

梅瑞莎：还好啦，我喜欢新新的，笨笨的，到处都是玻璃塔和水泥方块，树都剪成蘑菇头，像走在电脑里的三维世界。商店、饭馆，吃的、聊的，人都很好。

老王：早先北京没这么大，我小时候二环以内才叫市区，你妈小时候开了三环，再后来扩到四环，现在都八环了吧？还有天津这个市吗？

咪咪方：在吵。一部分人主张划入大首都地区，天津市民不干。叫梅瑞莎来是想叫她学点北京话，结果人人都跟她讲中国英语，她本来那点中文也退步了。

老王：哪里还有人讲北京话，我这个不懂讲英文的人，前几天一个上门推销社区性服务的，用英文跟我说了一大套，我猛然发现听懂了。

梅瑞莎：您还有这个需要？

老王：我批评了她。主要是没北京人了，哪儿的人都来，来就不走，还跟你结婚，再过一代人，我看就有黑北京人白北京人了。

咪咪方：已经有了。前些天我见到一个完全非洲的姑娘，说一口上海话，拿中国护照，护照上的出生地写着上海。

梅瑞莎：有什么不好吗？

老王：没什么不好，不是头一回。北京地处要道，隔几百年就大批来人，就要被狠串一次，捂着不让串都不行，都是从语言到衣裳到模样儿这么从头到脚换。这个胸怀应该有，谁也不是北京猿人，来到今天的都是杂拌儿。什么消失了都是该消失的，都不可惜。不聊北京好吗？聊它不好玩。我赌再下个世纪，中文改字母。

咪咪方：方言在给你的一本书写的序里说，你是他最好的朋友。

老王：这是我的荣幸，其实他还有很多好朋友，他没的时候，大家都很难过，今天，难过的人也都没了。

咪咪方：他人缘不错？

老王：那样诚惶诚恐的一个人，你让他得罪一个人，他连觉都睡不着。

咪咪方：是吗？我还是第一次听人这么说。

老王：胆子非常小，你知道他上厕所经常不冲水吗？他怕老冲水影响马桶寿命。

咪咪方：这是焦虑，和胆没关系，要不就是小气。我妈说，他谁也瞧不起。

老王：也是真的，胆小也不代表谁都要瞧得起，不代表不傲。他的一个爱好就是得罪不相干的人。也不叫放肆，年轻的时候大家都怀着尊重踏入社会，老来发现这个社会确实没一个人值得尊重。不包括穷人啊。

咪咪方：你们是从小就认识？

老王：从出生吧，还不知道自己是谁呢，就坐对面，已经看熟了。我们院一帮小孩，关系一直保持下来，到中年，也就我们俩。可能是因为在一行里，开始一起写小说，后来一起写剧本。要说得算一起混了一辈子，至少我送了他全程。也不一直是朋友，谁也瞧不起包括我们互相瞧不起。中间也淡过，有利益冲突无法调和，最后都过去了。

咪咪方：能这么说吗？最了解他的人里，有你。

老王：还是太重了这话，谁能真了解谁呢？现在把方言本人叫起来，他大概也不敢说：我了解自己。

咪咪方：总还是有一些。

老王：只能说有一些了。问你妈去，她应该是相当了解他的人。

咪咪方：她就不必了，我们一辈子没少谈他，她知道的也是我知道的。

老王：什么形象？

咪咪方：还行吧，我妈对他挺客观的，讲缺点，优点也讲，综合一个评价：自私。

老王：什么，司机？

咪咪方：自私！

老王：哦。

咪咪方：也说过你，说你们，狼狈为奸。

老王：你妈其实非常有语言天分。

咪咪方：您别紧张。

老王：我没紧张，我是真觉得你妈没从事写作可惜了。另外我也不觉得自私是坏词儿，一个人能照顾好自己已经是对社会很大的贡献了。狼狈为奸——说的是为朋友放弃原则。这事儿我干过。我必须承认，我不是个完人。

咪咪方：她没再多说什么。

老王：你老这么暗示我，我还真紧张了。讲义气，是我的弱点。

咪咪方：方言也是那种人，大部分时间是跟朋友在一起，我和他在一起的时间大概连你们在一起的时间百分之一都不到……

老王：他大部分时间也没跟我在一起。谁大部分时间和别人待在一起呢？都是自己和自己待在一起。我也真是不太了解他，他是好人。

咪咪方：就怕只听到客气话，千万别！中国人一般不说死人的坏话是吗？

老王：那要看活人想听什么，活人想听，也可以说。方言一直在演一个好人，我们说他，一个好人的扮演者。

咪咪方：可能是时间太长了，本来脑子里有一个父亲的形象，忽然有一天，发现这个形象是个虚影儿。听人说你是只讲实话的。

老王：别听他们瞎说，我也专讲假话。我还真不认识只讲实话的人——三岁以上人里。

咪咪方：不了解父亲呢，当然也能过一辈子，要说我现在，也没太强烈了解一个人的愿望，不像小时候，忽然他没了，又是在国外，跟谁也不熟，只有一个妈妈，觉得自己有点可怜，那时特别想问他的事儿，好像多知道一点就能多抓住一点什么，于是写了那封信，你也不告诉我，理解理解。

也听一些人讲他，认识的不认识的，见过一面的，看过他写的小说的，每年能碰上一个半个，评论不一，当然话都说得很客气。我对他也不是完全一无所知，很想听听你从你这方面的看法，毕竟你跟他，按我妈的说法"一起干坏事的"。

老王：我是真把你妈得罪狠了。也没有什么骇人听闻的东西，你爸一辈子，做的最缺德的事，也就伤过几个女的。

咪咪方：有个讲实话的态度就可以了。我要听你假话干什么？你把他说成一朵花，他也是死了，对我也毫无安慰，我也不打算给他立碑。

老王：就是这个讲实话困难，有时费了很大劲儿脸都撕破了，实话倒是实话，但不是事实。这个话可以讲，害人的事儿，老方一件没干过。

咪咪方：这个评价很高了。谢谢，我代表方言。

老王：等等，是一件没有吗？我怎么一讲完这个话，马上不自信了。这么说吧，有意害人的事儿，一件没有。这么说就都照顾到了。再等等，我说的只是我知道的。

咪咪方：所以先不要替人打包票。

老王：我上趟厕所。

梅瑞莎：这个老头不爽快。

咪咪方：你看出来了，这个老头滑得很。

老王：我回来了。

咪咪方：您回来了。你和方言是同一年生人？

老王：1958年。我比他大半个月，我是狮子处女，他是正经处女。干吗呀，还记录？

咪咪方：不是记你的话，是记突然想起来的问题。真没法想象他活到今天是什么样子。

老王：一定也很可怕，全世界魔鬼的形象都出自老人。

梅瑞莎：啊！

咪咪方：你不要吓她，她真会害怕的。都说我小时候像他小时候。

老王：不像。

咪咪方：不是说现在。

老王：他爱哭，你不爱哭，他瘦，你胖，他什么条件，你什么条件？

咪咪方：我也是幼儿园长大的孩子。

老王：还是不一样，那时候，从上到下没人性。

梅瑞莎：你们是这样认识的吗——嗨，你好，你叫什么？

老王：我们是这样认识的，我能起来了，走到他跟前，抬手给他一巴掌。

咪咪方：你是个暴力的卑鄙。

梅瑞莎：怎么听上去你老欺负他。

老王：他是好脾气，怎么逗都不急，这种性格在小孩中最受欢迎，谁都愿意带他玩，让他当自己的兵。

梅瑞莎：外公真可怜。

老王：最可怜的小孩是没人和他玩的小孩。你外公比咱们都懂这个道理。我还被人孤立过一次呢，孤立，你懂吗？就是所有小孩都不理你了，因为你讨厌。

梅瑞莎：这对你有什么影响吗？

老王：影响就是我学会了向反感你的人飞媚眼儿。

咪咪方：可以这么形容你和方言小时候的关系吗？他是你的兵，坏事都是你带着干的。

老王：不可以。我以为他是我的兵，有一次叫他在我面前立正——这算虐待自己的兵吗？他不立，还哭了。第二天我就被孤立了。你爸从小没挨过打你信吗？我指痛打。这几乎是不可能完成的任务。你小时候怎么过来的？噢你是女的。

咪咪方：这说明什么呢？

老王：这说明他生下来脑子就很清醒我就不说揣着心眼了。

咪咪方：你是说他生下来就不单纯。

老王：你以为他头半年光在哭，其实是在观察，现在我才反应过来。这不是贬他，这是赞美他进化得好，察言观色别人要学，他带在遗传里确保不会遭灭。

梅瑞莎：我能说这是胡扯吗？

咪咪方：确有这样的人，不好意思我也是这样，他遗传给我了。一眼看上去谁是老大先冲老大笑，我也有这本领。很抱歉没有遗传给你。

老王：我没瞎说吧？

咪咪方：没瞎说。

老王：遗传很厉害的，过去只有本能才遗传，从你们父女俩开始文明也可以遗传。印度科学家不是已经在黄种人里分离出一种新基因，叫懂事儿基因。你没发现这十年没人再往高大凶猛长，打拳的都小了一号。越来越多你们家这种体形，头大手小腿细，看着就招人关心。

咪咪方：你想说什么？

老王：我想说他没遭什么罪，你们家的种儿很优越，很适应环境，是难得一见的品种。我本来是相信人人结果一样的，但一想起你父亲就觉得人和人还是很不一样，同样一生为自己打碎了算盘，但是人人都说他面善，长得就挺吃亏的。有一次我跟他争起来都中年了，我怒而说他，你吃过什么亏呀？你净合适了。别人不知道我还不知道。

咪咪方：您多年的积怨爆发了。

老王：因为他又对着我哭，说一生想做的事都错过了。

咪咪方：他想干什么呀？

老王：是啊，我也这么问他，你还想干吗呀？他也不说，光哭，最后把我哭烦了，睡了不聊了。

咪咪方：他很爱哭。

老王：中间不爱哭。刚生下来爱哭，临过世那天泣不成声。

咪咪方：这是他临过世那天？

老王：我也不知道怎么算这一天，门桥，四元桥，开上去一片茫然。

咪咪方：他去世的前一天你们在一起？

老王：忘了。

咪咪方：最近，梅瑞莎说我越来越怪异，我也觉得自己越来越不像自己，很多想法跑到脑子里，好像有一股力量要把我变成另外一个人，可周围一切都很太平，没什么变化。

老王：四十岁以后吗？

咪咪方：好像是——你一说我就觉得是了。

梅瑞莎：是四十以后，我给你记着呢。

老王：四十岁以后人是会受到一种内在的冲击的……至少他认为自己年轻时是尖孙——就是俊男的意思。他到处散布这种舆论，叫做什么面如满月，目似点漆。有一阵，我们没少笑话他，一个男的，对自己的面貌沾沾自喜，非常不正常。

梅瑞莎：他是很自恋的人吗？

老王：咱们都是自恋的人，自恋和自我厌恶相交织。刚了解自己一点的时候自恋，很了解自己之后自我厌恶，或者用那个词：沮丧。是的，方言是个沮丧的人，他自己也不掩饰这点。我们都很沮丧，发觉自己不是自己希望成为的人，而且再也没机会活回去了。多可悲，没一样东西是抓得住的，甚至自己的长相。

咪咪方：我爸他，厌恶自己吗？

老王：越往后，越来越。

梅瑞莎：我发现您说话有一个特点，特别爱说我们，说什么都是我们，是指您和外公，还是有更多的人？

老王：我也发现自己这一毛病，曾经极力想改，改不了。大概是小时候总被人当整体的一分子看待，养成了潜意识，总觉得自己是一代人，说好说坏都是大家有份儿。

咪咪方：您觉得您可以代表别人吗？

老王：不可以。我错了。我不再用"我们"，我是我，他是他。没有一代人，那只是个观念，只有张三李四王二麻子。我谁也不能代表，我只能代表我自己，究竟能不能代表我自己，我也常常感到怀疑。

咪咪方：我爸他，一向是容易沮丧或者厌恶自己的人吗？

老王：小时候？不，小时候他最多有点腼腆，看着老实，其实不老实，好像心眼挺多，也只是好像。我们这个年龄的中国人，都曾经是乐观主义者，相信历史总在进步，天堂可以建立在人间。——对不起，我又说我们了。我认为，方言骨子里是个野心家，对自己的一生期许甚高，喜欢看到别人处于他的影响下，我也是，我们总结自己，最大的优点就是自信。我们互相吹捧时最爱说自己：都是上帝盖过戳儿的。请允许我在讲到人性弱点时使用"我们"，否则我就丧失原则了，好像我不是人类。

咪咪方：既然您这么矫情，只有随您了，要不让您这么说，您都不知道怎么说话了也许。

老王：这不是矫情，是底线。你不知道这有多重要，如果没有这一点，我怎么保持对别人的优越感？该认账时要认账，谁敢说自己不属于人？谁这样讲谁被动。没什么了不得的后果我还告诉你。

咪咪方：小时候，我爸给我的印象也是爱吹。我还那么小，住爷爷奶奶家，在家做作业，他一回来就对我说：做什么作业，不做，我可不像那些可怜父母，指着你成什么。你当我女儿我谢你还来不及呢。你将来就是享受。你是书香门第的小姐，将来太有钱了。我叫你一辈子不用为钱工作，只干自己喜欢的事情。他一这么说，奶奶就疯了，说你怎么能对孩子灌输这些。可他一这么说，妈的脸上就充满欢乐，妈是他的崇拜者，最爱听他吹，还对我说，别看你爸吹，他认识我时说过的话还真都做到了。现在我一想起妈听爸吹牛的样子，还能看见四个字：喜上眉梢。

老王：你爸当年为了吸引你妈，冒充作家，最后成了作家。

咪咪方：爸最爱说，他要是个英语或者法语作家，早可以退休了，版税一辈子花不完。可惜他没看到盗版被列入刑罪的这一天。我还记得刑法修订后，中国政府在全国开展"严厉打击各种侵犯知识产权的严重犯罪"的执法行动，《四联活着周刊》封面故事有一个很有意思的标题：多少作家在我们前面英勇地牺牲了。

老王：我看过这个文章，是刘河南刘先生写的，他也是你父亲的好朋友。文章写得不错，最后问得也好，能不能不给我们机会再说中国每一点进步都建立在几代人的牺牲上——大意。

老王：我知道你父亲一直在写一个东西，可能在世界范围卖的，希望其他国家的版权保护制度可以使他余生有靠，还可以荫庇家人——让你一辈子不用为钱工作，看人眼色。一个作家能给家人留下什么？最好遗产就是一本年年有版税的书。他是认真的，他总是用吹的姿态谈自己的愿望，否则羞于出口。他最大的愿望就是让你有一个比他更自由的人生，不用为钱起床的一生。我们都不同意安逸会使人堕落的观念。我们都出自贫困，看过太多贫困产生的罪恶。

咪咪方：那是一本什么书呢？

老王：不知道。每个作家都在写这样一本书，经过练习期、喷涌期、无聊期、阅遍滋味，到达技术成熟、思想痛苦这样一个境界，最后倾身一泻，穷尽自己，在一本书中告慰平生。

咪咪方：都这样吗？

老王：都是这样，没写的，也这样想过。很多人净顾着和没用的人和事纠缠，以为自己还有时间，年龄大了，身体垮了，没写出来，死不瞑目。方言很多次劝我，不要再写那些乱七八糟的东西了，看看咱们的前辈，那些老作家，哪一个不是教训？四十岁，就必须开始了。

咪咪方：他开始了？

老王：1992年到2002年，据我所知，他一直试图在写，在酝酿，构思。

咪咪方：试图？您的意思他是写了还是一直在准备其实没写？事实是到最后谁也没见到这本书。关于这本书，他还跟您谈过什么？我妈一直坚信他写了这本书，她说她还看过一部分，在我爸的电脑里，当年我爸最后那次离家出走没带他的电脑。

老王：想写，准备写，也不意味着真能写出来。真诚也没用。写作也是很宿命的，不是努力就一定有收获的，认识到了也白搭。年轻时你可以闭眼写很多东西，很顺手，也很成功，老了真想写一个对得起自己的东西，怎么写都不满意。我也一直很困惑，都说写作是为别人，是给读者看的，越到最后，越发现标准其实不在读者那里，在哪里呢，似乎在自己心里，可自己的心常变。很多作家，耗尽心血写出最后一本书，临终时付之一炬。

我相信方言是写了，也许还不止一本。我们在一起，基本不谈自己的创作，知道谈了也没用，创作到最后只能自己和自己搏斗，都不是文学青年了，这个痛苦没人帮得上忙。为什么说还不止一本？因为他在最后几年几度兴奋，几度沮丧。几次大了的时候偷偷跟我说，这回找到了，有了几千字，希望能到两万字，估计就成了。一脸幸福。接着一阵子，几周，几个月，叫他出来玩也不爱出来，玩也不专心，玩一会儿就走。过了这阵子，又天天出来玩，一玩就大，大了就一个人坐在那里沉默，一夜一夜瞪着前方不说话。只要他这样，我就知道他又瞎了，又没找对方向。人要忠实自己苦啊。要说心里话难啊。哪里也不能去，就在心里画地为牢。后来他一副高兴的样子，什么也不说了，我还打听，最近顺了吗？他就摆手，不能提不能提，说出来又不灵了。都迷信了。

咪咪方：很不自信了。

老王：很不自信。时而狂喜，时而绝望。焦虑，一年比一年悲观。会有一些完成稿或半成品存在他的电脑里，十年，他那个写法，一根筋不挪地方，蜗牛爬几十万字总有。就是不知是否最后大灰心，一气删了。他走那天，我检查过他的电脑，挨个文件打开看过，都是他过去发表过的东西，没新东西。他最后那个女朋友和我一起看的，想看看有没有遗嘱什么的，还请了一个懂电脑的彻底检查了一遍硬盘，看有什么删掉的还可以恢复，就怕他删自己东西。只找到几个小说名字，设了文件，打开什么也没有。那台电脑后来给了你奶奶，当时她还在世。

咪咪方：这台电脑现在在我这里。

老王：我还记得其中两个小说的名字，一个《黑暗中》，一个《致女儿书之一》，可惜没有正文。

咪咪方：还有一个《致女儿书之二》，一个《死后的日子》，一个《金刚经北京话版》，一个《六祖坛经北京话版》。

老王：这两个东西我有印象，他去世前一年翻译的，正文我见过，他义卖藕过很多人，说是翻着玩的，现在要找估计也能找到。由此可见，那几个文件名下原来也可能有文字，后来都删了。不知道当时他是什么心情，我是不知道我将来有没这个勇气，把写好的东西删了烧了，真正做到只写给自己，不要一个读者。

咪咪方：原来你们作家都是这么想的？真可悲。

老王：这是一种境界如果允许我自吹的话，不是每个人都能达到，我现在——哦不，从前，也只能达到不发表，生前不发表。

咪咪方：为什么？为什么你们这么痛恨读者，畏惧读者？难道你们每个人不是依赖读者出名或者发财的吗？

老王：我不痛恨读者，也不畏惧读者，只是痛恨你这种说法，这种把写作后果和写作本身混为一谈的说法。不是每一种写作都是为读者，发表和出版才是要读者，要传播。你凭什么认为这个世界发生的每一次思想活动都意在传播？多少惊世骇俗的思想死在千千万万沉默的大脑里。谁也别吹牛皮，以为人们写作的目的就是为了影响你，盯着您腰包里那几个小钱儿。我是没那么伟大，但不代表所有人都像我一样爱名。你不要挑拨作者和读者的关系，不要读者就是藐视读者？所以说不能和外行讨论这些问题。我是就写作说写作，最纯粹的写作就是不发表，这才真实——可能真实。一想到读者，花样儿就上来了，不老实就上来了。花言巧语一辈子，老实一次不可以吗？

咪咪方：对不起，我只是转述一种普遍的看法。

老王：普遍的看法就正确吗？你以后不要在我跟前讲普遍的看法，就讲你自己的看法。我才不要听普遍的、流行的、人民的意见。我是在跟你交流，只要知道你的想法。如果你的想法和大众一致，或者你干脆没有自己的想法，只会借用流行观念，你也别不好意思。

咪咪方：对不起。

老王：你也不用对不起，你没对不起我的。我算什么呀？一老不死的，老而不死谓之贼，我就是一老贼。你对不起你爸，你爸一辈子忠于自己，坚持和这个世界的所有堂而皇之作对，不惜自我毁灭。我们这些上了年纪的人跟他比，都是苟活，都是叛徒。对不起，我不能再跟你聊了，我太生气了，我一生气就不客观了，面前站着的就全是敌人了。

梅瑞莎：王爷爷，请你原谅我妈妈，她没有恶意，您都把她说哭了。

老王：我不是冲你，生你的气，我是冲我自己，生自己的气。我这一辈子，有很多机会，像你父亲那样，活得勇敢点，但我都放弃了，错过了，目的也达到了，长寿。长寿一回可以了。如果再有一生，我会对自己说，不长寿也没什么了不起的。

咪咪方：您别这么说，我难受，是恨我父亲，为什么不长寿。哪怕他不真实，懦弱，是自己的叛徒，在这个世界百无聊赖，我也愿意他活着。

老王：是啊，人活着只是为了成全自己吗？这样的一生怎能不叫人说成自私。

咪咪方：您愿意出去我们请您吃饭然后再把您送回来吗？

老王：不愿意，我冰箱里有剩饭和菜，我最爱吃剩菜烩饭，而且必须是热了几遍的，小时候穷家小户的滋味，没吃够。下次吧，下次再让你请。别生气咪咪方，别跟我一般见识，让着点我，我这么老了，在你面前有资格任性一点儿。

咪咪方：没事，您是没拿我当外人儿。

老王：你也不知哪股劲特别像你父亲，不是长相，让我想一想——突然站起来要走一分钟都等不了的样子，人还在这儿，心思已经出了门。好像门外边有什么好事在等着他，好像他刚才都是跟你敷衍，让我们这些留下的人感到失落。那时我们经常一起去酒吧，每到后半夜我都专门找他跟他说，你丫不许先走。

咪咪方：您这么说，我都不好意思走了。

老王：走你的。你们家人手脚秀气，都是奔波命，越往远走越好。这是北京吉普吗？中国车也越来越有样儿了，工人都不偷懒了？

咪咪方：你确定不跟我们一起去吃饭？

老王：确定。

咪咪方：你笑什么？

老王：想起你父亲，别人要这么问他，他就会仰起脸说，你们要是特别需要我，没我不行，我就受累去一趟。几次我都一踩油门走了，把他留在家门前，再在前边停下来，看他一溜小跑撵上来。

（以上为2034年2月前几次谈话的补记，没有准确日期。）

第二章

2034年2月4日　立春　星期六　阴转晴
地点：老王家
出场人物：咪咪方　老王

咪咪方：我给您带来一本老照片册《渐行渐远的老北京人物和风情》，都是上个世纪最后十年和本世纪初的老照片，我前天逛三里屯"贝塔斯曼"图书连锁店在旧书堆里发现的。上面还有您呢，《北京的酒吧》第二页，人堆儿里，这正乐的是您吧？

老王：我完全不记得这是在哪儿为什么了。有作者吗？

咪咪方：没作者，只有编者。不过这张照片下面有一行小字说明，这是北京影视圈和音乐圈人士常去的酒吧——8。

老王：全错。我是认不出这是哪儿，背景太模糊，沙发像是"夙昔黄"，但也不一定因为后来哪儿的沙发都那样，但肯定不是8，8也根本不是酒吧，是舞场。老8在新东路，现在的"老佛爷"百货公司。新8在三里屯，现在那家"谬谬"专卖店。也不能说是影视圈音乐人常去的店，应该说是早期电子音乐爱好者常去的地儿。北京推广电子音乐，骇瑞——8老板，功不可没。我就是在那里受到电子音乐洗礼的，从音乐盲变成——还是音乐盲，但是爱听，一听就大。这个女的叫求求，是我老师，苍龙卫视一专业攒局的，直接变成北京第一个女唱片骑师，后来周游世界打碟，最火一年澳洲排名第七。我们一起玩的人里当年出了一堆缔结。还有一女孩叫历历的，白领，也成了驻场缔结，靠两只手吃饭。还有一朋友，做生意的，房地产和金融，小时候吹过口哨，上去一打，全场都傻了，大师啊。后来生意都交给别人，自己建了中国第一间电子音乐工作室，第一个在中国开店卖胶木唱片，现在老店还在朝阳公园南门开着，去年我还路过那儿，门脸没变，听说被他儿子转手了。你听过二十年代的电子乐《黑洞的另一头》和《大爆炸之前》吗？现在练游戏房，游戏OK夜总会，火葬场，公墓，还老当环境音乐放。那是他写的。电子乐完善了他的世界观。

咪咪方：这张照片上有我爸爸——《北京的餐厅》这一栏。这些人都是谁？

老王：素小名、抱默、碘碘、小隆，这个打电话的是老桨。你爸当年参加过一个吃喝委员会，这是那个委员会的一些人。这是在哪个餐厅让我想想，穿苏联元帅服唱歌的这个人让我有点印象。

咪咪方：说明上写的是"风行一时的俄式餐厅"。

老王：也谈不上风行一时，做过共产国家首都，总有俄式餐厅。想不起来了，过去很多俄国菜馆都有俄国人唱歌。这不是磨根吗？这是他开的"三个贵"，他家的干锅薄荷羊肉太好吃了。这是老方家开在后海池子边的"越来越露山房"，他家的酱椒鱼头和擂茄子很靠谱。北京的画家都会开饭馆，开一个火一个，别人想开就没戏。这是老虎家的"小畜"，他家的梅干菜烧肉是蒸出来的，咬着像好皮鞋的鞋跟儿。这是小冀家的"为服"，有一阵我们拿那儿当食堂，想不出哪儿好吃了就去那儿。哦，"盛林浮"也在上面。这是北京最早的台湾菜，我们的另一个食堂，台湾人开的，媳妇儿是北京的，难得菜谱上一半是素菜，红烧黄瓜卤白菜什么的，还有五十八度的金门高粱，可以买醉。你妈和那儿的老板娘特熟，老带你去，我都碰见过好几回，大人喝茶聊天你在旁边一本正经地听，从小你就老和大人混，混得一张小脸怪怪的，你不记得吗？

咪咪方：您这一说，我好像有点印象，屋里好像种着竹子，好像有流水，老有流水声，老板娘穿得挺女人的。

老王：好像是吧，我也忘了。这是"哈宿卡"，城市宾馆后边一酒吧，也是台湾人开的，牛肉面和生拌面北京第一，巨香无比，能跟它有一拼的也就是蒋9后起的膘子面，我为了控制体重，反对夜草，以后才不去他那儿了。这老板叫敬——敬什么，太会做生意了，他爸过去是台湾电影局局长，客人喝一瓶"踏开拉"，他就送第二瓶，第二瓶下去全大了，保管接着开第三瓶。他家还有一种二锅头特饮，是敬先生自己发明的，用踏开拉的手指杯就咖啡糖和柠檬，一口闷。你爸最崩溃那年冬天，我和你爸，圆猫同志——你爸另一个朋友，天天在那儿把自己搞大。这不是年轻时代的老费嘛，站在"酒啸"门口含笑，他旁边的果儿是谁我瞧瞧——太有意思了这都是谁拍的。

　　——都拆了，我们那时候可吃可玩有一说儿的地方，都拆干净了。北京市这批土包子真缺大德了，哪条街火拆哪条街，生把一北京盖成一万座大怯楼。我为什么不爱出门？因为没法出门，一进城就觉得是外国，而且是一个严重不靠谱的外国。

　　本世纪初，北京城里拍电影就没法拍了，没一条胡同不穿帮，没有一个四合院是完璧，要讲过去的故事，景儿都要搭，街也要搭。有的时候，一梦醒来，向窗外望去，我都不知道我生在什么地方。

　　咪咪方：什么记忆都没有了。

　　老王：只能记在脑子里，脑子没了，就等于什么也没发生。这本老照片能送给我吗？

　　咪咪方：就是送给您的，知道您一定喜欢。

　　老王：年轻时觉得一切都可以抛下，现在觉得一切都舍不得。

　　咪咪方：有感情呢，对自己生活过的地方。

　　老王：有感情，我现在不怕承认这点了。好过的人，住过的地方，只在里面吃过一顿饭的房子，天天走过的街。你知道吗？宋诗说死去元知万事空，我是看着我熟悉的世界一样样被人搬走，认识的人一个个离去，活着眼前就空了。

咪咪方：你觉得有另一个世界吗？

老王：当然有，过去常去。很多人都去过，只是不说，怕惊着公众和神经紧张的政府再遭到迫害。很多世界存在我们周围，每个世界和每个世界之间都没有鸿沟，界限只是对人而言，被观念束缚住的人，他，哪里都去不了。普遍的，人类通行的看法都讲人只能死后去另一个世界，其实那是全世界统治者联合起来撒的一个弥天大谎，他们蓄意割断历史，制造人只能待在自己视力以内的观念，宣扬了几千年，深入人心，成为常识。而在两千年前，全世界各地方的人民都不这么认为，都和另外的世界保持着紧密联系和来往。

咪咪方：他们为什么撒这个谎？

老王：怕人心都不在这儿了，这个世界失去繁华。也不光是统治者在撒这个谎，到后来是全人类一齐高唱这个谎言，集体催眠集体。这个大合唱里唱得最甘心最起劲的，就是那种只相信大家不相信自己，只要大家说好自己脑子就停转儿，相信人多即等于通过，即等于正确——的人。这种人不但自己深信不疑，还会主动跑腿当纠察队，不许别人出轨，希望拉住每一个人和他一起老老实实待在这个世界不越雷池一步。

咪咪方：你是在说我吗？为什么您这样坏笑？

老王：我没有坏笑，我相信你不是那样的人，只长脸不长脑子。我逗你呢，但这也确实是我对这一问题的个人看法。

咪咪方：您真不饶人，您就不允许别人偶尔犯一次错儿吗？

老王：我错了，我不这样了，我与你为善。——你笑什么？

咪咪方：不敢说了——我。

老王：说嘛，你想到什么了？

咪咪方：您不许生气。

老王：我是那爱生气的人吗？

咪咪方：算了，我还是不说了。

老王：你要急死我呀。

咪咪方：来见您前，我读过关于您的大概是所有报道和文章，登在上个世纪小报上。有一些是见过您采访过您的人写的，刚才我就想起一个采访过您的记者评价您这人的话。

老王：上个世纪的小报，很多采访都是胡编的，假装见过人，绘声绘色，其实是摘抄别人报道，东拼西凑加上低级想象。

咪咪方：这个采访可能是真的，文笔好像是女记者，要不然心思也不会那么细密。她说您其实对人特别刻薄——还是苛刻，原话我记不清了，大概是这个意思。人要在一个什么地方不同意你了或者反驳你了，您不一定当场争论，总要装出有包容心的样子，老作家嘛——这是她的原话啊，不是我演绎的，但是，您一定要设法找个话头，哪怕隔天隔年了，借别的事别的话题把人家损一顿。这个记者——可能是女孩子，在文章结尾发感慨，有的很有年资，经常劝别人心胸要开阔一些，非常令人尊敬的前辈，一碰到自己，对别人的一句小小刺激的记忆力却好得惊人。所以，她告诫同行，不管名人们显得多么随和，大风大浪都谈笑过来的样子，千万别觉得他和别人不一样，说实话时还要谨慎，除非你打算或者根本不在乎得罪他。

老王：你是在"隔天隔年"那句乐的吧？

咪咪方：你别急，还有呢。但是，她在最后一句又拐了回来，这位名人——她指的是您，倒也可爱，道歉很快，只要你指出他风度欠佳，他立刻向你道歉，看来很懂得道歉不等于杀头——我是想起这句笑的。

老王：太狠了，我完全没有什么可说的了。

咪咪方：像您嘛，还是像编的？

老王：像，采访不管真假，她能编得这么好，我也认了。她写得很准，我正是这么一个人，刻薄，小怨必报，说了也不改，你离我远点吧。

咪咪方：看，报复来了吧。我还要在最后加上一句，你要逼他真认了错，小心你的采访也会告吹。

老王：我也要加上一句，不许人家反驳——反驳就是没风度，道歉就是狡猾，还不许人家告退。要不是我已经变成女性崇拜者，要忠于我的信仰，我又要说唯女子与小人难养，只许她们放肆，不许别人瓦全。

咪咪方：啊，您变了？当了我们女的部下真新鲜。

老王：追随四十年了，老部下了。

咪咪方：那真是我们女界的荣幸。我给您添水。

老王：跟你聊天真叫水。不过我很愉快，人生至乐就是和聪明女人聊天。

咪咪方：谢谢，我算聪明吗？

老王：你算聪明，再聪明一点就聪明过头了。你爸跟你这么聊过天吗？

咪咪方：只能说单方面有过。他一直在跟我聊，我一直还太小，有时听懂了嘴也跟不上。现在我经常在心里回答他当时问过我的话，想起一段回答一段，一个人做语言练习，有了精彩句子就特别高兴。

老王：他爱问你什么？

咪咪方：你将来打算干什么？打算在哪个国家生活？要孩子吗？他要我一定学文，将来都能带在身上。他说你干什么都可以，但不许成为一个无趣的人。我有趣吗——您觉得？

老王：有趣。有趣的人头脑都是开放的，听什么都不大惊小怪。

咪咪方：太好了，那我就不担心了——我经常做一个梦，在中国南方或美国中西部一个偏僻的小镇上，又见到他，他已经是个农民戴着牛仔帽一脸尘土，被他骂：你怎么变成一个无趣的人——他在另一个世界吗？您常去，见过他吗？

老王：见到了，也认不出来。

咪咪方：他现在——什么样儿？您和他说话了吗？他——还能交流吗？

老王：能交流，但毫无这里的意义。在另一个世界，我们都不是人，都不是生命。人的情感，生命唇齿相依的事情在那边都不存在。他是没形状的，我这么说你懂吗？但是有意识，每秒三十万公里，在自由飞翔。

咪咪方：像一束光。

老王：一片光，笼罩在远方，十万支蜡烛照亮香蕉船。我们的交流，是在一种共同的感怀上，什么问题也没有，只有那个世界的广阔视野和广阔情感。非要说和人类情感相近，就是喜悦，但要平滑得多，矜持得多，好比想要一根红头绳，结果得到满河的红绸子。持续不断的喜悦，永不衰减的喜悦，雕刻在喜悦中。在喜悦中，他什么也不记得了。在那里相遇，你不是他女儿，他不是你父亲，大家尽管喜悦，不说话，不交流，中文英语都用不上。

咪咪方：他连我也不记得了？

老王：你也不需要他记得，你也没有形状了。如果你能到那边，不会再背负人类的情感，所以你也不会难过。

咪咪方：但是我还是想跟他打个招呼。父女一场。

老王：会有一个招呼的，只是一眼。一屏风景向你迎来，你发现一组颜色充满感动几乎要写出汉字。一块石头特别湿润连周围的土地都像下了雨颜色发深。一条大河特别雀跃金色的被子一样的波浪中闪动着无数回眸——那就是他。之后你的情感容器顷刻枯竭，像是被他的目光灼干。

咪咪方：石头捡得起来吗？大河跳得下去吗？我能靠近他吗？

老王：你能贴近石头看清石头上的每一条裂纹，能在空中疾飞和大河保持同方向奔流，但是你没有手指触碰石头，没有脚可以踏进一条河流。你什么也没有，什么也伸不出来，交流不用器官，你一下知道了他，他一下知道了你，像红和黄碰上了变成橘色，你们在一起，特盖遮儿，在苍穹，像天上的光芒和光芒。

咪咪方：你把我的心都说碎了。

老王：我的心也被自己说碎了。你妈和你爸吵架的时候，我很不靠谱地给你妈写过一首诗，其实是一封信，她硬说是诗，我要不认好像也不牛逼，就认了。我劝你妈——有眼睛的时候尽量流泪，大家都有眼泪流干的那一天。

咪咪方：我想去那条河上看那块湿润的石头——现在就去你让我去。

老王：现在就去，我没办法。

咪咪方：你不是常去吗，怎么没办法？很复杂吗——我不配吗——还是你要收钱？

老王：不复杂，谁都配，我也不收钱。这跟我没关系，是你自己的事。好你去，坏你去吗？看那个风景是有后果的，最大的吃不消是你不再喜欢这个世界，一般称为厌世。你舍得这个世界吗？你准备好出远门了吗？万一回不来会不会后悔？你有没有一条长绳子，一个很小的活下去的理由，譬如一个孩子一个爱人一只猫，牢牢牵在这一头，当你回来，陷入忧郁——这个过程肯定有，这条绳子这个小理由能产生足够的拉力帮你走出忧郁和厌世——吗？

咪咪方：不知道。

老王：不知道就从现在开始想，知道了，再决定。

咪咪方：想什么，孩子吗？她已经大了。

老王：想自己——傻帽！想自己是不是个爱自己胜过爱一切的人，是不是肯为别人放弃自己搁置雄心的人。你将看到归宿，看到天堂，在那样美丽的地方逛过，是否还有耐心回到这个世上熬剩下的几十年。去内心深处想，往肠子里想，如果你本质是个极端自私的人，只关心自己的感受，自我感受至上，很可能一去不回头，看到人家那儿好就留下来了。所以说，做这种旅行，第一要做透的工作，就是了解自己，检查身体，不要假装豁达其实衣服底下五花大绑。检查品德，不要一见到自己不懂的东西就说人家是鬼，就跑回来。留在人间诸多焦急，离开人间哭人间。

我们不要再聊这种事了，你和这事还一点关系都没有，连边儿都不沾。这种事怎么能听别人说得好就想试单凭好奇心呢？怪我，一高兴跟你扯到这儿来了，这种事本不该和年轻人聊，至少也要到中年以后再考虑。

咪咪方：我已经中年了。

老王：但你心态还是年轻人的，积极工作，热爱艺术，关心世界和平和生态环境。你有政治立场吧，让我猜一下，你一定投美国绿党的票。

咪咪方：你反对一切政治？

老王：不反对，我虽然不投票，但支持普选和你方唱罢我登场，宁愿住印度也不住新加坡。这和这事没关，咱们刚才说的是另一码事，你还在社会里带着人间得失进行权衡，就是前门楼子。不聊了，聊不动了，中午午睡忘记穿丁字裤，痔疮掉出来，血流了一床。坐了这半天，底下又黏了。

咪咪方：您太不注意了，要不要换个姿势，减少一点腹腔压力。

老王：那就失敬了，我躺下来了。

咪咪方：你们都是生前去过那个世界？

老王：还是有点好奇，有点猜想，加上一点畏缩，将来一定要去而且要一直待下去的地方，一点信息不掌握，又像第一次出国到机场没人接，不好吧？航拍一把，打个花嗖哨儿旅游一圈，往那儿搬家的时候心里也有底。

咪咪方：求你回答，简短的，就一句。

老王：什么？

咪咪方：我爸是一见到那地方心里就喜欢上了吗？

老王：我也喜欢，也不想回来。但是眼前突然换景，冷不丁下了几百层楼，又给一把推出来，恓惶地在北京大街上东张西望。

咪咪方：我走了，这本老照片留给您。

老王：你以为呢？

咪咪方：他去了，喜欢了，推也不走，去而复返。

老王：我不赞成猜动机。别人猜我，全是胡猜。以别人为诚，我也不猜别人。只看干什么够了。人际关系有那么复杂吗？你看那些天天猜别人的脸色都特别不好。

咪咪方：再见。

老王：你想说什么说，别憋在肚子里。

咪咪方：你是不是看别人都是傻子呀？

第三章

2034年2月10日　星期五　晴

地点：新派北京菜"饭局"2号店二楼包间

出场人物：咪咪方　梅瑞莎　梅瑞莎男友　老王　杜梅　阵云　服务小姐若干

老王：不吃饭不吃饭，还是逼着来吃饭，吃饭有什么意思，还不是把人家好好的动植物杀了剁了塞进自己肠子里变成一管屎？什么新派北京菜，肯定是骗人的，北京有菜吗？他有本事拿人肉丁做炸酱面。

咪咪方：您就别唠叨了，唠叨一路了，来都来了，快坐下吧。梅瑞莎，你挨着王爷爷坐。

老王：这都是哪儿啊，我怎么全认不出来了，瞧对面这一群楼，修得跟一林子土鳖似的，就欠拿炸药包给它们都炸了。

咪咪方：梅瑞莎不许笑！服务员上茶。这是朝阳公园西门那条路啊，过去您不就在对过儿住，那两座大黑楼，被那大粉楼挡住露出一个肩膀的。

老王：不记得了，我在朝阳公园东边住，四环外加油站后边。

咪咪方：您是在四环外住过，这儿也住过，后来住北皋，再后来搬到六环外边去了。

老王：没钱了，没想到一辈子这么花钱，以为够了够了还是差点。怎么还不点菜呀？

咪咪方：今儿不用咱们自个儿点，人家给安排。

老王：他们安排，准又贵又难吃。

咪咪方：没问题，我试吃过了，保准好吃。就知道您难伺候，回头好嘛请您吃顿饭再给您得罪了。我保证，有您没吃过的。

老王：你已经把我得罪了，我什么没吃过。

咪咪方：我赔礼我赔礼，您都吃过，天上跑的，地上飞的。

梅瑞莎：妈您说的什么呀，天上跑的地上飞的？

咪咪方：是吗，我是这么说的吗？

老王：丫头说得没错，你还没开始呢就乱套了。

咪咪方：我是叫您催的。您别再闹了，我这已经一身汗了。我请您吃饭总还是一番好意吧。

老王：公款吧？公款我可不领情。

咪咪方：私款，我自己吐血一个子儿一个子儿上完税剩的——这回您踏实了？其实我本意也不为请您吃饭，您也吃不了几口还大老远地奔一趟，我是想让您活动活动，出来走走，别一天到晚闷在家里，都朽了——不是还没到死那天嘛。这老爷子，跟他就不能客气说话——您老实坐着吧，给什么吃什么，那么大岁数还这么挑，您可别成万人嫌。

老王：出来吃饭还得受委屈。——你是中国人外国人？

梅瑞莎男友：中国人，我叫开涩儿。

老王：现在还有中国人哪？开先生，名字有点好听。

开涩儿：我一直都是中国人，也住在中国，开涩儿是我的英文名字，为了工作方便。

梅瑞莎：开涩儿是搞音乐的，他们有个乐队，开涩儿是打音师。

老王：就是戴着耳机趴在电脑台子上眼珠子乱转一边扭屁股，一边乱拧钮儿那位？

开涩儿：是的，您这么说挺形象。

梅瑞莎：我还以为您只听摇滚呢，您这岁数我见过的包括我外婆，问她听什么准说摇滚特老土。

咪咪方：崔雄健，我知道一个。小时候在中国听过名字，歌没听过。

老王：你居然知道，那是我们年轻时的歌手，号称一代人的良心。三里屯西五街有他一个纪念馆，挨着"那么那么"里边一点，也是一酒吧，也卖酒和吃的，墙上挂着他用过的吉他，穿过的军衣，大碟，演出照片什么的，也可说是个主题酒吧。你没事可以去看看。

咪咪方：您认为可去我一定去一次。

老王：闲得没事就去，喝杯酒呗，我没什么非去不可的建议。——现在还有摇滚吗北京，开涩儿梅瑞莎据你们所知?

开涩儿：还有几个，乐队成员都六十岁以上，在那种专接老年团的怀旧酒吧给游客唱老歌。大日子纪念演出也常耳闻，跟爵士蓝调民谣搭台，流行音乐这桌席他们肯定算一盘菜。就看观众群了，需不需要来点愤怒。

老王：我不太懂啊，瞎问，是现在社会都不愤怒了呢，还是年轻人都有趣了，不光只会欣赏愤怒?

开涩儿：这问题太大，我回答不了——社会？年轻人？我只知道我自己，如果我愤怒，似乎不必影响音乐，我会直接怒一下，愤怒至极就去广场骂大街，骂骂没劲了也就自个儿走了。这是我个人这么一情况，我对现实不是那么太关心，您看我这发型身上这首饰，个人风格走的也是装嫩路线，愤怒也不是太像。

老王：挺好看的，我喜欢。脖子上这条金鱼是文的?

开涩儿：文的。一回头我这鱼就游开了，我给您表演一下——左回头，右回头。

老王：那你现在是电子果儿了?

梅瑞莎：什么意思?

杜梅进门。

杜梅：不好意思不好意思，外边有事耽误了，也是一个老朋友，人大议员，在我这里举办筹款午宴，非要我过去喝一杯，见几个人，说是最红的游戏配音演员，我也不玩游戏，也不知道他们是谁，都拿腔拿调的不好好说话，你别说，我们那些小服务员倒一听都知道他们是配谁的。怎么还没走菜呀，都干坐着。

咪咪方：等你呢，你不来不敢开席。王叔，我给你介绍一下，这是这儿的老板娘，我先不说名字，您猜，您认识。

杜梅：还记得我吗？我必须跟您握一下手，咱们有多少年没见了，最后一次见面还是在"王吧"。

老王：不记得了。王吧，那得有小四十年了。

杜梅：没四十年也有三十多年了，你当时正大着，大概也没印象了。

老王：你有那么大岁数吗？

杜梅：谢谢谢谢，我真爱听。我比你小十二岁，1970年的，也属狗，瞧，我还记得你年龄。咱们是同代人，你讲话，一代孙带三代果儿走，我算七十年代的果儿，也没法看了。

老王：你们别让我猜了，我从进入21世纪就没碰见过生人，都是从前就认识的，屡次认识，屡次重新介绍，介绍来介绍去都是熟张儿。

杜梅：我叫杜梅，想起来了吗？咱们一起玩过好几年呢，你和方言，咱们仨老去陶然亭游泳。

老王：想不起来，抱歉。我什么时候去过陶然亭游泳，我这辈子都没进过那公园一步。

杜梅：我太没面子了，你一句话就把我二十年青春抹了，看来不是你老糊涂了就是我老糊涂了。得了，你也别使劲想了，就当咱们过去不认识，今儿头一回见面，还好吧这么些年也没你消息了。

老王：好好，还没得绝症。

杜梅：说话真不吉利，跟过去一样，专拣人不爱听的说——停，停，你这菜上得对吗?

服务员：按菜单写的走的。

杜梅：你把单子拿来——我菜单上明明写的清酱肉，你这上的什么?——酱肉。拿走，叫厨房换去。跟厨师长说，我要那腌一年的，不要那腌七天的，赶紧去。一眼不盯着就给你出错。老王，别看你在北京住了一辈子，吃了一辈子北京饭，一定没吃过我家这几样菜，刚给您换去这清酱肉算一个，待会儿还有一炉肉丸子熬白菜，还有这小肚，瞧这片切得这大这薄，跟面膜似的，举起来都透明，猪胳膊肌肉纹理都在上面。我这儿说是新派北京菜，其实是老北京的菜，中华人民共和国成立前失传的，我给恢复了。没别的新鲜的，就一个字：讲究。我的猪都是请干净农民一家一户当小孩养的。我的酱油，是正经吉林大豆，东北姑娘当年夏天用脚踩的，只用漫脚背那一层。我的黄瓜，也都是绿色的，特约文艺界健康名人留着隔夜尿浇的，每一根儿都经过公证，对脑子特别有好处，不骗你，要不贵呢。——叫我?谁叫我? 对不起我去一下马上回来。你们吃啊，别老看着不动筷子，酒还能喝吗老王，我有五十年二锅头，一会儿回来咱俩老"红知"喝口儿——忘了，你给我起的，说咱俩的命是红尘知己，在我们家地上——你还以为我想办你，装睡。

杜梅笑着离去。

老王：太能聊了，见过能聊的，她是不是已经喝大了，最后给我这一巴掌还真疼。

咪咪方：您真不记得她了?

老王：记得，怎么不记得，——小姐这儿没你事了，您先出去，我们有事再叫你，谢谢。——这是你爸的老情儿啊，我不敢认，我要认了你们不是尴尬嘛，回头老太太再说出什么好听的来。

咪咪方：您不用那么小心，我都知道，上回来就跟老太太聊过。你也别把我想得太保守，我爸死都多少年了，压根我也没把他当圣人，他有个情人我尴尬什么。

老王：这不还有梅瑞莎嘛，小孩。

梅瑞莎：我不小了，我也不是只有他一个男朋友。不对不对我说错了，我是说我在他前面也有很多情人，不对不对不是很多，是几个，亲爱的对不起，我说错了。

老王：既然已经说不认识了就继续装下去吧别再找后账了装不动了再说。这是个套儿吧？这是个局吧？你们几个小东西专门把我弄来，想听我和她聊事儿。

咪咪方：真不是，您想多了。上次我们来这儿吃饭，老太太特别热情，说起您还活着，一定要我们把你请来，说跟你熟，老哥哥，没几面了，说务必我才……

老王：如果不是在这儿见到，你们都说是她，在街上碰见我还真不敢认。

咪咪方：变化很大吗？

老王：性格变化太大了，过去一晚上不说一句话，现在整个一话痨。我和方言认识她的时候，她就梅瑞莎这么大，脸比现在窄一半，可怕可怕。

杜梅手挽一老年男子进门。

杜梅：老王，我给你带来一朋友，你的老朋友，快想想，他是谁，还记得不，想不起来罚酒。

老王：噢，你呀，怎么不记得，太记得了。

老朋友：我是谁呀？

老王：名字到嘴边了就是说不出来——甭管谁了，反正多少年了。

老朋友：太能装了，把我忘了，还装没忘，我是你兄弟呀，王兄，我是阵云呀，我太伤心了。

老王：阵云？你是阵云吗？你可别欺负我眼睛不好使。

阵云：我不是阵云还能是哪个，你兄弟里还能有第二个阵云吗？王兄啊，你兄弟也老了。

杜梅：甭废话，罚丫喝三杯——不喝不行！刚才见我他也装孙子假装想不起来，你丫有那么老吗？

老王：阵云，兄弟，你还喝呢？不要身体了？

阵云：不瞒你老哥哥，不喝也没身体了，不喝我还干吗去，我也只剩喝这一口了。

老王：我现在要喝这三杯，立刻躺你这儿死地上。

杜梅：死也要喝，你躺下我给你急救，救醒过来接着喝，今儿你别想躲过去——接杯。

咪咪方：王叔不能喝就别让他喝了。

阵云：那不成，这是我们哥儿俩的事，一定要喝。

老王：阵云，我还没给你介绍呢，这是方言的女儿咪咪方，这是方言的外孙女。——阵云也是你父亲的好朋友，多少年的。

咪咪方：您好，我应该怎么称呼？

老王：叫大爷。你认识阵云大爷的女儿，你刚去美国第一年回国，我和阵云大爷在国际俱乐部请你吃饭，阵云大爷的女儿也在，你们聊得可好了。

咪咪方：记得记得，我们还一起去游泳。——大爷。

阵云：女儿？外孙女？方言？一提方言，我这眼泪就要下来，好人哪。就犯在一个好上，生活——我操他妈！喝，第一杯为我方言兄弟。

咪咪方：我代您吧？

老王：这杯不能代，必须喝。杜梅你别跟着瞎起哄啊，你抹什么眼泪？

杜梅：你还知道我叫什么名字呀！我这眼泪是叫你气的，先为你流了，你死的时候再没有了。吃口肉各位，这清酱肉还是那个意思吧？比云腿怎么样？是那味儿但一点不哈喇。

咪咪方：好吃。

老王：我必须说，完全没有一点脚丫子味儿。

阵云：咪咪方，是叫咪咪方吗？现在在哪儿呢？

咪咪方：我在联合国打一份工。您女儿她现在在哪里？

阵云：她也在联合国，环境保护组织，住瑞士，也有两个孩子了。

老王：孩子都世界各地了。杜梅你有孩子吗？

杜梅：有，天上，下辈子——没有。我没你们那么合适，什么都折腾了什么都没耽误。我一直一个人儿。不要拿同情的眼光看我，我中间没断人儿，该经过的也都经过了，现在一人儿挺好，饭馆就是我儿子，老了管我。

阵云：我杜姐，著名的杜姐，什么也不能拦着我杜姐一天到晚高兴。

杜梅：还真是。男的，年轻时还可用，老了，一堆药渣儿，看着就糟心，都离我远远的。我现在看男的完全没有感觉，就跟看桌椅板凳似的。姑娘们，记住大姐……

老王：什么大姐——大妈。

杜梅：去，哪儿都有你的事——记住大妈这句话，男人，玩玩可以，千万别跟他们过一辈子，年轻时就会给你添堵，老了就会给你添麻烦。

梅瑞莎：知道了。

开涩儿：你知道什么呀？

梅瑞莎：他现在已经开始给我添麻烦了。

杜梅：瞧眼前这俩老苍孙，还有样儿吗？还能往家里搁吗？——老王你现在一人儿两人儿？

老王：俩人儿。

杜梅：别他妈吹了，这世上所有倒霉的加一块儿都找不出一个这么不开眼的。

老王：一人儿。

杜梅：你这人一辈子没实话，要你不是写小说骗稿费的呢。

阵云：这还一个写过小说的呢。

杜梅：俩没实话的。——你要敢俩人儿我立马到法院告你侵犯妇女人身权利。

老王：杜十娘同志是中国第三代女权主义者，后来直接演变成仇男主义者。我已经向宪法法院提起控诉——我控诉……建议在宪法第五修正案中将仇视男性丑化男性列为社会歧视一种。正在联络志同道合者，找"公民权利保障全华联盟"挂靠，在"保护弱势人群志愿者委员会"下面再成立一个"紧急保护男性志愿者委员会"，专门援助收留那些被职业妇女大耳贴子扇到大街上只能靠卖淫为生的家庭妇男。并且要呼吁，要义卖，募集基金，在发行量最大的妇女杂志《一搂克》打广告，长期的，教育青年凶悍妇女——杜梅这把年纪的就由她们去吧改不了了。广告词我都想好了：春点一粒谷，秋收万担粮——前事不忘，后世之师。广告词二，祈使句：如果地球上只剩下最后一个男人，点点点点点。下面配一张大照片，最后一个男人，黑白的，我，——我这双幽怨的眼睛。这张照片我就准备找自己当模特儿了，肯定国家地理选了吧？咪咪方你帮我联系联系。

杜梅：你就说这个起劲儿，能说一晚上。

梅瑞莎：这是真的吗王爷爷，情况已经坏到这样的程度？

杜梅：你听他的，真是老实孩子，老家伙原名就叫王雌黄。

开涩儿：啊，您就是王雌黄王老师？

老王：你就别跟着起哄了。

开涩儿：不是起哄，真是听说过您，我打炮儿必听的一首老歌听说就是您写的词儿：夜夜大，夜夜大，夜——夜——大啊啊在生人床上……

老王：你没事吧？

杜梅：喝，喝，这酒不能停，一停话也掉下来。咪咪方我跟你喝一杯。那边不许搞肉麻吹捧。

阵云：我喝了这杯先走，那边还一桌子人呢，一会儿留个电话。

老王：别走啊，谁呀，都一块儿过来吃吧。

阵云：一帮不着调的人，都已经喝大了。一会儿我还过来。我联系了一块便宜墓地，你要不要？老默要了俩单元，广早也要了一单元，将来大家都埋在一块儿，省得扫墓来回跑了，一家有孩子，家家坟上的草都捎带脚给拔了。北京周围山都满了，经济适用坟每平方米均价十万，你愿意死后还住塔楼吗？再不抓紧，死后就得去河北了。

老王：我有一朋友，给我在"神舟四十七"号上订了个抽屉。

阵云：四十七？那不都飞了吗？

老王：没赶上的，可以顺延，赶上哪架是哪架，反正飞船票已经买了，改签一下就行了。

阵云：你是永久居民还是跳伞的？

老王：还有这区别吗？我倒没听说。

阵云：你没听说，我听说了。不是所有人都留飞船上的，钱多的跟宇航员上下铺，钱少的一出大气层就让你们跳伞了。说跳伞还是婉转，其实就是投弹，一按电钮，下面一开盖，你们几组骨灰盒就全掉下去。不靠谱。

老王：我不知道我是永久居民还是投弹的，估计是投弹的。投弹，也行吧，我就自个儿绕着地球转，天天经过我们亲爱的祖国——及你们大伙上空。

阵云：还美呢，国际太空组织已经正式把骨灰盒定义为垃圾，不承认它是一种私人财产，美国太空炮兵就拿你们这些骨灰盒练习激光打靶，一冒烟一个一冒烟一个跟点痣似的。半圈你也转不下来，就等着连盒再烧一次吧。

老王：我在燃烧，王先生之欲火焚身。

阵云：还不如划根火柴呢，谁也瞧不见。

梅瑞莎：妈你上脸了。

咪咪方：我还没喝多少，怎么觉得这么大呀？

开涩儿：我也大了，这五十年二锅头真牛逼——我喝美了。

老王：是咱们聊得热还是这屋里真的热？小姐，能给开扇窗户吗？多谢。杜儿呢——我妹妹呢——怎么扭脸没人了？

咪咪方：你们光聊骨灰盒不理人家，人家走了。

陈云：我也走了，回头联系，买块地吧，飞船的钱回头跟他们要回来。

老王：买买，要要。

陈云出门。

老王：我不喝白酒已经很多年，没想到喝了这些还是身轻如燕。

开涩儿：我敬您老一杯。

梅瑞莎：开涩儿，你今天终于暴露了，你就是一个唯恐天下不乱的人。

老王：行啊梅瑞莎，中国话够有长进的。

陈云披着棉袄严肃回来。

陈云：他妈这帮孙子没等我全走了。

第四章

2034年2月12日　星期日　阴有零星小雪转小雨

地点：老王家

出场人物：老王　咪咪方

老王：二月就滴答雨了，我小时候，二月棉袄里还要加毛衣。眼看一年四季就没冬天了，养再多羊也只能吃肉了。

咪咪方：您头还疼吗？刚才我来，一路上的迎春花都开了。

老王：不疼，但知道脑仁儿在哪儿。

咪咪方：您这么大岁数不能这么喝酒了，什么好东西，拉都拉不住，吃的都还给饭馆了。

老王：不是忽然高兴了嘛，又不是天天的。偶尔吐一回，也是平生一大快事。

咪咪方：您昨天吃东西了吗？怎么像是一天没见就瘦了呢？

老王：溜达了一夜，睡不着。

咪咪方：想什么呢？连觉都不睡，起来再想啊。

老王：还能想什么，过去的人，过去的事，一个镜头一个镜头过电影，昨天还嫌一辈子很长，一下就都成往事了。把一辈子过完这滋味，说不上仓皇还是轻松。现在懂了方言说过的一句话：五十步笑百步。

咪咪方：前儿个您喝大了，出了门还唱歌，车上也唱，唱了一路，您都不记得了吧？

老王：我唱什么了？

咪咪方：颠过来倒过去一句，没有什么能够阻挡——你对酱油的——向往。梅瑞莎都笑坏了。

老王：什么耳朵你们都是？自由，——没有什么能够阻挡你对自由的向往。这是歌词儿。

咪咪方：我还以为是您编的呢。

老王：我哪有这本事？第一次我和方言，在一果儿车里，大半夜从机场高速往城里开，刚听到这一句就大眼瞪小眼，同时说，牛逼呀。

咪咪方：谁的车里？

老王：谁的车你就甭管了。《一无所有》以后多少年没再碰上一首歌，一下就把你心揪起来，顶到嗓子眼噎着你。直接我们俩就爱上这歌手，到该下车的地儿也不下车，让果儿领着继续开车绕天安门。配着这歌，那天晚上的天安门是我见过最美的天安门，不是红的，是黄的，城门楼子抹了蜜似的。往纪念碑那边整个广场下鲜榨雨。车开进去都给粘住，挡风前一帐子一帐子像挂着一窗豆油，风吹过来，你能想象一块玻璃突然满脸起褶子吗？

咪咪方：说这么热闹到底歌手是谁呀？

老王：我这儿有唱片，昨晚好容易找出来的，放哪儿了？现在净忘眼前的事。

咪咪方：许人家高，很有名吗？

老王：先说好听吗？

咪咪方：还行吧，男孩嗓儿。

老王：至少我心中他最好——你不觉得他喉咙都是酥的吗？听他的歌最好早晨，下劲儿的时候，一屋子人都颓了，萎在沙发里，看天一点点亮起来，希望没太阳，希望是阴天。开车听也好，走高架桥，看半个城，晃悠悠一人儿，整个车里全在唱自己，能听进肉缝儿里。这时旁边坐着个刚戏的果儿就坏了，不是那意思了。你没情绪果儿也跟着没情绪。——这是方言在他小说里写的。

咪咪方：下文呢？

老王：没下文，就这几行。有一次我在方言住的旅馆玩，他一个小说刚开了个头，自我感觉不错，让我上他电脑帮着看看，别又是自己以为好。

咪咪方：什么是刚戏的果儿？

老王：聊了一晚上，跟你一起回家的女孩。

咪咪方：你们写东西经常互相帮着看？

老王：不经常，基本不。方言也是那种不变成铅字不拿出来的人。我们都属于害羞的，一边写一边还要拿另一只手捂着。

咪咪方：你们不是经常在一起攒电视剧？

老王：那不一样，那是写本子。本子可以狐朋狗友三五成群聚在一起瞎捏咕，写一句商量一句，本来也是伺候人的，每一下都要问人家舒服没舒服。

咪咪方：你很看不起写剧本的。

老王：看不起，我必须承认。尤其是写电视剧的，方言讲话，纯属卖淫。

咪咪方：小说就是自己舒服？

老王：至少我们对自己是这么要求的，别人怎么想我们也管不了。我

. 127 .

还属于爱聊的，想法刚露头没生根，都是芽儿特别纠缠，跟特别好的朋友聊聊，可以帮助自己整理思路。一旦开始写了，没的聊。这是一个从你脑浆子里爬出来的世界，别人都不在里面，聊也是隔着棉裤猥亵自己瞎耽误工夫，谁是你肚子里的蛔虫呀？

咪咪方：我就愿意请人看，写差不多了找人看看，当然得是懂的人了，免得掉进自己的狭小中不自知。

老王：你可以，你早已表达过你的创作观。有人就喜欢一稿出来到处找人看，尤其女初学者居多，打着征求意见，其实投石问路，长得越难看脏心眼儿越多，憋着攀附门庭走点捷径——我不是说你啊。

咪咪方：您爱说您说，我不往心里去。

老王：到了到了，这首歌完了就该那句了，先别说话——听完这句。

许人家高：没有什么能够阻挡——你对自由的向往……

老王：每次听到这句方言都叹气——谁能无愧这句话？

咪咪方：他还觉得自己不自由。

老王：我太不爱听你说这话的口气了，以后别在我跟前这么说了，否则我会觉得咱们在精神上不是同路人。

咪咪方：全世界的人非得跟你精神一致？

老王：进我家的，必须。其他到外边说话去。

咪咪方：你认为自己是追求自由的人？

老王：听到这首歌前，不是。一直认为自己是战士，未来的世界解放者。后来是小市侩，金钱爱好者，享乐主义者，艺术钻营者，权势分子，可怜的食客，愚弄大众也为大众所愚弄的小玩闹。听到这首歌那一天起，是了。才醒。我才知道为什么会这样了。

咪咪方：为什么不说我们了？

老王：我不能代表方言，我们只在睡着时相似，醒了之后就各奔前程了。我代表不了他，他也不让我代表。

咪咪方：一朝梦醒，一定很快乐？

老王：他，还是我？

咪咪方：你们俩。

老王：我很虚无。他很痛苦。怎么会快乐？一朝醒来，周围一片荒芜，繁华世界已成废墟，低头发现自己浑身赤裸被紧紧绑着扔在一片泥泞当中而且时间大钟已经过半——怎么会快乐？

咪咪方：虚无之后如何？痛苦之后又如何？

老王：虚无之后是停滞，痛苦之后是自闭。

咪咪方：停滞之后呢？自闭——还有之后吗？

老王：停滞之后是继续停滞，是张望，无所事事坐在角落看别人跳舞，等时间一点点过去。自闭之后是孤身一人寻找新世界，精神分裂，每天分裂在三岔路口，一条路通向死，一条路通向没劲，身后是回头路。

咪咪方：几率多少，生或者死？

老王：百分之百对百分之百。

咪咪方：有一个问题，请你务必诚实。这个说法我听到很久了，一直想问你一直不敢，先是怕自己不能承受，现在是怕你闪烁其词，再问第二遍的勇气我肯定没有了——你会诚实吗？如果我问你？

老王：我建议你不问。

咪咪方：我一定要问，这句话憋我憋太久了。三十年，每当想起我父亲这句话就在我嗓子眼里，像一口吐不出去的浓痰咽回去就恶心。我要不问我会拧巴致死，你愿意看着我拧巴死吗王叔？

老王：我可以保证不撒谎。

咪咪方：我父亲，方言，他是自杀吗？

老王：不知道。

咪咪方：您太不诚实了。

老王：我真的不知道。最后一天，他自己在家，所有人都是事后才到场，我去的时候警察都到了，封锁了那所房子，我连他最后一面都没见到，只看到一个袋子抬上车，我怎么会知道？

咪咪方：您没听到一些说法吗？您一点都没怀疑？

老王：我听到很多说法，都是猜测，我也只能当猜测听，讲给你是不负责。

咪咪方：我还以为，我这么大了，又过了这么多年，能从您嘴里听到一些真相。

老王：这就是真相，没别的真相，最后那十几小时发生了什么只有方言知道，都被他带走了。

咪咪方：我听说他最后脸上是微笑的。

老王：我也听说了。

咪咪方：我还听说……

老王：不要再说了。这还重要吗？即使他是自杀，你又能怎么样，责备他吗？

咪咪方：在见到您之前，准备来找您这三十年里，我是这样想的，如果他是自杀，我就不原谅他，见到您之后，谈过几次，把这个问题终于问了出来，现在，我不知道了。我想不会了吧，虽然还是没有答案，但是我好像多了解了一点我父亲。我也不想恨他。……能把这盘许人家高停一下吗？换盘别的——听说他死的时候听的就是这盘，人进去的时候这盘CD还在唱。

老王：不知道。

咪咪方：您为什么嘴这么严，什么都说不知道？您怕什么？

老王：什么也不怕。

咪咪方：可是您这副样子，就像对我父亲的死有责任一副内疚的样子。

老王：……

咪咪方：您是不是很内疚？

老王：我很内疚。

咪咪方：我什么也不问了，从现在起。

老王：他不是自杀。有一种情况，好比今天这个晚上，外面下着小雨，天很早就黑了，听着唱你一生的音乐，第二天太遥远，怎么也过不去了。这时候的人不是想死，而是生死没界限了，两间房子一下通了，像一间屋子，人在里边走，不留神就迈了过去。

咪咪方：……

老王：三十年，我在拆生与死之间这堵墙，现在墙拆光了，地也抹平了，我只能心里记着墙根儿在哪儿。我坐在这里，天天看着死，偷看死，希望她好看，再好看一点，对我有更大一点吸引力。我太怕死了，只能多看她，习惯她，喜欢她，才好接受她。她像新娘子，坐着轿子，蒙着盖头，坐上你的床，从今往后就要一起生活了，这才是你永生的伴儿，天长地久，斗转星移，——可长的什么样儿还不知道呢，我要偷看。

咪咪方：太可怕了。

老王：谁可怕？人生吗？是啊，人生很可怕，死不可怕。我可以很负责地告诉你，死很美丽。

咪咪方：你——你们可怕。你，我爸——方言，你们从什么时候开始对死感兴趣？之前你们不是过得好好的，吹拉弹唱，玩女演员，我才不信什么许人家高的歌之类的鬼话呢。

老王：……

咪咪方：你不想告诉我？

老王：我说了怕你接受不了，你已经表现得很愤怒，很歇斯底里。

咪咪方：对不起，我刚才是有点激动。

老王：来根儿我的烟？

咪咪方：行，我来一口吧。——我好了，心跳下来了，你可以说了。

老王：你们家有高血压高血脂遗传，你爷爷，大大都死这个病上，我看你也不瘦，应该注意饮食，少激动。

咪咪方：我知道。

老王：一礼拜吃一天素。

咪咪方：谢谢——您不是打算跟我聊养生之道吧？

老王：正是打算从这儿聊起。我还是不能肯定你的心理状态和生理状态都调整好了适合听这些事。这些事只能说给无偏见的人，心里常存莫名忧伤的人，知道人类很渺小，已经挫灭所有优越感的人——听。否则徒生滋扰，徒生惊骇，再以为我是谈神说鬼，就不如不听。

咪咪方：我自认为无偏见。心里也常存伤有时莫名有时有名。也知道人类很渺小——和宇宙比。但我仍然有优越感，为我是一个人，为人类摆脱野蛮从石器时代走向信息时代，在宇宙这一小小角落创造奇迹，迈出的每一步自豪——这算不算合格？

老王：三条具备，一条差点，也凑合了。摆脱人的骄傲，跳出人的立场，站到二楼看问题，也是很难的，几乎无从做起，对站惯了人立场，从降生每一眼看世界都是出自人视野的人——来说。我第一次得到这个新角度，当场精神分裂，视野很好，没有人，原来世界可以没有人，这像一个真理，但是一想到谁在观察这个真理，谁在这里想？立刻分裂。

咪咪方：二楼？那就是神了？

老王：还不是神。很多人会以为是神，一想到亵渎二字，先崩溃了。二楼是生物。上面还有物质；还有非物质和彻底空虚——方言说那是永恒。再高才是大意志，一般人所理解的神。你要平等地看待这划分，说楼，上面，高，是形容，迁就人的观察习惯，方便描述。实际上不存在自下而上，由近及远，甚至也不是平行散开——当你都看到尽收眼底之时。

咪咪方：总共有几楼？按我们的习惯。

老王：两千六百年前一说是四楼。前一说更早的母说是五楼。两千年前那一说及其母说及其后说这一系列说只有二楼带地下室——地狱。我个人认为是六楼不带地下室……

咪咪方：不带？

老王：问题是你把什么关进去，物质吗？全世界的地狱都是文学的地狱。接着你数吧，人在一楼，最底层。二楼生物，所有生命。三楼物质，及其造化。四楼非物质，光，辐射什么的。五楼绝对空虚或叫未可知。六楼大意志。方言的观点是七楼，大意志之外还有超大意志。他这个说法等于无穷罗列，暂时我不能同意，因为我没有观察到。我只相信自己见过的，进去过的——这不是形容，是陈述。我只服从经验，逻辑就算了，不把这作为一个前提，就没法讨论。

咪咪方：你进过——大意志里边？

老王：我已经到了它跟前，忽然害怕了，不敢往前去了，怕最后这一点存在——有观察能力的视野——消失。那真是一种大结局的感觉，在无限，无，乌有边上，往前一挪，就进入零。零是形容，只剩零，零也无意义。

咪咪方：怎么证明你是经验不是狂想不是做梦？你是著名的有强大编造能力的人——作家。

老王：不能证明，我不能把自己的大脑投影到大屏幕上去。我期待着有一天发明这项技术，但是可能等不到了。

咪咪方：那你等于白说。你总不会告诉我信则有吧？

老王：所以说不足为外人道。你这样的还是无偏见的呢。真正的聊只能在有体验的人之间聊，好比聊结婚只能在结过婚的人里聊。胡说八道能听出来，人还没先进到能离开历史自由想象。

那里有不可思议的细节，全不是地球景象，不在人类集体记忆内，狂想何出？梦又何来？而且每一个世界入口处都有一定的标识，去过的人都知道，没去过的人一编就露怯。

咪咪方：每一个人和每一个人看到的都一样吗？

老王：入口都一样，穿过去的时候，必须出现的颜色顺序，必须出现的光顺序和必须加快的速度。进去以后就不一样了，各有各的视力，有的人看到的多，有的人看到的少。

咪咪方：有没有这样的情况，文化程度高的经常使用想象力的譬如说搞艺术的，看到的就多。文化程度低的一直忙于应付吃饭问题的譬如说体力劳动者，看到的就少。

老王：这种情况一定有。但据我观察，比较多的还不是文化差别，是年龄，年龄大的看到的就多，年纪小的看到的就少。

咪咪方：跟年龄有关，难道不是文化吗？经历，阅历，都是文化。

老王：我觉得还不是，不全是。年龄小的人还没活够，胆儿是小的，胆儿一小眼睛就容易被恐惧挡住。年龄大的像我和你爸，来就是放下一切全心全意来的，投入得多看到的也就多。这也是这个圈子里一个独有现象，和社会上的人群相反，老的都简单，年轻的十分复杂。当然我不是一概否定文化，文化一般多反映在初级视觉上，大哥看见警车，三姐看见银行存折。两回事，一个是这个世界，一个是这个世界之外，出了这个世界都没文化。方言认为遗传大于文化。他认为看到什么看到多少都是先天决定的，生下来就在了，像一卷拍好的胶片放在库里落灰，如果你有机会擦亮眼睛，你就有可能为自己放映。我同意。

咪咪方：你们，这个圈子，有多少人？

老王：不一定，有两年三五十，有两年三五个。告你一个秘密，你不要看街上都是和你一样的人都在正常生活，其实很多和我一样的人和我有共同经历。这是一个社会隐私，参与的人只在底下说，当着人都不说，自动在公共言论面前竖起一道隔音壁，保护无知者。我们离知无不言还远着呢，也只是冒充自由。西方也一样，还是有很多禁忌。还是不够自信，整个人类不够自信，光是讲一句实话很多人就能应声仆地惊吓致死。

咪咪方：你讲，看我会不会惊吓致死。

老王：我不讲。

咪咪方：您怎么知道我和你不是一样的人？也许我正是和你有一样经历

一样的人。

老王：我要引用一个共产大腕儿的话希望你不会拧巴。一个有觉悟的工人——本人注：高明的无产者——不管到了哪个国家……都能凭《国际歌》熟悉的音调找到同志和战友。我们也有这样的路子和音乐，一眼就看出你不是。

咪咪方：我知道你说的那种音乐，拜托，不要装神秘。

老王：音乐不神秘，是眼睛，第一次见面我就放这种音乐，你的眼睛没有一下亮起来。

咪咪方：你们这种相认的路子，给人感觉一点都不光明正大，真是干什么的都能给自己搞一点优越感。后代行不行？工人——无产者的后代。还自命无产者，脸皮真厚。

老王：精神无产者，怎么了，你当无产者是好话啊？

咪咪方：谁是你眼中的精神资产者？

老王：有教堂的，大会堂的，天堂地狱都已经建好的，这些人精神上不是很富有吗？

咪咪方：也对，就你们几个精神贫乏。

老王：你收回这句话吗？

咪咪方：我收回。

老王：穷则多变，光脚的不怕穿鞋的，所以我们才会精神暴动，给自己找一条精神出路。很荣幸地通知您，您面前这位其貌不扬的先生是一位有自己世界观的人。

咪咪方：您完全不屑于隐瞒自己的世界观吧？

老王：是的。

咪咪方：那么告诉我，哪年，什么催的，您决定精神暴动——真会给自己戴高帽。我爸也是跟你一起暴乱的？

老王：他是我的引路人，老师，先烈。

咪咪方：为什么你的语气突然轻薄了？你看，我胳膊上起一层小米。

老王：几点了，你还不走？我建议你明天准时上班，多少中国大款还等着您摁手印呢。

咪咪方：只能你调侃别人，别人调侃你就急？您要想快点撵我走就快点回答——哪年？怎么这么难啊？多大的事啊。

老王：1999年。

咪咪方：1999年？我在中国呀。

老王：你在，上五年级，刚抽条儿，每礼拜屁颠屁颠地跟着你妈回东边住。倍儿能吃，倍儿馋，一顿饭吃得比大人都多。

咪咪方：最后一个问题。

老王：我可说梦话了，乌拉巴涂叽里咕噜。

咪咪方：有一天吗？我意思是一件事，一个契机，好比听许人家高那首歌那天，你们决定暴乱——这话真别扭。

老王：没一天，一个开关，啪一下，脑子一亮，眼珠子通了电似的。是渐渐的，从缓坡走下来，看见了大海看见沙滩，走下沙滩走进大海，水没了膝水没了腰，水齐了脖子水淹了鼻子，一脚蹬出去，四爪腾空。

咪咪方：我也真累了，听您这一晚上瞎白话，还不知哪句话真哪句话假。走走，马上走。

老王：你这点也是真像你爸，明明得了别人的好儿，最后一定要撂下一句打击别人情绪的话。

咪咪方：我和我爸一样，这也是分人的，只有对特别近的人才这样。

老王：要不要吃点东西再走，我这儿有很好吃的饼干。

咪咪方：啊，假装热爱剩菜剩饭，其实还有饼干。

老王：老年人嘛，总要保留一点小小的嗜好。

咪咪方走了半个小时，屋里电话响起来。

老王：谁呀？

咪咪方在电话里哽咽：我。

老王：怎么了你怎么了，出什么事了？

咪咪方：没事。我在京顺路上开车，周围全是大货车，开着大灯乱晃，特别亮，我好像产生幻觉了，看见我父亲，也开着一辆车，在我前面。

老王：你别开了，到路边停会儿。

咪咪方：我不能停，我一停他就不见了。他从前是不是有过一辆蓝大宇？

老王：有过一辆。

咪咪方：我看到的就是一辆蓝大宇，左侧尾灯撞碎了一块玻璃。

老王：你看得见他脸吗？

咪咪方：看不见，我想超过去可超不过去。

老王：你不要害怕，即便真是他，他生前什么样现在也会什么样，他爱你，不会变的。你不要挂电话，一直跟我说话，你车里是不是在放音乐？把音乐停了，车窗摇下来，暖气也关一会儿。

咪咪方：我关了音乐，他还在。

老王：他穿什么衣服？

咪咪方：夏天的衣服，短袖，露胳膊——方向盘的手以上是皮肤。那一天是夏天对吗——1999年。

老王：巨蟹月，你和你妈去法国玩刚走的第一个周末。他嫌我瞒你了。好啦，我不吞吞吐吐了，他想知道什么我都告诉他，你也得允许别人讲话讲求个方式。

咪咪方：他不见了，一过四元桥就不见了，怎么回事？

老王：他不会进城的，上四元桥掉头回去了，你好好开车别找了。

咪咪方：我停路边了，我开不了车。那是他吗？我受不了，他死后这是我头一次见到他，感受到他，他怎么还存在？

老王：那是幻觉，音乐可以召唤幻觉。

咪咪方：幻觉不可能这么清晰。

老王：幻觉比你想象的还要清晰，比白天看见的现实清楚一百倍，而且会一直提醒你，这才是真实。

咪咪方：那我还怎么区分真实？

老王：你在哪里，就把哪里当真实。现在你在这里，在北京，四元桥下，就沿着这条路开下去。

咪咪方：我好了，没事了，我听你的，往前开——前面还是北京吗？

第五章

2034年4月1日　星期六上午　晴转小雨

地点：福田公墓

出场人物：咪咪方　老王　梅瑞莎　扫墓群众　墓地工作人员若干

咪咪方：很抱歉这一个半月没跟你联系也没给你打电话。梅瑞莎的父亲是特拉维夫国际机场手提箱核恐怖袭击事件中的罹难者。他去参加拿撒勒山谷发现的耶稣家族墓的一个国际研讨会，会后从那里搭飞机回国。我和梅瑞莎接到消息当天就去了以色列，确认他不在伤者和疏散人群中，属于起爆时正在弧圈中心的那五千人……

老王：我在电视上看到了。我无法表达我的感受。

咪咪方：办完手续和签完各种字，我们和梅瑞莎奶奶一起回了芝加哥她的家，为梅瑞莎父亲重新申请了一本护照，将这本护照下了葬。梅瑞莎留在芝加哥陪奶奶，我又去了趟内罗毕，找我妈妈。我想给你打一个电话，跟你说一下，但只能那么想，伸不出手拿话筒……

老王：我理解。

咪咪方：我以为自己不会伤心，我们分开时曾经很不愉快，男方有外遇，又过了这么多年，可我还是伤心了。我接受不了他这种死法。人可以死，但不能这么死，自己完全不知道，上一秒都不知道，就被别人决定了。他根本不认识这个人，这个人也不认识他，这个人是恨别人。

梅瑞莎：妈你别说了。

老王：你让她说。

咪咪方：所有的信仰不是都教人要爱人吗？

老王：不是所有的，大部分信仰是教人爱自己人。

咪咪方：那我就一辈子不信这些信仰，梅瑞莎你也不许信！

梅瑞莎：我本来也不信的妈妈——我什么也不信。

咪咪方：去非洲的飞机下面永远是大洋大海，坐在飞机上，我觉得自己特别空虚。我本来认为自己是有信仰的，至少还信善良，还信爱，相信自己有善良和爱的能力，相信人类一直都在进步不可能太倒退，忽然一阵风刮来，这些信心都不见了。像小时候在电影院看电影，电影院一下亮了，色彩艳丽的人物和房子一下都不见了，只留下正前方一块巨幅空白。

老王：躺在这片公墓里的人都是这样，本来正在悠然地生活，突然电影放完了。瞧这个墓碑上刻的，才十二岁，一部短片。

咪咪方：我接受不了，故事还在讲，其他人物都在，其中一个人却消失了，而且消失得极为荒谬，完全不合情理。一个好编剧怎么能这么编故事？你要让一个人消失，一定要给个理由，哪怕他是个配角。

老王：这个编剧是很差劲。

咪咪方：在非洲老想小时候的事。小时候跟爸爸妈妈去看《狮子王》，电影结束小朋友都破涕为笑只有我还在哭，妈问我还哭什么呀小狮子不是最后成功了吗？我也说不出来为什么，只是哭，伤心不停，到家连饭也不吃。后来爸跟妈替我总结，说小狮子是当了狮子王，但老狮子已经死了，小狮子尽管很成功但永远没爸爸了，孩子是为这个哭——对吗？还问我。我已经不记得下面的事了，肯定也没好好回答。现在，如果有机会再见到他，我一定告诉他，你分析得对，我那时就是这么感的，但没能力像你那么表达，只能哭。爸爸不是配角对吗？爸爸在孩子的任何戏里都应该是主要演员。

老王：他经常说，他能看透你的心里怎么想的。

咪咪方：现在我相信，因为我也能看透梅瑞莎的心怎么想。小时候他猜我在想什么，好多次我都是故意迎合他，也为了迎合妈，妈就爱看爸自作聪明。跟妈住一起就容易想爸。特别想找着爸跟他说，不管你有多少难处，也不能我还这么小就退场了，我还有好多戏等着和你演呢。我现在，就需要你，需要你看透我的内心，内心是怎么想的，我自己完全看不到了。

梅瑞莎：妈——

咪咪方：这是墓地，在这儿哭没人注意——你不要老管我。在非洲和妈聊爸，问妈，你对爸现在还有感觉吗？妈说，还是恨。我说，别恨了。妈说，不是恨他对我，是恨他对你。

老王：你妈的意思不是恨，是怨。你感受到的，害怕的，才是恨。这叫深仇大恨，欠着命的。

咪咪方：我怕，怕自己变成另一个人。有时我觉得我已经是另一个人。

老王：我也经常有这样的时刻，怀疑自己，是不是已经变成另外的人，有时我们身边一个人离去，可能还不是我们最爱的人，就会把我们的全部善良能力带走。我女儿十五岁时对我说，要是有人把你们——指我和她妈妈——杀了，我肯定也把他们杀了。我说你可别这样，什么事都能干，就是不能杀人，这是太底线的底线了，再有一万个理由，杀人就没理由。我跟她说，——让警察管这事。事后我反复想，我没有表达清楚，为什么不能杀人，还不是说这事办起来也需要设计后果严重灵魂下地狱什么的，关键是你会成为一个心中有恨的人，心中有恨的人都很难看，生活在丑陋和寒碜中。报复得逞就能万恨皆消吗？正义杀人就能天下太平吗？这种事扯不平，你损失的还是损失了，只是他也照样损失了一份。你杀过去，他就要杀过来，一部人类史就是今天你杀过来明天他杀过去的仇恨史。总要有人先停手。耶稣基督第一个停了手。虽然我不太同意他对另外世界的拟人处理，但我还是觉得他最牛逼。第二个停手的是甘地。第三个是马丁·路德·金。他们三个是我心中的英雄。大言不惭地说，我准备做第四个。我对女儿说，劝谁谁不听，先从咱们家做起，我被杀了你被杀了你妈被杀了，咱们都不要求偿命也不要求报复。我女儿也不听，她说至少要罚款。

我能阻止我女儿杀人，但能阻止她恨吗？如果有人杀了我女儿，我可以不要他的命，可以原谅这个人，但是，我会——爱他吗？想到这里我不敢想了，我对自己失去信心，怀疑到了那一刻我是否还有爱的能力。我们都是普通人，我们都很危险。

咪咪方：谢谢你这番话，我觉得好一点了。我不当他们那样的人，我不惩罚自己。

老王：他们逼我们当我们也不当。美国是世界上最强大最有报复力的国家，你和梅瑞莎是美国公民，享受过美国很多好处，现在有了机会回报美国，当此时刻维护美国的形象，让世人看到，两个遭受如此巨大不幸的年轻美国女子仍然完好保存着爱的能力。人肉炸弹袭击以色列三十余年，以色列人死了多少，超过历次中东战争阵亡的士兵。如果他们当年有胸怀，坚忍不还手，不围攻难民营，不搞"定点清除"，不建隔离墙，以德报怨三十年，可能也要死这么多人，可能——另一个可能就是人肉炸弹再也炸不下去了。一个民族敢于牺牲，坚持理性，还会有人支持那些极端组织吗？巴勒斯坦还需要人肉炸弹吗？犹太人会像九十年前刚从纳粹集中营出来那样得到全世界的敬重和感动。世界将会重现2034年前那一幕，一个肉体屈辱的死亡，给他身后千百万具肉体铸就了灵魂。

美国也有很多狂热分子，美国也有很多人素质不高。三十年前三千美国人死于纽约，他们选择了以眼还眼以牙还牙，飞弹和恐怖主义的爆炸声随之响遍地球，直到四十天前特拉维夫升起那朵蒸发人类良知和五千无辜生命的热蘑菇云。——这场你派舰队我派杀手的世纪之战该结束了。今天就要从你们心里结束。你们比起他们来是勇者，你们做得到，我的孩子。克制愤怒，不寻求报复，原谅攻击你们的人，收起眼泪回到以前的生活里，继续对人类抱有信心。不授人以剑，不要让美国战士的鲜血以你们的名义溅在地上。

梅瑞莎：王爷爷，王先生，您没事吧？

咪咪方：王叔！王叔！

老王：怎么了？

梅瑞莎：您刚才说着话双眼忽然一暗冻住了，好像什么都看不见，表情也变了，脸色刷白像石膏人，说话的声音特别飘，好像没经过大脑直接从您嘴里冒出来——您知道您刚才说了什么吗？

老王：美国，以色列，说到人肉炸弹我还记得。后来声音就被接管了，说话变成自动播放，对着天空。

梅瑞莎：您刚才最后那段话的语气太吓人了，我寒毛立了一身，我妈立刻哭了。

咪咪方：刚才是我爸的声音，您嗓子一尖，我就听出来了。您站在那里茫然不动光吐字不动嘴皮子的样子，也是他在家发呆经常有的样子。

梅瑞莎：怎么会——你故意学他的？

老王：我没故意，我干吗故意？那些话也不是我的话，我只想劝你们几句想开点，话也不知怎么就跟着来了，我都出了一身汗。这是附体。这是墓地。他就在附近。可这是大白天呀，这么多人，什么情况，青天白日的，他胆儿也太大了。

梅瑞莎：您还信这些？

老王：我不信，从来不信，可刚才那是怎么回事？你们都看见了，没法解释。——我能招魂了。

咪咪方：你还能吗——刚才那样？

老王：兄弟，老方，我和咪咪方还有你外孙女来看你了。你在，就给我个表示——让那树桃花落下来。

梅瑞莎：妈，我们别这样了，这样会出事的。我高中一个墨西哥同学，把她奶奶的魂招来了，送不走，差点病死。

咪咪方：他不在，你看那树桃花纹丝不动。没事，他就是来了也没事，他是你亲外公啊，来也就是想看看你，不会碰你的。要生病，就让我生吧。

老王：不成，他走了，没戏了。走吧，别看了，马上就到方言墓了，到那儿去看。——那边，最头上那块铺草地上的黑大理石板瞅见没有？下面就是他——光膀子那小伙子坐上面抽烟给压住了。喂，小伙子，起来，那是你坐的地方吗？

梅瑞莎：掉了，妈，那一树花瓣正在往下掉！起风了，下小雨了，只有这一树桃花在往下掉——外公真的在这里。

老王：兄弟，你演得真好，还带下雨的，桃花夹雨，很美，你也懂得抒情了。

梅瑞莎：可以悲伤吗，妈？

咪咪方：可以的，这是我们的权利。

梅瑞莎：我要在我爸爸墓前也种一株桃树。

咪咪方：让种。

老王：表演结束了，鼓掌。回去吧兄弟，桃树掉光了，下回来找你，还找这棵桃树，你给咱们表演果儿压枝头。

公墓工作人员：老先生，你们在干什么？公墓有规定，不许搞封建迷信活动。

老王：滚。

梅瑞莎：您怎么能这么对人家讲话？

公墓工作人员：小姐，如果这位老先生不听劝阻，我就要请你们离开——还有这位大妈。

咪咪方：滚。

第六章

梅瑞莎：太丢脸了王爷爷，居然叫人家四个人抬出公墓，足有一百人沿途看热闹，正哭的都笑了，您没觉得一点儿不好意思？

老王：没觉得，要不是天儿下雨，我还躺地上呢，让他们八个人抬。敢动我？动就让他们小丫挺的养一辈子，我讹死他们。

梅瑞莎：我妈也够泼的，您骂的汉语都是什么呀？把人家气得直要打您，要不是我挡着他们看我像外国人。

咪咪方：各种安徽口音的操你大爷和王八蛋，小时候老听我妈骂学的，一直没用武之地。

梅瑞莎：瞧您面带微笑还挺兴奋的。我真是头一回见我妈这样，跳着脚指着鼻子骂人，平时您不都挺装的还老嫌我不淑女。

咪咪方：大家不都很兴奋。你别说，骂人还真是挺爽的，怪不得我妈老骂，没人招她也骂，老以为她不高兴其实她正痛快着呢——可出了这俩月一直堵着我的一口闷气，也是真没见过这么不懂事的看墓的，好好的一个仙境叫他给搅了，王八蛋。

老王：骂人对肝有好处。书上说的。

咪咪方：没来得及去方语和爷爷奶奶墓美中不足。这两天还得找时间再去一趟，花儿都买了又带回来了，搁两天朵儿就蔫了，送墓上该不合适了。

老王：你别那么小气，再去再买，车上那几束都拿上来，给我屋里也摆摆，我也好久没闻花了。

咪咪方：梅瑞莎你去车里，我去找花瓶。

梅瑞莎：还去呀？回头人家认出不让你进。

咪咪方：敢，我扒了他们的皮！痛快，我以后要常骂人，对自己好一点。王叔，咱能不听这种音乐吗？听点别的，新鲜点的，一到你这儿就哐哐的夯心跳，外边听着都不像住着个老人。

老王：那听什么，王飞得慢的《二十几世纪》？

咪咪方：最好不要有人声的，多余。

老王：这是王飞得慢的最后一张专辑，《心湖》，六十八岁灌的。没词儿，从头到尾就是吟，吟到结束，跟听铃儿也差不多，就听这张吧。

咪咪方：不要把花儿插得那么密，跟一群妓女笑脸似的，让它们分开，朝着四面八方。

梅瑞莎：我妈现在是越来越难伺候，怎么都不对。

老王：你妈今天受了刺激了。你那情儿呢？

梅瑞莎：我那情儿还在，今天没让他来，我们一家子，他来也别扭。

老王：吃饭不吃？我可以给你们做。咪咪方，不许一个人坐在那儿想事儿，跟大伙说话。

咪咪方：让你做多不好意思，应该我们做，可是我和梅瑞莎又都不会做。还是出去吃吧，可是又懒得动。你这小区有饭馆吗？能叫饭吗？

老王：小区的饭馆不好吃。我乐意做，梅瑞莎帮我打下手，冰箱里有什么，都拿出来洗了。咪咪方你也过来，搬张椅子坐我们旁边看着。

咪咪方：我能自个儿躺会儿吗？我想躺会儿。

老王：不能，吃完饭再躺，过来咱们一起说说话。

咪咪方：我要是会作曲就好了，我现在心里飞的都是一首首曲子。

梅瑞莎：一根黄瓜，两个茄子，尖椒、蒜，两个土豆。

老王：够了，下面冷冻室还有肉末儿，你拿出来化了。

梅瑞莎：啊，我发现一个秘密，有人还藏着冰激凌，我能吃吗？

老王：吃吃，我冻着它也就是想吃的时候拿出来看看，跟想人的时候看照片一个意思。

咪咪方：你也会想人吗？

老王：我怎么不会？咪咪方，你可比刚见的时候恶毒了。

咪咪方：跟你老在一起，人怎么会变得不恶毒？

老王：你的意思是我解放了你的天性？

咪咪方：我的天性里是有恶毒的部分，今天我发现了。

梅瑞莎：不要话题越说越沉重，我们现在是做饭，要快乐，王爷爷你带头快乐。

老王：我带头，我正在快乐地拍黄瓜。梅瑞莎，你也得学学做饭。年轻时候长在馆子里，老了总有一天要回家，不学几个对自己胃口做起来很方便的菜，后二十年太寂寞了。咪咪方，你的家教有点问题呀。

咪咪方：我妈也没教我。

老王：你妈原来也不会做饭，都是后练的。妈就不能太能干，女儿准懒。人的进化几代人中就能看得到，原来都是女的做饭，到二十一世纪都进化成男的做饭了。

梅瑞莎：您给您女儿做过饭吗？她爱吃您做的还是爱吃您太太做的？——对不起，我说错什么了吗？

老王：你没说错什么，那头蒜给我。——我没给我女儿做过饭，我一辈子净给自己做饭了。我建议咱们不要音乐了，现在这个时候大家都很脆弱，什么音乐都会跟着往里边走。

咪咪方：同意。

…………

咪咪方：音乐一没有，这屋里就更显静了，你们怎么都不说话了？

梅瑞莎：我要用一下您的卫生间。

老王：你们真想吃吗？要不饿，我建议我们就不要在这儿装了，做这顿莫名其妙的饭。

咪咪方：我一点不饿。

梅瑞莎：我也是。

老王：那咱们解散，回客厅，该哭哭该想心事想心事，各自和自己待一会儿。又没人逼咱们，咱们干吗这么强迫自己？

梅瑞莎：还要刚才那音乐，换音乐我怕哭不出来。

老王：我还有一盘，专门往低走的，一听就掉眼泪，要不要试试？

咪咪方：你活得够仔细的，还有专门听着哭的，有一听就乐的吗？

老王：有，但是气乐。人送我一套老中国剧情片，五十部一箱，每部都能把你气乐了。这套片子本来是大中华区心理医师联合会推荐给全世界轻度自卑有早期忧郁症倾向无需药物治疗的华人看的——你还别觉得你不行，还有比你更不行的。据说对弱智也有治疗效果。老外也喜欢，欧美很多变态研究中心指名进口。

咪咪方：那我一定要看看，我现在特别需要一点自信。

老王：梅瑞莎是学电影的，一定看过，我没瞎说吧？

梅瑞莎：湾区洛杉矶每个华人诊所都有。是能在短时间内提高自信，但疗效保持时间不长，你比他强，比他强有什么用？离正常还差很远，发现这一点，又弱回去了。湾区前年还出过一个案子，一个智障儿童，看了这套片子，反而觉得片子很好，智商就定在零了。医生被儿童家里告得倾家荡产。

咪咪方：难过劲过去了，一聊弱智注意力就分散了。

梅瑞莎：还要告诉你一个打击你的消息，这套片子里有我外公编剧的，还是几部。

老王：你不用望着我梅瑞莎，既然有证人，我也承认了吧，这箱片子也有鄙人的贡献，不敢隐瞒。

咪咪方：什么感觉呀，自己的片子流芳百世，现在还有那么多人看，还对世界各地的病人发挥作用——大师？

老王：脸红呗，惭愧呗，夜里躲在被窝里害臊呗。谁让自己年轻时确实弱智。

咪咪方：是真弱智吗？

老王：不是，是贪，要小聪明，侥幸心理。以为别人都是弱智，当时大部分人也确实是弱智，但忘了还有时间，时间在一旁候着，到一定时候就变成一面镜子，把自己原形照出来。这才是我一生干过的最丢脸又捡不回这张脸的事。当然可以设身处地，可以到处哭诉，给自己找理由，要挣钱，要养家，要过好日子，当时就那个水平，别人也都那么干，限制太多，给钱太少，社会不开明，市场不成熟，都是理由。但今天谁要听这些理由？大家只看结果，结果就是一个拷贝，摆在仓库架子上，挂上放映机，投到银幕上，谁看了谁说是烂片，你挂名导演就是烂片导演。你挂名编剧就是烂片编剧。任何理由没有，这就是你干的，你的艺术史。当年的首映式庆功会红地毯万人空巷都成了过眼云烟，登着整版吹捧文章的报纸都搓了鞭炮，票房挣的钱也花光了，往上爬熬的夜受的急遭的罪受的累都不作数了，羡慕你的人嫉妒你的人奉承你的人表扬你的人也都不见了，见了也没话了。人们知道你只是因为这个拷贝，一个毫无才华的烂片作者，可以不在了。还有人知道你，在电影学院的课堂里，你的电影作为一个坏电影，你作为一个教训，被教师讲给历届学生，叫他们以你为戒。

现在你躲在被窝里后悔，当年我怎么那么贱？当年怀着窃喜抱回家的一座座奖杯现在怎么看怎么是一个个寒碜的笑话。本来机遇很好，本来可以不这样。我一直都骂别人拍烂戏，真不知道什么叫烂戏吗怎么轮到自己也没躲过去？没想好的心里没底的命题作文婆婆太多撺掇太多的不能干这我知道啊。我有那么缺钱吗？还是我就那么虚荣，非得一年一部或三年两部显得年年有戏就怕别人忘了我——显我艺术寿命创作能力双惊人？当年都谁撺掇我来着？给我戴高帽，说观众期待我，中国电影期待我，没我不热闹。说我用后脑勺拍的电影比他们一百个心眼儿加一块儿拍的好一百倍。现在这帮孙子都哪儿去了？屎盆子都扣我一人脸上，我的名字被用大便写在电影院里，全世界的弱智拿我找自信——我恨你们。

梅瑞莎：也没那么可怜，懂的人还是知道你们不容易，我上学的时候就有一个中国老师，开的课就叫"前现代化处境下中国电影和电影人的不容易"，专门分析你们的电影为什么那么做作。

老王：你的安慰还不如不安慰呢。我现在不能听电影二字，看电视也悬着心，生怕正换着台哪个频道把我播出来当场吐了。过去还盼着当年的观众早点死光，好假装没干过电影，现在也不盼了，为什么一出门谁跟我打招呼我都装傻充愣？我心虚呀。人家干一辈子德高望重，我跟做过贼似的。——梅瑞莎梅瑞莎，王爷爷站在这儿看着是个人，其实浑身窟窿眼，都是被这一世飞来的冷言冷语唇枪舌剑射的，这颗心碎得，——捧出来你还以为是饺子馅呢。

咪咪方：王叔，戏过了啊，闲得没事又拿我们孩子打岔。

老王：怎么是打岔，跟孩子痛说北京往事呢。梅瑞莎，王爷爷今天跟你掏心窝子，不管你将来搞艺术还是搞商业，首先要防小人，小人不是别人，就是关心你崇拜你围在你身边形成一个小气候，你干什么都喊好儿，数你牛逼，鞍前马后的那些饭厮，拥趸，马崽。有的高级小人是以你知心朋友的面目出现。

梅瑞莎：妈，王爷爷的话我该怎么听啊？他这是心窝子吗？

咪咪方：你就记着，他跟你聊天主要是为了自我陶醉，没打算听你的想法，你也就不必跟他认真讨论，小心别让他拿话儿装你就是了。比较好的状态是你也想个事儿，你想你的，他聊他的，大家都左耳朵进右耳朵出，他褒贬完别人就该夸自己了，前边都是铺垫。你可以注意一下他怎么接龙，到时候叫我一下，我躺沙发上先眯一会儿，我比较喜欢听高潮部分——他夸自己。

老王：那是你们家先人——方言的风格，我这么一个矜持的人。

咪咪方：你哪句不在夸自己？

老王：我今天还就不了让你白等。

咪咪方：我跟你打一赌，您要让我们听出来，算您输，三天不许再夸自己。

梅瑞莎：才三天，太轻了。

咪咪方：三天就要出人命，你不知道你王爷爷是靠自吹自擂才这么高寿？自吹很普遍，自擂他独步天下。

老王：我要忍住了呢？

咪咪方：我夸您一礼拜。每天来，让您过节。——你们接着聊吧，我眯瞪一会儿了。

梅瑞莎：他要拿话装我你可得提醒我一声。

咪咪方：放心，我这只耳朵听着呢。

梅瑞莎：我对马屁还是有免疫力的，别人夸我，不是我，我无动于衷。

老王：那要是你呢？全夸对了呢？别吹牛逼，谁也不是上来就犯臭，上来就吃拍，都是开始很清醒很小心，慢慢晕的。上来就犯臭也没人拍你，一定是你还不错，前几脚都踢在点儿上，这些人也是由衷欣赏你喜欢你，才聚拢过来，向你靠近，变成你的朋友，你的支持者。接着你更出类，更拔萃，更冉冉，他们也更佩服，更投地，更铁杆儿。你总是很正确，滴水不漏总是用新一轮成功使不怀好意的预言落空，证明所有对你的批评都很可笑。这些人如果过去对你还有保留，有担心，也都一次一次被你消除。如是再三，他们称赞你是称赞一个事实，并不肉麻，你尽管时时提醒自己要警惕，听好话要退避三寸，反应不要上脸，往裤裆里掖掖别露出来，但在一个公认的事实面前，完全无视这个事实，也是虚伪。至少没必要强迫周围好朋友跟你一起虚伪。由此，你永远正确就和一个叫事实的词画了等号，你周围这些跟你一起走过艰难分享惊喜的小同事小朋友就成了你的拥趸，你的饭厮，仰望着你。你干什么都喊好儿，数你牛逼，因为你确实好，确实牛逼，牛一回，被事实证明一回，这还用说嘛。从这一刻起，这些人化龙为鱼，变成小人，最真诚的小人，你信任的小人。

梅瑞莎：这段他夸自己了吗，妈？

咪咪方：没到。

老王：——这时你和他们之间的感情，你们作为一个利益团伙对利益的判断都是好的，靠谱的。只有这些人他们最了解你的实力，你力图表达什么，了解你最深沉的追求，你面临环境不得不做的妥协和良苦用意。你为有这样的朋友而欣慰。每次创作才不那么孤独，充满乐趣，充满知音，甚至有点好玩。日子越来越好，所有的坎儿似乎都迈了过去，前方已经没人，所有的对手都已经消失，只有你一个人横在路上。这时，一个敌人悄悄站到你身后，你的终极之敌登场了。这个敌人就是你自己，看不见的自己，当你自信得一塌糊涂的时候你就成了自己的敌人。

你犯了一臭儿——你不可能不犯臭儿，人吃五谷杂粮上蹿下跳不可能屁眼永远夹得紧——对不起，我说屁眼了，想的是说肛门，话一忙嘴秃噜了。

梅瑞莎：我原谅你了。接着说，我五谷杂粮上蹿下跳不可能永远紧。

老王：你真宽宏大量——您放了一屁，当众。

梅瑞莎：我为什么要放这个屁，我有什么目的？为什么我不是打嗝？

老王：痛快呀，吃得好，吃得撑，散出来也让大伙分享一下。好好，你也可以打嗝儿，你打了一嗝儿。

梅瑞莎：可是我从不打嗝，吃再多也不打，我能咽回去，我妈可以作证。

老王：还是的，所以我说的是屁，嗝儿不打屁也不放那口气去哪儿？你怎么就消化那么好——你能先让我说完吗大姐，说完你再解释，你老打断我我都不知道我在说什么了——行不行？

梅瑞莎：行。

老王：再打断我可不说了——我说什么了刚才？

梅瑞莎：我放了一屁，当众。

老王：你放一屁，而且是一蔫屁，第一屁一般都很小声不一定鞠臭但是也不香，大家还是听到了，有人闻了闻说这是一臭儿。你的马上反应是看周围，周围都是小人，一双双小人们忠诚的眼睛。他们一齐摇头说他们没闻到，他们说刚才是有一动静，但那不是一屁是一牛逼，叫你自信一点——你说你信谁的？

梅瑞莎：我信我的。

老王：这天没法聊了，老有一上赶着的，咪咪方你起来，我还是跟你聊吧。

梅瑞莎：我知道我中文不好，你跟我说话费力气，我又不是生在中国，当然不好，可我不是一直努力在听嘛。我走了，一人到外边待着去。

老王：别别闺女，别走，别噘嘴，我错了，我错了还不成吗？我不嫌弃你，还跟你聊，你不懂我给你解释。

梅瑞莎：我不听了，什么你你你我我我，听着就乱了，到底是在说谁？谁放的这个屁，谁周围都是小人？

老王：我，我放的这个屁，我周围都是小人。

梅瑞莎：那你以后就要一直说"我"，不要眼睛盯着我，一口一个"你"，我当然会以为是在说我。

老王：一直说，不改了——我的响屁，我的明臭儿，都是这么攒下来的。第一屁没仔细闻，闻到了也往香了说，以后这屁味儿再来，在场的人都不当屁聊了，当想法聊，当境界聊，当胆儿大聊，积小臭为大臭，存蔫屁为响屁，我，最后挑人多的地方，挑通风不好挂着帘子的地方，还是我，给大伙来个脆的——咪咪方你是睡呢还是听呢？蒙着头瞎抖什么呢？

咪咪方：哎哟我的妈呀，听你们俩聊天真急死我了。

梅瑞莎：没见过这么说话的，一会儿自己一会儿别人。

咪咪方：瞧把我们小姐气得一鼻梁汗，去擦擦去，给自己倒点水喝，我跟他聊会儿。

老王：我这不能算故意装她吧？她自己往里跳，摁都摁不住。

咪咪方：听你刚才的意思，好朋友其实都是小人——我能把你这话传出去吗？

老王：好到不说实话了，好到一块儿膨胀了，不是小人，也在起小人的作用——你可以传出去——你以为只有给你使坏的那才叫小人？小人小人，小于你的人。凡是推崇他人，心甘情愿把一个人供到自己头上，发自内心认为这个人伟大、高明，自己永远赶不上，并且也瞧不出这世界还有谁能赶上，那份推崇已经深入心脏，变成爱慕、依恋，提起来眼中竟要含泪，身子骨也自动往回缩，变成依偎，寸寸柔弱，仿佛正被一个博大的怀抱搂着马上就要晕的样子。都是崇拜者——我指的小人。

咪咪方：爱一个人，心甘情愿为他付出，把他的生命、幸福置于自己之上，也算？

老王：爱一个人就失去骨气，每天黏着这个爱人，上街也要手拉手，一个眼神不到就委屈，就黯然生怪一人躲家里不接电话不开门，也他妈是小人。

咪咪方：如果很自尊呢？不拉手，不闹小脾气，外表永远和气，只是在心里有这样的信念，两个人掉进海里，只有一件救生衣，让给对方，也挺小人的吧——按你的标准，只要把别人放在自己优先的位置。

老王：慢，慢，让我想想……你偷换我的概念了，我在说小人，你在说爱情。

梅瑞莎：我妈没偷换概念，你的话就包括爱情进去了。王先生，我能叫您王先生吗？我不想叫他爷爷了，讨论问题听上去不平等，他这样自大的人就更有优势了。

老王：你可以叫我王涩儿，咪咪方叫我老王。我叫咪咪方勒得深，叫梅瑞莎钩儿。我一向很平等的，提倡互相叫名字，有几年一帮人故意拧巴我，叫我王老师，我差点没疯了，我最恨叫老师的这种东西。

咪咪方：开始了啊，要夸自己了，这儿还打着赌哪——可。

梅瑞莎：妈妈，我们不要被他岔开，我们刚抓住他——你是个反对爱情的人。

老王：你这是扣帽子。这一手在辩论时也是很好使的，跟你爸家那头学的吧？希腊也出辩论家，专门开学校教小孩诡辩……

梅瑞莎：请你不要再打岔儿，别人讲话的时候你尊重一点！如果一个人真诚地爱另一个人，不惜降低……

老王：真诚地爱一个人，也不能降低自己！没有任何理由，让一个人在另一个人面前跪下来，真诚也不可以！越真诚越反动！

咪咪方：王涩儿，跟孩子争用不着站起来咆哮，好像您多没理似的。

老王：必须咆哮！太反动了！方言的后代居然又活回去了，又出了崇拜者，社会潜移默化太厉害了，人要堕落你让他走电梯他也会摁往下去的箭头。

咪咪方：梅瑞莎，一个词没用对，人家就开火箭了。我们梅瑞莎还没说完你就跳起来，她说的是不惜降低社会等级——你等我说完不要现在就瞪眼睛——贫富差距教育背景种种外在的标准——而且梅瑞莎的真正意思是放下——放下身段放下傲慢……

老王：你认为社会有等级吗？你认为人有等级吗？你向谁蹲下？你这么说就是傲慢！

咪咪方：社会当然有等级你连这个都不承认？差别、隔阂处处可见，那不是我造成的，也不是梅瑞莎造成的。我们不认为人有等级，我们跟你一样认为人生而平等——虽然我很怀疑你是不是真这么想，你是我见过最傲慢的人，你只是标榜自己……

老王：我从不标榜自己。

咪咪方：你这么说就是标榜——你输了，三天不许再夸自己。——这就是你的逻辑，谁不承认什么你就非说谁正是什么，因为有这种意识才会这样说——我和梅瑞莎当然不是傲慢，我们只是自尊，就连这点自尊也怕不巧伤害那些敏感的人微弱的人，要小心收藏好，时时提醒自己尽量放下。我们是人类，知道自己浑身上下都是弱点，知道自己一有机会就能多不善，我们一点也不为此自豪。

老王：这是我的观点，我是人类，我老这么说，你剽窃我的观点。

咪咪方：什么你的观点，你的观点是最后无处可逃再逃一把，脸儿一拉承认自己是人类，充满人性，会犯小人，把猥琐卑劣变成大可夸耀——我和梅瑞莎都是可以把别人放到自己之上的人，甘愿自己的幸福小于对方的幸福，自己的生命小于对方的生命——但我不认为自己是小人，我为梅瑞莎牺牲我也不觉得自己小。

梅瑞莎：我们不要对他弹吉他了妈妈，他听不懂的，他不懂什么叫爱、牺牲，他只懂平等、对等。他一定从来没爱过人。

老王：你懂什么是爱？你才交过几个男朋友？打炮儿不算。

梅瑞莎：你懂爱，所以你每天一个人待着门铃都生了锈。

咪咪方：不这么说梅瑞莎，我们不这么说。我们只谈自己不因为别人和我们不一样就妄加指责，那样只会显得我们浅薄不知世界多大，谁可能没爱过人呢？

梅瑞莎：这样的冷血动物我们家就有，你不是总说你爸那个人一生没真正爱过别人，别人爱他也不知道，好像很坚持其实是个傻逼。

老王：我觉得我们可以不聊了，聊到最后互相人身攻击也没意思。非要把两个概念放在一块儿聊，把别人的概念延伸出来换成自己的强项，放手肯定自己的同时指着别人喊：倒！倒！倒！

咪咪方：先不相信自己，再怀疑所有人，把脏水泼向大庭广众还说这叫死磕，就连自己也不放过。

老王：自己心情好了一切顺了才会对别人好。自己心情坏了就好像天下人都欠他的。

咪咪方：老子天下第一，第二都没有。说是追求真理，其实是追求自己。

老王：你和梅瑞莎都为对方怎么牺牲了？还是都让别人为你们牺牲了？

咪咪方：你和方言谁是小人？还是你们互为小人？

梅瑞莎：有一种人天生就是烂，过去我妈说我还不信，现在信了。

老王：最烂的小孩就是以为自己纯洁，以为自己最会爱，动不动就被自己感动——你以为你岁数小你就牛逼了？

咪咪方：最烂的老人就是自以为什么都见过，别人都是小人——你以为岁数老你就牛逼了？

老王：我在想好男不和女斗。

咪咪方：你终于露出了你的庸俗。哈，什么也别说了，你已经失去了和我吵架的资格。

老王：哈，你终于说出我等了半天决定让你先说出来的词儿。我们在干什么，吵架——我没强加你吧？我不跟人吵架，吵架多低级呀，赢了又能怎么样，我心怀坦荡，目光远大，我甘拜下风。我惯着你这毛病，让你见谁跟谁吵，遇见问题就拿吵架解决，不吵出个好歹不算完，一辈子都在和人吵架，一辈子心情恶劣，一辈子结束正事都没来得及干，一地唾沫星子当文集收了。

咪咪方：你都算计到了，最后还是一场空——你注意了吗梅瑞莎，他其实不是在讲理，是在钻空子。

梅瑞莎：注意了妈妈，他专捡人家唾沫星子，一晚上等一个词，等着了就来了劲。

老王：这句话很到位，这句话说到我点儿上了，我都算计到了最后还是一场空。可以呀咪咪方，有把豆儿，提出表扬。

咪咪方：谢谢，谢谢。

老王：梅瑞莎不靠谱，梅瑞莎不是跟着话走是跟着情绪走。词很重要，不要小瞧词的力量，很多看似天大的事屁股底下只垫着个词儿，这个词儿抽掉了，整个事儿就稀里哗啦倒下来——教你一手。

梅瑞莎：用不着。

咪咪方：你是从哪个词儿上倒下来的？

老王：笼中鸟。我梦见这个词儿连床塌了下去，至今刚着地。

咪咪方：是真着地了吗？跟一个小姑娘都能这么吵。另一位呢？

老王：剧中人。他一听到这个词儿，如同世贸被撞，当场一层压一层倒下去——待会儿干吗去呀？咱们聊也聊过了，吵也吵累了，吃点好的补补去吧。嗬，梅瑞莎还气得吠儿吠儿的呢。

咪咪方：还是新北京菜？

梅瑞莎：我可受不了你们这样，一会吵翻脸，一会儿又没事了，这都是什么风俗。我自己打车走了妈妈，我要先冷静冷静。

老王：想不想听你的三字断语？

梅瑞莎：不必了！

第七章

2034年4月5日　清明　星期三　晴转多云

地点：老王家

出场人物：老王　咪咪方

老王：等会儿，厕所呢！——来了，来了，我还以为你不来了呢，刚坐上马桶。

咪咪方：扫墓的人太多了，三环一过中轴路都成脚踏车了，一直堵到八大处——您拉好了吗这么快就起来了？

老王：你这一敲门我还怎么拉，刚有点意思又回去了，一会儿来感觉再说吧——正日子不能去，墓园子里也人山人海吧？

咪咪方：人山人海，跟游行似的，有的还趴地上磕头，本来碑之间就窄，他那儿还铺一大块又不好从他背上迈过去。我爸那儿我没再去，挤不动了，去爷爷奶奶那儿刚放了花儿就被人挤出来了，脚都没站稳。

老王：你大大那儿呢？——梅瑞莎呢？

咪咪方：大大那儿自然是去了，花儿也摆了，又碰到一个公墓人，说我大大这墓到日子该交土地税了。我一算，爷爷也是1999年故去的要交都得一块儿交——梅瑞莎把我送这儿就回去了，没上来。

老王：还气我哪，上都不愿意上来，小人儿气性还挺大，回头我给她赔不是——方言当年就有个心愿，买所靠河边带院子的房子，把一家人骨灰都移出来埋自家院里也省心，结果自己没下来。

咪咪方：我最近还看了几处房子都带院子。我也没想好将来是就在这儿了还是回美国，还得看梅瑞莎。也不能把他们都带美国去——梅瑞莎没生您气您就别自作多情了。她是在她爸那事里没出来，情绪比较低落，有时爱说点宿命的话，什么妈妈什么女儿，妈妈丧父女儿丧父妈妈离婚女儿将来也可能离婚之类的。没事，过一阵准好，一年不好两年，她总有一天要出来，我不就出来了嘛。我叫她上来跟你打个招呼，她说自己样子太丧，怕见您惹您不高兴。我们俩回去自我检讨了，说不该和您吵毕竟您这么大岁数了，爱逞能逞去我们应该让着您，回头您再背过去。她这还叮嘱我见您一定多赔小心。

老王：要说咱们这三个人，真是都比较文明都挺替别人想的，我也表示不好意思，为老不尊——带美国是肯定不合适，爷爷奶奶不说什么，大大和方言一定不赞成。

咪咪方：我们理解您，平时也没个说话的人，梅瑞莎说她收回给您起的外号——他不是挺喜欢美国的吗，把我们都派去自己也在那边住过。

老王：喜欢和住那儿和永远不回来两回事。他还说死了不留骨灰遗体捐献呢，你大大也说不留骨灰，还不都照样修了墓，当时是说给奶奶留个念想儿，再给一块儿裹美国去他们哥儿俩多怕给人家添麻烦——梅瑞莎给我起了一外号？

咪咪方：您不知道我还以为您知道呢——也是，我在北京没准每年去一趟我就算心里有他们的，我不在我总有一天不在，谁去？都让梅瑞莎去，她也跑不过来——不知道，正好省得您表面豁达心里记仇，反正挺不好听您也甭打听了。

老王：说说，务必告诉我，我正缺一外号呢——咱们这边活的就没少去美国，死的再去把人家那儿当什么了？人家要这么连死带活的奔咱们，咱们怎么想？

咪咪方：坚决不说，弄得我成传闲话儿的了。王叔咱们添堵的事还少吗何必再自找？再说她也收回去了。

老王：老王。咱们不是说好了叫老王，定下来的事就不要变了。我发现你现在说话特别像马佳。

咪咪方：马佳是谁？老王也不太好，还是叫涩儿吧。涩儿，我今天去了大大和爷爷墓，发现了两个日期，他们去世的日子挨得很近，都是1999年，大大六月六号，爷爷七月七号。中间只差一个月我用数码相机拍下来都给带回来了。

老王：你记性那么不好呢？马佳是我认识一女的。怎么了呢挨得近？

咪咪方：我想起我自己老做的一个梦，现在想可能不是梦，一定是真发生过的——我站在一个有阳台的客厅里，问一个看不见的人，你们不会有事吧？三十岁以后，尤其是有了梅瑞莎，每年我都要做几遍这个梦，梦里的客厅是中国人的家，但认不出是我在中国的哪个家，好像都像又好像都不是。

我问的那个人也一会儿在阳台方向，一会儿在进门方向，弄得我团团转，每次问的方向都不一样，从来看不到人也听不到回答。今天我去了永定路，从福田公墓回来顺道绕了一下，想看看爷爷奶奶的房子，我小时候住了十多年的家。那个院子还在，那些包着阳台的红砖楼还在，都已经很旧了，砖色已经发褐，好像也不属于部队的物业，门口的司机班和挂白牌子的车都不见了，过去战士的宿舍开了一溜小商店卖菜卖水果和馄饨水煎包什么的。爷爷家楼下的门球场没了，又盖了一座六层砖楼和爷爷家窗户对窗户，也盖了有年头，很旧了。过去院里遛弯的全是老人小孩和小阿姨，很安静，现在马路一直通到楼前像别的城乡结合部一样。三三两两的青壮年人站在路边抽烟聊天打美式台球，表情都很奇怪，很多人一身排骨趿拉着拖鞋讲一口完全听不懂的南方话。

爷爷家是空的，大概前些年租给什么人住过，扔着一地人家不要的破衣服破鞋子破花盆和一个破床垫子，一股子霉味儿。我一进去看见正对外屋门那间把阳台打通显得极为狭长的小房间，就知道我梦里来的是这里。这间带阳台的小房间过去放电视和沙发，是一家人晚上见面的地方，我开口说话就叫电视屋，后来一家人都跟着我这么叫，没人再叫客厅。阳台没打通前里外窗台上摆满奶奶养的花，像一个隔出来的花棚。窗子上挂着晾晒的衣物，窗子外一年四季永远放下蓝白条纹的铁架子遮阳伞。爷爷就坐在屋里沙发上向外张望，奶奶不在就磨蹭进去拿着大雪碧瓶子给花一天浇好几遍水，奶奶经常大喊他把花浇大了沤黄了。他那时只得过一次脑血栓，行动还没有后来那么困难，但一坐一起进出阳台也很迟缓。

阳台打通了花都变成摆在屋里，少了一道门，光线没了还可以开灯照明，那个角落就成了爷爷的宝地，专为他摆着一张椅子。早上我上学爷爷就坐那里，中午我放学，爷爷还坐在那里，一边读报一边等饭，遥遥地朝我微笑。下午放学也是同一个情景。爷爷会在那个角落坐到开晚饭，才向前伸着两手撅着屁股慢慢离开椅子站起来。奶奶不许我和阿姨帮他，要他自己锻炼起立，有时我们一帮女的就围在他旁边看，一边议论他一边鼓励他。爷爷这时的眼神就很慌张，保持平衡的双手就像要抓人，我一般站在最前面，奶奶就会把我往后拉。奶奶说，一有人他就不会站了。妈妈在家就会帮爷爷，叫我也去帮爷爷，说别叫爷爷在那儿"现"了。有时爷爷站到一半就怎么也站不起来了，浑身弯着伸着双手定在半道，周围一个扶的东西都没有，确实够现的。越是有爸爸在他越容易这样，爸爸从不帮他，也不围观，顶多隔着门瞅一眼就扭脸走开，有这一眼，爷爷十次里五次还就真站不起来了。

我老觉得爷爷有点怕爸爸。爸爸一在，他就紧张。他们俩较了很多年劲，从我记事他们俩就在饭桌上吵架，爷爷不管说什么，爸爸准不同意，俩人就开始，爷爷一定拍桌子，爸爸嘴还不停。后来爷爷拍不动桌子了，爸爸就跟奶奶吵，奶奶不管说什么他准讽刺她，到我离开那个家离开北京去美国他们还在吵，一吃饭就吵，但奶奶已经明显吵不过爸爸了，饭桌上最后往往是爸爸一个人的慷慨陈词，非得我制止他。

我一开口，全家人就笑了，爸也笑了。爸对我是永远的好脾气，话头上虽然也不让我，有来句必有去句，但不是那种不许人讲话拿口气声浪压人的。爸看我的眼睛是温存的，欣赏的，我对他突然一言以蔽之，他比谁都高兴，跟旁人一起大笑。这时妈就说，这种人只能让他女儿治他。我那时也是不靠谱，还不懂爸和女儿的关系，每次饭桌上的战争都是我来摆平，不免沾沾自喜，一次当众宣布：咱们家数我威信最高。遭到全家人的哄堂。爸捏着我脸蛋说，胖姐，我是让着你，你还挺臭美，就你那两下子，想说过我，还且练呢。从此我这话把儿就算落我爸手里了，放学一见我扭搭扭搭进门就说，咱家威信最高的回来了。爸为这事乐了好几天，对我说，咱家不是你小学的班集体，谁威信高大家就听谁的。你说话大家爱听是因为全家人都喜欢你，因为你是咱家的开心果，以后出去可别说自己在家威信高了叫人笑话。我听了爸的话也臊了好几天。

我一进屋就听见当年的笑声，那个梦就从墙上慢慢走下来。空屋子里

. 161 .

又摆满了花，隔壁传来邻居家装修的电钻声和夏天唧鸟的叫声。我想起这是大大死的那一天，我们正准备吃晚饭，饭桌上有烧排骨，鸡蛋炒西红柿，肉末炒粉丝，还有一大碗冬瓜汤。这是奶奶家的看家菜老几样。阿姨正在摆筷子。我正在看动画片。爷爷刚站起来。电视屋的电话铃响了，奶奶一溜小跑进来接电话。家里来电话一般都是找她，病人呀同事呀她的妹妹们呀。爸妈不在剩下我和爷爷阿姨三个人谁会来电话找我们呀。最怕正看着动画片奶奶在一边接电话了，掐着嗓子像小姑娘一会儿还格格格乐。这次她没说两句就挂了电话，接着给爸拨电话，爸和妈正在来的路上，只听奶奶说了个医院的名字叫他和妈直接去。话没说完奶奶就变了哭腔连忙拿手捂住嘴望着目瞪口呆的爷爷说，方语胃突然疼送医院了，我去一下看看。奶奶换了衣服匆匆出去，临走时叫我们先吃饭不要等她，给她和爸爸妈妈把饭留出来。

天黑不久妈先回来了。爷爷坐在电视屋看电视，把着最靠近门口的沙发，一听见门响就扭头用一只好眼睛盯着人。妈进门的时候一脸假笑，说大大没事，挺好的，爷爷放心吧。叫我也别跟着混，回屋写作业。妈在我旁边坐下看我写作业一声不吭，我问她爸爸呢你怎么不吃饭都给你留了。她说过会儿的，过会儿再说。

过会儿奶奶也回来了，听见她在外屋跟爷爷说大大没事，叫爷爷别看电视太晚了，昨天感冒今天早点睡吧。听见她凌乱的脚步和爷爷磨磨蹭蹭砂纸擦地似的脚步一起回了爷爷屋。接着又听到奶奶和阿姨进了阿姨屋，关上门在里面翻箱倒柜。我趁上厕所推门瞄了一眼，见阿姨床上摆的都是爷爷的新衣服新皮鞋。爷爷和大大身高胖瘦差不多，奶奶在为大大选衣服。她一见我立刻把我轰回去。

奶奶拎着个箱子带着阿姨走了。爸爸一直在医院没回来。更晚一点，爷爷待在他自己屋一点声音没有。我和妈坐在电视屋关小声看电视，我问妈大大出什么事了，妈说大大去世了。

这是这个梦开头的部分，这之后大概还有一段，妈给我讲什么叫去世。

妈说我当时对死完全没有概念，还问，那大大礼拜一能好点吗？妈想了一会儿用我能理解的语言解释给我听：去世就是死，死，就是永远不回来了。妈说我想了一会儿，眼圈红了，掉了泪。

这之后是我的梦，我问她：你们不会有事吧？

老王：她没有回答？

咪咪方：她说她回答了，说我们没事。我醒着也记得她回答了，但在梦里就听不到她的回答，只有我一个人站在那儿问：你们不会有事吧？

老王：你太担心了，你妈的回答没能使你安心。也许你还有别的担心，不光是大人会不会死的问题。

咪咪方：一会儿我要难过你不要管我，什么安慰的话也不要说，让我自己去难过，自己去好。

老王：好的，我不管你。

咪咪方：我是还有别的担心，我一到那个环境就全想起来了。想起我爸那时一直对我妈不好。想起他和我妈只一起走从不一起回来。我妈一般星期五下午回来，自己到学校接我下课。他一般星期六中午回来倒头就睡。中间差着一个星期五晚上。星期天他们经常插上门在屋里小声谈话，我去敲门也不开，使大劲敲开了门看见我妈脸和眼睛是红的，他沉着脸坐在一边。有一次我实在是太气了，抓起他的手机就要往地上摔被他一把攥住手喝问谁教你的。妈在一边说，孩子也是有正义感。他把我往外推，我不出去。妈也下令，咪子出去。他们二人插上门继续谈话。我气急败坏跑进奶奶屋一盘腿坐奶奶床上告状说我妈又哭了。奶奶溜溜达达过去敲门听见爸在屋里恶声恶气地嚷这儿没你事。奶奶尖着嗓子说你跟我嚷什么是咪咪让我来的。爸就冲进奶奶屋指着我说，你少把在学校告状那套弄到家里来。

爸有一个特点当时我就注意到了，他最气的时候往往不跟你说事了改吹他自己。他越不知如何是好下意识的反应就是陷入狂妄。那次他就拍着胸脯对我说，这个家我老大，你找谁也管不了我，咪咪方你最好认清形势。吓得我直眨巴眼。

　　爸在家里是横行霸道惯了，过去还有奶奶和他一起横行。爸说他和奶奶是并肩王。他说什么都一套一套的，说一个家最好一下出两个霸王，两个霸王互相掐，你们——指我和爷爷妈妈阿姨——这些弱小民族才有活的空间。他是你说的那种只有自己心情好才会对别人好的那种人。他自称对我好，也是就他自己那个标准的最高值，跟他对别人的恶劣比而言。真触犯到他个人利益了，我他也照样扒拉到一边去。小时候他睡觉我在他枕头上玩，当然我也有点过分了，拿他的头当便盆坐，他多次恳求我不奏效，居然狠心掐我嫩胳膊，把我掐哭了。还是妈好，起来给我吹胳膊，自己不睡了把我搂进被窝里跟她玩，骂出了我的心里话：连孩子也不知道让。他只管掉头睡得跟死猪似的。后来只要爸一吹对我最好，妈就揭发他这件事。爸也揭发妈，说月子里我缺钙夜哭妈曾经把我摔在地上拿脚垫了一下头。

　　小时候碰见大人都喜欢问，爸爸对你好还是妈妈对你好？一般我回答，都好。一次爸也这么问，我说，妈妈对我好。他问为什么觉得妈妈对你好？我说，妈妈关心我。爸看了我半天说，你表达得很准确。还主动跟妈妈去说，咱们女儿夸你了。他也就这一条优点，人家说对了，就承认。

　　是的，妈妈关心我，老陪我玩，带我和她朋友一起吃饭，爬山。爸爸很少带我和他的朋友一起玩，当然我现在也知道了他的玩法很不适合小孩。他和我们逛公园不是一个人走在前面就是一个人走在后面，知道的他是我爸，不知道的还以为是盯梢的呢。妈可以为我放下她正做的一切事，只要我需要就到我身边来。现在也是这样。我有这个自信。爸我就不敢说了。当年我就问他为什么不在家住，要到外面住旅馆。他说写小说。写屁小说！他们都瞒着我，以为我不知道，其实我什么不知道。你也别问我怎么知道的了，谁要以为小孩傻他自己才傻。从一开始我就知道，那个人叫什么名字，干什么的，长什么样儿。我见过那个人，当然不是见的真人，是我们同学拿的杂志。这话不是我说的，是我们同学说的，你爸怎么看上她了？事先声明，我

· 164 ·

对她没有一点恶意，既没有好的意见也没有坏的意见，当年我小，现在她和我没关系。

老王：你的梦就是担心你爸和你妈分开，这个问题你妈确实回答不了你。

咪咪方：担心我爸不要我妈了。担心我爸另外生个女儿。而且跟谁都不能说，他们瞒我，我也得装出让他们瞒的样子，装天真烂漫人事不懂。我比他们累。妈还老问我，你觉得你爸还爱我吗？必须我回答，不爱。

他自己不说要我替他说，有这么自私的爸爸吗？

他老跟人说能为我死，我太烦他跟人说能为我死了。我也不要你死，我就要你回家，要你对我妈好一点，就算为我，牺牲一点您的个人爱好，这总比死容易点吧，他做到了吗？

老王：这个情况我比较了解，他最后还是惩罚了自己。

咪咪方：怎么惩罚的？一死以谢天下？他是为我死的吗？他死也是为他自己。所以妈妈在美国听说了他的死信儿，痛骂不已，活该活该，让他去死，你也不许回国参加他的葬礼，我们俩好好活着，忘了他。妈对爸有一个最终的评语：谁对他最好他就最欺负谁。

老王：因为这里牵涉到你母亲，我也不好说什么，我对你母亲一直是很尊重的。方这个人，在感情问题上，我们总说他，暧昧。一方面意志不足以克己，一方面又要做好人，结果两边都得罪了，两边不是人。而且自己都知道，这样下去的后果自己也看得很清楚，就是改不动自己，只能放任这样的结果发生。

咪咪方：怯懦。

老王：怯懦。

咪咪方：逃避。

老王：逃避。能拖一天是一天。

咪咪方：我妈说你们是一丘之貉。

老王：我是一丘之貉，我也不比他强多少，我在这个问题上完全没有飞短流长权。我们当时一批人每个人都碰到这样的问题，当然我不说这是人之常情，免得你又批判我。下手狠的都处理得比较好，最终三方解脱，装好人的……暧昧的，一直崩溃到今天。

咪咪方：当然我现在也是离了两次婚的人，第一次是人家离我，第二次是我离人家。多少对这种处境有所了解。但还是不能理解你们这种男人，一方面什么狠事儿都干得出来，一方面很平常的话就是说不出口。

老王：不好意思，不是设计好了这样的，是到了裉节儿上一下掉了链子。本来以为能和别人一样，本着与其两个人痛苦不如让对方痛苦，长痛不如短痛有什么话最好说出来没有过不去的河——下的决心。到了这一天，要摊牌了，对方真的痛苦了，旁边还坐着一个煽情的小孩，怎么也讲不出那几句话了。对方要是敌人，坏人，哪怕是生意伙伴一起共事的朋友，再难听的话也不难说。可对方是跟你多年像你妹妹一样的妻子。一直信任你，拿你当依靠，找了你就当一辈子有了归宿。你孩子的母亲。你们也不是包办婚姻，是自愿结婚。也许还是你追的人家，本来人家一开始看上的还不是你，本来有心思嫁给别人做媳妇，叫你死说活说改了主意。现在你打算翻脸了？上嘴皮儿碰下嘴皮儿这么多年就不算了？这就叫欺负人了，叫谁对你最好谁对你最真你就欺负谁。斩钉截铁就变成了商量，变成了为难，变成了内疚，变成了吞吞吐吐一脸倒霉，变成了今天不说改天再说吧。

咪咪方：但是还是说了，改天，不管哪一天，还是说了。说我不爱你了，咱们分开吧，钱都归你。

老王：是说了，不说也被人看出来了。但人家一句话就把你将在原地：我不觉得咱们之间没爱情了。

咪咪方：你希望人家说，太好了，我正等着这一天呢，早看你不顺眼了。

老王：你别往我身上说呀，我可没希望人家这样说，咱们就说这事——

你又傻了，好容易说出的话等于白说，再说更难，更没地儿躲，更要把你不愿意强调想轻轻带过去，别老聊，心照不宣就行了——最伤人的那句话再宣一遍：我真——不爱你了。

咪咪方：既然真这么想的有什么怕说的？我要不爱谁了，立刻打飞机连夜也要赶到他面前撂下这句话：我真——不爱你了。

老王：要不说你是女的，这种事女的都比男的脆，女的要想说什么没不好意思的，怎么没误会怎么说，向女的学习！

咪咪方：你也用不着振臂高呼，除非你们根本不知道什么是爱，说这话才含糊。

老王：一句话又让你说到点儿上了。为什么说这话这么难？就是说出来就犯嘀咕，我懂什么是爱吗？这一口一个不爱的。跟着女的又是一问，冲你这嘀咕来的当场让你更傻：你懂什么是爱吗？

咪咪方：你怎么说？

老王：我没法说，我说我懂，人家说那你给我说说什么叫爱。我说我不懂，人家说那我给你讲讲，你其实还爱我，因为你不懂所以你不知道。

咪咪方：你只好不吭声。

老王：我只好不吭声，听人家数落。从认识第一天，每件事都给你记着呢。你怎么关心她，怎么爱护她，怎么对她好。她也对你好，跟你相濡以沫，跟你同仇敌忾。种种凡是都证明你是爱她的，你们俩之间是有爱情的，怎么能突然冒出个小婊子这一切都不作数了呢？

咪咪方：你还有损的呢，不怕她这么说。

老王：我是有损的，不到最后关头不是不能说嘛。

咪咪方：你还是说了。

老王：我还是说了，不说就成庆功会了。

咪咪方：你怎么说的？

老王：你都知道，我就别说了，这话太孙子了。

咪咪方：说说，我还想听，这话怎么就孙子了？

老王：没办法只能说了——我从来就没爱过你。

咪咪方：对方呢？还说什么了？

老王：还能再说什么，双眼死盯着你，泪如雨下，恨不能吃了你。

咪咪方：你怎么办，转身跑吧。

老王：我往哪儿跑，在自个儿家，门都锁着，谈话呢。这时没准还冲进来一个小帮闲，举起你的手机就往地上摔，然后就去告状，嚷嚷得全家都知道，我在对不起人呢。

咪咪方：然后呢？

老王：没有然后了，只能臊眉搭撒眼走人，无比惭愧，觉得自己特别不是东西。

咪咪方：回到那边呢？那边不问啊，今儿你说了吗？

老王：你什么意思？人家这儿都快煎出油来了，你那儿还在幸灾乐祸。

咪咪方：可算自找？

老王：算自找，所以还没处喊冤去，只能自己生扛。说出来不是同病相怜的都是看热闹的。

咪咪方：你不要愤怒嘛，不要自己的欲望没得逞就怨天尤人。还可以再争取嘛，一次不行就谈第二次，往下拖，总会拖出个好歹，总有熬得日出那一天。先搬出去住，造成既成事实，荒着她，不信她拿一辈子跟你赌。等到她心灰意冷，自己也觉得没盼头了，再碰上个好人，自然会把你找来，主动问你，咱们那事到底怎么着啊？你这时可以再做好人，听你的。

老王：都想过，也这么做了，没戏。不是还有小王八蛋嘛，大人可以不见小王八蛋能不见吗？小王八蛋一见不就都见着了吗？每星期一次，刚消了点的火儿腾一下又起来，转眼十年八年，见了面照样管你怎么还管我呀，就是不敢问。

咪咪方：难受吗？

老王：每星期去看一次自己作的孽，在自己家的悲剧和前尘往事中度过一天，你说难受吗？还不是当时难受，是回来越想越难受，年代越远越难受，见不得单身母亲带着孩子等公共汽车，见不得小女孩独自一人在路上走。最后这难受就变成一棵树长在心头，一听笛子就掉树枝儿，也不分春夏秋冬。可是也没法回头了，十年分居，什么都可以做就是做不成夫妻了，这个你有经验，十年不在一块儿再回去也没法过性生活了。

咪咪方：我没经验，我没有十年还要回去过性生活的。

老王：我也没经验，咱们都没经验，不知道谁有经验。十年，这边也成老婆了，等你十年不是老婆也是老婆了。俩死扣儿。扣儿自己不说解你就别想解。完全丧失了主动。有一天我和方言去朝阳剧场路口那日本馆子"初晕"吃饭，正准备过马路，方言一扶我说，不好，我崩溃了。我反过来一扶他，我也崩溃了。

咪咪方：我妈不是带着我走了嘛，特为给他解扣儿。

老王：十年死扣儿拎习惯了，一下解了，大拧平顺——没死扣儿不能承受之平顺。

第八章

2034年4月7日　星期五　阴转晴转多云

地点：老王家

出场人物：老王　咪咪方

老王：这么说看不到你当联合国秘书长那一天了？

咪咪方：等我有钱了给政客捐款我还当美国大使呢。

老王：上个世纪华裔出过几个大使夫人，正经当了大使回来山呼舞拜递国书的还真一个没有。辞了职以后打算干什么？

咪咪方：先在家歇一段时间再说，好好想想。不能再这么傻干了，每天上班的路上都在想今天可能是最后一天，此刻这一眼可能是最后一眼，到班上净想哭了，我们同事说我这是崩溃的表现，叫我去看心理医生。大使也建议我休假。我说我也别休假了，我走了。知道梅瑞莎怎么说吗？净接触崩溃的人聊崩溃的事，当然崩溃了。

老王：崩溃是会传染的，她说的还真没错。当年王吧就是方言先崩溃，接着五个股东全传染了，三个抑郁的，两个焦虑的。再后来在王吧的常客里传染，一片狂躁。再后来出了门蔓延到兄弟店蒋9和街另一头的8，人人消沉，本来挺高兴出来玩，一坐下端杯啤酒就开始忧郁。没头苍蝇撞进来消费的客人也完全坐不住，待一会儿也想哭都不知道为什么。王吧关了以后，这一带的情况才逐渐好转。

咪咪方：崩溃的人呢，也都好了？

老王：夜大是去拍戏一部接一部不休息好的。老啸是得了一扁桃体癌恐惧一转移好的。飞搞对象缓了一阁，还郁闷也没那么严重了。这崩溃也跟痛风一样，去不了根儿，只能注意。也跟唱歌似的，你会了，碰到合适地点合适人，就拿这个直接找过瘾。崩溃习惯了也挺舒服，会着迷那个状态，觉得高兴浅薄，傻逼才高兴呢。

咪咪方：你说的崩溃和我说的崩溃是同一崩溃吗？你们都是怎么崩溃的？

老王：我们的崩溃就是想起以前的历次崩溃。这版权不是我的，是老玉的。一次夜大崩溃他给予总结。你怎么崩溃？

咪咪方：就是觉得一切都没意义了，过去信的现在都不信了，彩色世界变黑白世界。身体还在，但感觉不到它在，像一个空蛋壳。连难过都懒得难过。

老王：差不多。你可以试试我们这种崩溃，保证你难过得起来。终于追寻到早年间第一次崩溃那个万箭钻心，疼得全部内脏化成水还在疼，一下子这么多年都不在了，又站在当初，变成那个被粉碎的小孩。

咪咪方：你的意思是说所有崩溃也都不是第一次崩溃，以前早崩溃过多少次，只有这次才想起来？

老王：是这意思，所有人挨位八弟都是崩溃的，只是挨位八弟不知道，以为自己很正常。养崩溃就像养瘤子，哪个瘤子都不是发现时刚长的，是疼了，才发现它已经很大了。

咪咪方：太痛苦了，发现这一天。

老王：几乎痛不欲生。我为什么知道你们家这么多事，是方言演给我看的，他崩溃的时候，被那些情景缠住，我坐在一边看，可怕的戏剧。你见过活人的灵魂来缠人吗？说"想起"真不太准确，应该说重演。你本来在俱乐部包房里喝酒还是干什么的，百无聊赖，突然音乐好听了，灯光增亮了，整个气氛提了一档，接着门开了，你从前对不起的那个人走了进来，还是你见她第一面时的年龄，还穿着你见她最后一面时的衣服，表情是落寞的，眼睛并不看你，像是走错了屋子，失神地站在门口。周围都是你现在的朋友，脸上带着今夜的快乐，只有她格格不入地站在一边，丑化着自己。这时你还基本镇定，抽一口手上的烟，是真的，烟头被你嘬红。喝一口杯中酒，嗓子感到温暖。你问旁边坐着的我，门口站着一个女的，你看见了吗？我说，看见了。

咪咪方：你怎么会？这是他的幻觉。

老王：我就是会。我也认识那个女的。当年的那一天也在场。我跟他同步了。

咪咪方：幻觉也可以同步吗？

老王：就像两个人一个心思共同做一个梦。我和好多人进过同一个幻觉，甚至不是很熟没有共同过去的人。只是坐在他身边，啪，一个握手扣上了，一起去大海，一起去天堂。下来手心都是汗，彼此惊愕惊喜地看着对方。有词形容这种现象呢，神交。可惜我净跟男的神交了，跟俩女的两次，全是骗我的，我这一厢白激动了。

咪咪方：有一起下地狱的吗？

老王：地狱都是一个人的地狱，各下各的，没伴儿。美好可以与人分享，报应怎么会落到无关者头上？这个版权也不是我的，方言说，报应了才知道有报应，你怎么使人崩溃的人怎么使你崩溃，绝对公平。

凡是使人崩溃的都是你对不起人的那点事。别人对不起你，你还可以抗拒，怒奔一下。还可以选择忘记，崩溃一下很快重新收拾起来。人之为人，各人都是一种成分构成，分歧都在表面。在一口气。一气与一心都是相携的，惺惺惜惺惺，你粉碎了别人，自己也就顿然粉碎了。之后得意的只是一具扮演你的皮囊。所以方言说千万不要相信自己，自己是自己的神明。千万不能做对不起人的事，内心都给皮囊一笔笔记着账，最后的审判是自己审自己。你以为你是石头，神经比铁丝还坚强，从不做噩梦，从不为做过的事后悔，不畏天，不怕鬼神。有那么一天，至迟是临死的一刹那，这一切全被翻出来，陈列在一条长廊上，一天一个房间，房间里是发生时的原现场，原光线，原人，你要从这条长廊走过，少看一眼都不行。

为什么恶人死的时候面容都很恐惧？这时他已经不是那个气壮如牛的坏人了，只是一张卑微的人皮，参观自己的一生回顾展，在自己犯下的罪行前瑟瑟发抖。

咪咪方：然后呢？

老王：然后你听到节奏，心跳砸地那样的节奏，接应空荡荡的你去一个放射光芒的地方。你哪里也不敢去，你怕那是一个威严的场面，怕那是一台红磨，怕那是一台榨汁机，怕那是一口高压锅，是一个镪水池。你还是身不由己上了传送带，立刻感到高温大风和强大的离心作用，瞬间压过疼痛把你每一寸扬到天上去，天上依旧是洁净的，透明的，你飞溅出去的部分皮不见渣儿血不见滴就汽化了。没呈现出一点划过的痕迹。你还在，你不再是自己，你的名字叫恐惧，是恐惧全部和恐惧本人。你再也不会有其他情感和其他存在。这时你才发现这是真相，你的本来，你的核心。你发觉这个传送带很熟悉，过去无数次被这样运送经过这里，你的真正生活就在这条恐怖的传送带上，反复循环。前面看到尽头，是一个白色的看上去既冰冷又密封的核反应炉。如果你不认识核反应炉，对工业时代的情景更熟悉，那就是一个冒着熊熊烈火的敞着口的炼钢炉。如果你是农业时代的人，那就是个滚烫的打铁砧了，仿佛有铁匠的胳膊和大锤在空中举起，你送上去，像被送上手术床，骤然一缩——砸金钉！

咪咪方：然后呢？

老王：然后听到一丝余音，袅袅地游过来，爬进你眼睛，游向两耳双朵，然后耳朵开了音量，是一首舞曲，你熟悉的舞曲，名字叫《见过不靠谱的》。你猛地一睁眼睛，才发现自己一直睁着眼，还是在"香"俱乐部包房里，眼角挂着一滴泪。

咪咪方：对不起请等一下，我可不可以录音，我带了录音机来。

老王：爱录录吧，请。这些故事就是讲给你听的。

咪咪方：喂，喂，眼角挂着一滴泪……可以了，请继续。

老王：——眼角挂着一滴泪，还是在"香"俱乐部，但已不是我进来时的那间房。房间大了好像在四面墙上开了一间又一间，铅皮色的，密封的，好像一个太空舰船舱。音乐震耳欲聋人人若无其事地喝酒聊天，聚集在一起像一群连体婴儿互相簇拥着扭来扭去。我完全不认识这些人，或者说还记得他们是北京的朋友，但此刻，他们都露出另一副陌生的嘴脸，这才是真的他们。

包房里又来了一些果儿，老王旁边坐着一个短头发生果儿，一边摇手晃脸一边瞅他一眼，瞅我一眼。老王目送远方，眼睛瞪得像两只茄灯，茫然地问，我怎么了？果儿的俏脸蛇拧出去又鸟转回来说：你大了。

他一把抓住果儿瘦骨嶙峋的手腕，凶恶急切地说，带我回去你带我回去。

果儿为难地说，我和人一起来的。

这时房间里的人纷纷拿起手机和包往外走。女墙过来看着我眼睛说，外边有人打架，有人报了110，一会儿警察要来，大家转移到"8"去——你们俩能走吗？

我望着女墙，以为自己永远不能动了，像被梦魇住，只能把那滴泪流下来。

女墙把自己的墨镜戴在我脸上，扭脸问果儿：你会开车吗小孩？

小孩回答：会。

女墙说：那你开他的车带他们俩走。

小孩说：好。

"香"一楼门口有卖鲜花的男孩女孩，小孩挽着我和老王出来，卖鲜花的小孩一看老王就乱跑。没戴墨镜的老王像一具僵尸，膝盖不能打弯，拖在后面走，眼露凶光，脸上每一棱肌肉都是立的。

女墙把车开下了马路牙子，小孩跟她并排倒到马路中央，在马路中央掉了个头去追女墙右拐的车。

这时我闭上眼，看到北京的大街两侧长着暗红色的热带雨林，像织在网子上影影绰绰，又像蒙着红绸子的望远镜用放小那头盯着看。我看到森林中有白色的瀑布间隔出现，无声明亮地倾泻，树木后面是一座座晦明不定的峡谷，山那边像是在地震，远处的地平线上不时有蓝色的光闪动，传来闷雷般的大地开裂之声。整个景象无比幽深，一山连着一山，一脉又比一脉远，偶有山峦塌陷颓然削去一环。

这时我睁开眼，眼前的城市是一幅潦草的素描，那些未完成的笔画还竖在路旁，楼只是一些黑色的门框，马路只是一笔纷乱的线条。小孩端着方向盘一起一伏像骑着一匹马过丘陵。每经过一盏路灯她的睫毛都要披一下光。她的脸颊连着脖子布满褡裢血管和叉子神经，游着绿麻麻的荧光，像百元钞票在验钞灯下露出隐藏的图案。小孩往后一靠，两只伸得笔直的水晶骨头也写满绿豆丝字，她胸前写满字，还一行行一组组写在她撑不满牛仔裤的竹竿大腿和又扁又尖梨核形的臀部上。

一行字映出我手背，正是此刻我脑海胡乱的四五字：手枪式地图。

一闭眼就是彩色世界——我刚有这一念头一行字幕就打在小孩蛋黄色的头发上。

——为什么这么惊讶地看着我？这是方言在他小说《死后的日子》里的描写。前几天我的电脑感染病毒，找了个小孩重新装，他在我的硬盘里发现了几个残缺的文件，帮我拷了下来，其中一个无名文件打开一看居然是几章《死后的日子》。我完全忘了为什么我的硬盘里有方言的小说，也许是他传给我看的，也许我们一直在切磋这类感受怎么写，不知道，不管他。我打印了下来，你拿去看吧。一共A4纸五号字十五页，一万多字，完整的只有五章，第六章只有一句话还有一段心理描写哪儿都不挨哪儿，估计是前面没容下舍不得扔准备放在后边用的。

咪咪方：我惊讶的是你能背诵。

老王：我还用背吗？你对照原文就知道了，我不是背，只是混合着他讲我那一头，尤其是第一章中间那段神游过程——上半夜，他和我有本质的不同，我下了地狱，他上了天堂，这使得我们今后对这件事的态度也有本质的不同，我肝儿颤，他狂热。

咪咪方：猫是谁？

老王：就是小孩。

咪咪方：确有其人？

老王：也只能说部分确有，我不必再跟你讲小说的真实和生活的真实之间的关系了吧？

咪咪方：各占多大比例——通篇？

老王：老咪子——我能叫你老咪子吗？咱们别说了什么都跟白说似的，

你自己看，自己判断，看小说归根结底要把小说当小说看，不是要你在这儿破案呢，幼稚的错误咱们只许犯一回。

咪咪方：第一章结尾你们出了香，去8，路上继续处于幻觉中，只见森林远山地光，不见北京。

老王：这情形只在1989年有一次类似的，和这次也没法比。上了街，熟悉的城市消失了，完全另一种景象，气味，只在电影里看到过，自己很真实，环境很不真实，别提多崩溃了。

咪咪方：为什么你——我看方言在小说里也很爱拿电影作形容？

老王：因为确实很像电影，而不是梦。非常连贯非常清晰非常巨大。比平常所见还清晰还巨大还真切。你怎么否定它，只能比喻为一部电影似乎还是个安慰。电影再逼真也知道是拍的，否则真是无以自拔了。

咪咪方：第二章开头这个"三年前"是指1999年的三年前还是2000年的三年前？方言小说里写这一夜，和你说的日期1999年有出入，他写的是2000年。

老王：也不是1999，也不是2000，是他写这小说2001年的"三年前"。2002年1月他就去世了，如果不是1999年，他哪里还有三年前？

咪咪方：明白了，你别不耐烦呀，还不许人家比你笨了。

老王：我没不耐烦，我只是又有点回到那天了，我这忧郁症已经很多年没犯了，你快把我勾起来了。

咪咪方：你可别，我这忧郁症还不知找什么治呢。

老王：写小说，写小说是治忧郁症的绝佳办法。自己分析，写完一段放下一段。在小说里怎么忧郁都没关系，越忧郁越开心——我怎么又提"开心"这词了，我最恨这个词，这个词当年差点把我牙咬碎——所有的封面人物都在祝人开心，说这是人生目的。

咪咪方：第二章上来是介绍8……

三年前，8还在新东路城市宾馆路口西北角，把口过来有一大片农贸市场，我在那儿买过西红柿烙饼配过钥匙，后来砌了一长溜青灰墙掩人耳目假装老北京风貌。我天天从那儿经过也不知其中卧进去一段刷粉的墙和粉墙上那扇黑门就是8，只频频留意南边贴着瓷砖龇着大白牙的公共便所和北边把角豁着几扇大窗户的陕西面馆。白天8的门从来不开，入夜附近饭馆开始上人8那扇门仍然孤零零紧闭，门上吊着一盏昏黄的灯，旁边多出一个烟摊儿。听人说过两三回，8那段粉墙早上能看见鬼魂，穿得干干净净的男子或玉面女郎迎面走过来，直接走进墙里或者墙上迈出一条腿，走出人来。也有人说，对没去过8的人来说，那扇黑门根本不存在。8有个街坊大爷，有时周六早上撞进来，和着音乐跳他自己那套老年健身操极其自我特别松弛爱谁谁，舞姿影响了一批人。

我发觉你们都爱用长句子写印象。我发觉念别人的东西是爱往上加自己的零碎，一照顾通顺嘴上就修改了。

老王：所以说改是没完没了的，必须给自己一个了断，就这样了，看也不看了。长句子这事我们是聊过，同一画面重叠的印象很难按顺序拉成一行都点上逗号。一有先后就没那种同时一眼看尽的意思了。这是文字比视图不如的地方，只好密集成一串前脚踩后脚尽量给人一种目不暇接的感觉。有的时候考虑留缝儿，有的时候也不吐不快。

方言这还是妥协了呢，一开始写得更过。全是残句生堆硬砌突兀奇怪得不得了。就按他脑子全面动员甩出来的第一句写。我说你还得给人留门儿，这么干就成独白了。他说我就不，我只给高级读者看。我说有两种高级，一种是又简单又高级，一种是又复杂又高级，我也甭举例子了，例子书架上比比皆是。一般多数人认为又简单又高级的是真高级。当然这也是屁话了，是专业人士向不专业人士献媚用来打击个性作品作者的成分居多。有些问题本身就复杂你就不可能给聊简单了，譬如从哪儿来到哪儿去。当然一般也不建议你把小说写成佛经。看来方言最后还是迟疑了，看来人要坚持自己还是挺难的，尤其在还没离开人群的时候。

咪咪方：道理的艰深和表达的艰深是一回事吗？

老王：打住打住，我今儿没兴趣跟你争论。有一种天生的艰深不可分割的艰深你懂吗？都掰开切碎给说懂了，是真懂吗？还不是把牛逼拆成牛和逼两件事假装懂了？不说这个，今儿不说这个。我就是替方言不值，命尚且可以听之任之，怎么就不能坚持不胜寒哪怕没一个人看得懂。

咪咪方：没有音乐的8像一座山洞，没窗户带高挑，点了蜡更显得顶儿黑。地板磨秃了漆平地走一脚上坡一脚下坡不留神都能趔趄一下。从二楼下来楼梯踩上去吱吱叫木扶手极为光滑从上到下摸下来像摸一条浑圆的胳膊。舞池周围的椅子都被坐得半身不遂近乎散架非得屁股大才能稳住，还有沙发上桌布上乌的眼睛黑人嘴唇圈点圈点都是烟头烫的。我不是说这地方年头长，也不是说室内简陋，我只是想表达这样一个意思，一切都很新，一切都被可劲儿糟蹋过。

我在里面待了两年从没看清墙的颜色，因为小二楼一些沙发是酒色一楼全部桌布是肉皮色暗处总有一些粉脸在晃动。

放了音乐屋顶就高了，黑暗就华丽起来，四外开了落地窗仿佛一座露天花园再远还有锡山铁山还有陶瓷海还有塑料晴空儿时月亮梦中亭台，一盆盆旋宽，琉净，釉亮，一辈子一辈子历历在，像看小人书。

有人一脚高一脚走水晶楼梯。双手握住脑瓜嗑成一枚枣核儿。

还是那一夜——都是印象。

老王：都是目睹——挂一漏万。也未必是第一夜了。第一夜哪里有这样清醒。这个世界突然四面开门，人全蒙了，只听到自己过去的世界观轰然倒塌的巨响。另外的世界像洪水一样涌进来，站在洪水面前人只有流泪，战栗，浑身酥软，什么都看在眼里，什么也记不住。说到洗脑，没有比那一刻用这个词更贴切。后来几百次开门，外出，住在里面，才对另外的世界有一点点认识，能够辨认一些意义，回来的时候携带着一些印象。

"有人一脚高一脚走水晶楼梯"是偷我的，那天后半夜在8，我看见两只脚在我头上走，看不见楼梯和连着的腿，就对方言和小孩进行形容。方言对我说，他的脑袋现在就像枣核那么小两头尖。

咪咪方：你们不怕吗?

老王：不怕，为什么要怕? 是睁开眼睛又不是堕入黑暗。

咪咪方：一般人也许会认为这是活见鬼。

老王：这样想的人一般也看不见什么，墙壁刚一开花他就跑出去了，找灯光明亮人多的地方坐着去，冷水浇头，吃冰激凌，要不就去厕所吐，找个果儿逮一炮儿全给解了。

咪咪方：你和方言一下就接受了，认为世界本该这个样子?

老王：我要说我们一直期待着这一天听上去似乎有点吹牛。但我们确实是这样一种心态，本世纪不会永远这样下去，将来某一天这个世界一定会露出表情。你不要忘了我们是理想主义来的，理想主义者内心永远不认同这个世界，永远伸着脖子在向世界的尽头眺望，当然不是期待那里升起一个小孩屁股似的麦当劳或叉着腿的奔驰标。理想主义确实被专制主义糟蹋了，衣衫褴褛地爬起来确实不成个样子。我也以为自己成了功利主义者鸡贼主义者。专制太丑恶，鸡贼也比他们正当正派得多。但是鸡贼也太可怜了，就那么点爱好，房子车果儿，一旦得到满足便无处可去。好日子这东西，没见过是一个吊胃口的事，过上了还是膛太浅。纸醉金迷我只能过一年，方言说他只能过半年，半年一年之后房子成了砖头，车子成了铁皮笼子，果儿成了肉夹子，射精之后无边空虚。

咪咪方：你可以去帮助穷人。

老王：我靠，你丫这话超级正确。你噎住我了。我没话可说了。我要是在自己的好日子里空虚没把有限的财产投入到无限的帮助穷人上去——我是不是该死呀?

咪咪方：我不是这意思。

老王：那你是什么意思? 咱们能别听人家刚呻吟一下就给下普天下穷

人这服重药吗？我不是说自己鸡贼了，没往大说，我是小市民还不成吗？从挂羊头卖狗肉腌臜的理想主义蜕化成只卖狗肉什么头也不挂纯而又纯的小市民——你满意了吗？

咪咪方：我没有批评你的意思。

老王：别别，咱们还是把这话说完——你满意了吗？

咪咪方：我满意了。

老王：行，我先姑且不问你是谁，你是哪庙的穷人朋友社会良心——你是他妈脚穿草鞋了还是身披麻袋片了凭什么你就在这儿口吐莲花？

咪咪方：为穷人讲话也不一定要像你说的穿成……

老王：为穷人讲话就要像我说的穿成叫花子！噢，闲下来再说啊？吃饱了坐在家里不落忍呀？先紧着自己再把多余的掰下一块——可以，也是德行，没人管你，但就一条，少啰唆！轮不到你来演天高。演天高是有绝对刻度的，很多人就做到了，把最后一口饭让给穷人，我没见过听说过。我是自愧不如，只要我没有放弃自己的舒适和欲望，我就觉得自己至少不那么勇猛，至少应该知羞，知道自己仍在枷锁中比很多果敢的人差很远，谈论良知时就不敢那么理直气壮——你就敢？你们就敢？也不怕闪了舌头。两种丑陋，一种知丑，一种不知丑，还自以为一美——靠，我又褒贬人了，我也成那最丑的了，人性丑陋真是一龇牙就露出来。我放弃，我放弃对你的质问，你就这么下去吧。

咪咪方：我也放弃，也不敢了，我向你认同，也是小市民，什么话也不配讲，只配每天在自羞中惶恐度日。我有那么多处房子，都想留给孩子。我冒充穷人的朋友恬不知耻，我没脸活了我一头撞死得了。

老王：不许放刁！没不让你讲话。只是让你讲话时别把自己择出去，批评别人时也把自己放进去。自己没做到的就别急赤白脸耍世人不义我匡扶的范儿。所有的光荣——你们牛逼。所有的丑恶——我也有份。

咪咪方：可以把您刚说的称为小市民精神嘛——小市民也可以有精神吗

除了自羞以外？

老王：犯得上犯不上说成小市民精神我没研究。这么说吧，几十年来，进步的都是小市民。英雄都一个操性，唯恐自己不牛逼。到了紧要关头，还要靠小市民这一点自羞稳住阵脚。

咪咪方：我可以这样理解嘛，你们俩以为你们是小市民，其实是理想主义，这个现实突然四面开门，你们两个流落世俗的理想主义溃兵终于看见大部队哪还会怕净剩高兴了——可不可以问一下，来的是哪部分的？

老王：不管你的话里藏着多少讥笑，我都当没听出来——自认为理想主义的结果往往就是授人以柄。我现在能不承认我是理想主义吗？我就是个事儿逼，没什么想什么，多什么嫌什么——方言也是事儿逼。我们正巧到了逛够这个世界的年龄，只要不是这个世界的，甭管是哪部分的，我们都欢迎。

咪咪方：几岁就逛够这个世界了？

老王：四十，行吗？这个世界还用怎么逛啊？

咪咪方：随便逛。你们的理想就是看到这个被你们逛够的世界垮台。

老王：我们之所以喜出望外就是看到这个世界果然不是唯一，有另外一些强大的东西出现和这个虚张声势的现实对峙。方言在小说第二页把这种自怜和感动写得很准：

接着我看到天堂，至美，至善，爱这些我过去从不相信的东西。这些都是景色，一处处绘画般的风景而不再是抽象的字眼——原来全是真的。

咪咪方：理想主义者遇见了理想，让我想想那是一种什么景象，像拉爆了老虎机？像得了冠军？

老王：像人之将死撞上了你想象多年的爱人，敢情真有这个人。

咪咪方：这岂不是很鼠昧？

老王：太鼠昧了。这么多年以为孔雀不开屏过去了，结果孔雀开屏了。你先不要插话，刚才被你一打岔好像一句什么重要的话没说，要不说不能两舌别人呢，净跟别人过不去，自己要说话忘了，让我好好想想。

咪咪方：慢慢想，我喝水。是不是从"我先姑且不问你是谁"那儿岔的？接下来你还是问我是哪庙的诸如此类我有印象。我还想呢不问不问还是问了我这个人就是按捺不住。

老王：你怎么话那么多啊？你要注意了，也四十多岁人快到更年期了，别变成一碎嘴唠叨到时候招你女儿不待见。

咪咪方：我封嘴，我不说话了。

老王：想不起来了，可能混在刚才那堆乱七八糟话里把自己刨了。

咪咪方：意思呢，大概其意思还记得吗？

老王：大概其意思也不关理想主义也不关小市民，就是一个被教育为只相信现实只相信人只有一辈子而且全部意义只在此的——我没有把自己绕进去说的你听得懂吧？

咪咪方：听得懂，就是个一世主义者呗。

老王：归纳得好，一世主义者，或者叫不可一世主义者。这个主义者一向很坚定……

咪咪方：怎么又坚定了？不是"永远不认同这个世界""永远在向世界的尽头眺望"？

老王：是啊，本来也不很坚定……我不说了，你说。

咪咪方：说就说——突然这个世界四面开门，听到自己的世界观轰然倒塌的巨响……看到这个现实不是全部，有另外一些东西出现和这个强大的现实对峙……像见到想象多年的爱人——还真有这人儿。都说过了，都听明白了，再说就成车轱辘话了我的大爷，还我话密。又急又急？

老王：我不跟你生气，我这么大岁数这么高觉悟一人跟你一女的生哪门子气，有这工夫我歇会儿好不好。

咪咪方：我也觉得您可以歇会儿了，听我聊聊，听我聊得靠不靠谱。

——兴奋，酥软，难过……

这天早上从8墙里出来，一心老去，脸上都是眼睛。

——理想真是催人老，见过理想怎么再回到现实中？！

现实——那些巍峨楼堂砸桩似的一个追一个夯在眼前，一抬下巴颏儿就戳满视野，再走过去就像走进电影，就像一个电影中滑过的群众演员，走着走着看见情节，很拙劣的情节，一个家，在巷子里。

——这是沿着工人体育场北门向幸福公寓走，那是我妈的家，每个周末我都去那里住，也是我的家，他玩了一夜回来看见这个家。

城市像一支舰队密密鸦鸦顶着响天快云大扇大批航行，四下房子东倒西歪巷子如浮码头左脚螃蟹右脚蜘蛛。

——阴天，风云滚滚，他步子踉跄，神思恍惚，看周围一切都在动，他用当海军时住在船上的印象形容。

已经一门红色的大楼浮在村村坡坡上，间间舷窗吊着白色空调像生锈的大船镉着枪枪铆钉。已经知道上面住着个女演员演妻子，一个小演员演女儿，自己演爸爸，演到这里再也演不下去了。

但是现实还在，铁桶一般站在我周围，为了更逼真居然掉口水在我脸上，一滴一滴渗进树皮柏油路面，画底青了。

——他在现实中，但丧失了现实感。掉雨点了，他也觉得这是有人安排。他不相信自己的眼睛，不相信自己的触觉，甚至怀疑自己过去生活的真实性。

我小时候不住朝阳，住海淀。我在那里演一对中国夫妇的二儿子，男演员女演员都是东北口音，男演员演军人，女演员演医生。想想这个编剧真的是很没生活，故事写得一点都不真实，我从开始就知道是在演戏，上厕所拉裤子演砸了也不惊慌，猜到总会有人跟在后面悄悄收拾，演不好就瞎演，只是很偶尔到卫生间见到镜子才想起照一照不演的自己。前十集大多数情节我都是蒙着演过来的，也不知道谁告诉我一句要领：到时候准过去。每回我到现场发现有问题又没人教都是这句要领给我垫的底儿。现在想想还是幼儿园小孩好演，演小学生就比较麻烦。比较可恶的是写作业，在一个全景里观众根本看不见也不关心我在写什么，但是不，演老师的这个演员一定要我真写出来。还一个比较烦的是演我爸我妈的这俩老演员老爱给我说戏，当然那些演大人的都一个毛病，一定要我演乖孩子，我心里就跟他们别上了劲儿，我认为我比他们理解剧本，虽然导演没明说我也知道他希望我的演出能和别的孩子不一样。导演不可能是傻逼。哪儿哪儿都和别人一样，那我可就看不出为什么拍我这部戏了。

我爸打我那几场戏我心里真跟他急了，你还真打！我要不是小，不知道怎么不演我肯定不演了。演我女儿那个小演员刚到剧组来的时候，我跟她说，你放心，你演得再不好我也不动你一手指头。表演嘛，都是演员，演完戏就走，干吗弄出深仇大恨来。

我也不恨演我爸那老演员。中间有一段我只是对他很冷淡，他让我这么演我偏不这么演，演对手戏时不借他视线，台词给到我就压着他说经常把他的台词都说了。后来他不演了，走了，我再没见过他。还挺想他的，一个组待了四十年怎么能没感情。想想也不怪他，他也是听导演的，也许他的导演就是叫他这样演的。

我伤过他的心，他也伤过我，可能是我们双方演得太认真了。

演我哥的那个演员也是半截儿离开剧组的，我特别难过，可是又无从流露，戏演的就是悲欢离合，情分因缘都在戏里，人家卸了装总不能再追上去拉着人家还当在戏里念台词。人家有人家的事儿。

我们组演员最多的时候也是一大家子，四间屋子住得满满的。哥哥嫂嫂一家，我一家，爸爸妈妈一家，再加上走马灯似的小保姆和不时热热闹闹插进来串一场半场的各种亲戚。

我们家这出戏现在只剩我妈一个主要演员在天天演，我每两集露一下面，演吃饭的戏，吃完就走，她只好经常跟小保姆搭戏。有一天，我跟我妈说，后半部分再演几集我可能也不演了。我妈当场演哭戏，问：那我怎么办？

我和演我女儿的小演员背后议论过我妈的哭戏，都认为她演得不太好，都特别怕她演这类戏。我跟小演员说，你别美，将来都要你来接戏，谁跑了你也跑不了就不要嫌老演员戏路子旧了。

我就算职业道德很不讲究的了，该救场还是去，下一代演员我看连我这点精神都没有，再下一代呢？我跟女儿说，你恐怕还是要生个孩子，没人跟你合演时就讹她。

希望她把自己的故事演好，我们家这些人的戏不要最后都成了独角戏。

——他觉得自己前半生都在一个剧组里，我们也是演员。这是比喻吗？什么叫再也演不下去了？导演是谁？

老王：不是比喻，是真这么看见了。过去一直在戏里，看不见摄影机，怎么演都不是戏，现在出了戏，自己成了摄影机，再看什么都是戏，当然再也演不下去了。导演，你说呢，这么大场面，这么多人物，这么井井有条你来我去，你觉得有导演的可能大还是没导演的可能大？

咪咪方：导演在哪儿呢？为什么从不出来说戏？

老王：在监视器后面。我也不知道为什么从不出来说戏，大概是信任演员吧。也听说有的演员实在乱演，见过出来说戏的。你要让我说实话，我不太相信导演多么重视每个人的戏，戏是剪出来的，你怎么演他就怎么剪，保证是你的戏。那么多组同时开机，当真管到表演也未必顾得过来。

咪咪方：站在戏外，看自己演过的戏，这就是死后的日子？你也这么看自己？

老王：我还要过很久才变成摄影机。实际上，方言也是死了一年以后才意识到自己已经死了。还是小孩说的一句话提醒了他，小孩说，我现在的感觉就像死了还活着。当时我们正在女羌家看动画片，他的小说第二页第三行，他写的是女墙，换了一个字大概是不想暴露人家的真名。

……死后的眼看到的景物会修改，黄种人日光锐一点能修改成白人，白种人都是粉娃娃，黑种人都是木刻。不太能看的是毛片里的白人，不穿衣服就像生肉，被片过冰镇过特别新鲜。剧烈散瞳的时候看动画比较舒服这是女墙的发明。我和老王都是死后爱上看动画的比较喜欢宫崎好马那种，到处都有光影移动让我们觉得温暖好像在回忆前世。真人电影还是记录眼睛之外的事，动画可以演脑子里的事想到哪儿画到哪儿无边落不尽长。在女墙家初次看《骇客帝》动画版我一眼就丢了魂儿，我的隐秘经历别后心情竟被一部动画一帧一帧做了出来，当做一个神奇捷足先堂而皇卖给人。

全暴露了。我望着墙上的一片斑斓对老王说。

女墙放片子时只放画面，字幕和原声都消了另外任意放了张舞曲。后来很久我才连字幕从头到尾看了遍那部片子，了解了电影里那个故事就不觉得那么好看了。

他在这里没有提小孩，但小孩在。小孩看了几眼片子就剧烈呕吐，一直趴在女羌的卫生间到我们要走的时候也起不来。方言问她行不行，她说，我现在的感觉就像死了还活着。方言一听这个话人顿时苍白，像是要隐进女羌家卫生间的瓷砖，转身对我说，全暴露了——不是看片子时说的。你可以注意他有两个措词，无边落不尽长和捷足先堂而皇，那年北京流行说话说一半，尤其是成语都在尾巴剁一刀，他认为是一种新的语言方式出现而且被他捕捉到了，很得意，特意跟我说他先用了我再用就是学他。

咪咪方：你刚才说他已经死了一年才意识到自己死了？

老王：我说他一年后才自以为死，之前只是感到看什么都不一样，很不适应这种视觉冲击，也无以名状。我还说过，小说一定要当小说看，你不要被他的言之凿凿迷惑。

这个早上不是真实的早上。记得吗？那个星期你和你妈去了法国，你们不在家，看第三章他还写回到家你们在吃早饭，他和你和你妈的对话。

我回到家里，外面的雨不下了天还是阴的，屋子两头开着窗户充满雨后的潮湿和土腥味儿，那盆黄了叶儿的合欢绿的那半拉沾了水汽上了油一样纷纷影影。

羚角和水滴正在她们那层吃早饭，从下面听见上面有说有笑盘子叉子叮当碰瓷，我轻手轻脚走上楼梯口露一个头踮着脚尖看她们。

水滴瞥见我脸上就出现她特有的一副表情，背对楼梯口坐着的羚角立马回头。水滴这副表情我一乐羚角就说那也是我的表情"你们俩太一个模子就别提互相多像了"。我头一次发现水滴有这表情是她小时候带她去动物园旁边的肯德基吃鸡，馆子里人挤人，水滴被拎进门拎上楼一搁下就傻了。我曾经用"窘迫""紧张"形容过她都不太准确和不足以涵盖。有一次我去一个不靠谱的公司年会，被一台摄像机搂了进去，就一丁点儿，一梭子末尾，夜里在一个娱乐节目里播放被当时还不太熟的罩罩看见喊老大年：你没见过臊眉耷眼，快来见见。

水滴臊眉搭撒眼地低头吃煎蛋，我走过去坐在她旁边，也臊眉搭撒眼看着她。过了一会儿我笑了，摸摸她圆圆的脑袋问：没事儿吧？

水滴眼睛不抬扭扭身子：你才有事儿呢。

那你怎么这样，犯多大错误似的。

水滴笑，越过我看一眼她妈，用叉子乱抹流汤儿的蛋黄，说：讨厌。

羚角问我：你吃不吃，稀饭还有。

我说不。

她说你现在成仙了。

有的人活着已经死了。

臭拽。

水滴张着嘴看我们俩：什么意思？

诗。我说。

你写的？

不是。我说，你觉得好吗？

反正你写不出来。

你爸是才子开什么玩笑——啊，你不知道？

你别影响她了让她好好吃饭。

她怎么会不知道呢？我指着杯子里的牛奶，喝了喝了——你怎么会不知道呢？原来你是一个无知的人呀。

水滴站起来要走，我拿腿挡住她：咱们不当无知的人。

让我走——

东西还没吃完呢胖妞。

不吃了。

浪费这可是。

妈——

你每天这么一回来就惹孩子，孩子都烦了。

你烦吗？

水滴一撩长腿从我腿上跨出去，我伸手一把没抓住，挠了五爪空气。

过去只能从下面钻过去，现在一迈就迈过去了。我对羚角说。

那是，也不看看我们孩子什么个了，将来跟她站在一起你就是个矬子——让你还美。

我坐直了喊：别太高了将来没法坐飞机穿衣裳费料子嫁人也是问题。

水滴在她房门口瞪我一眼，进去了。

咪咪方：不看了，跳过这段儿。

老王：真实的早上他没回家，我们也没去8，一直在香玩到天亮，然后和一起玩的朋友坐在香的楼顶平台看日出。他那天更多表现出来的是创作上的豁然感悟和兴奋，很激动地对我说，我们过去写的东西太傻了，完全是闭着眼睛在水下蹚泥，可以都烧了，昨日种种譬如昨日死。他说，从今儿起，我恢复成一个文学青年，从头开始学习写作。还问我，你为什么不写？你也应该写，像个童男一样坐在电脑前。我们一人写一本，友好竞赛，看谁能把自己的脑子写透，这才是遗传为什么给我们编制了这份能力的目的。他说，早就想跟你说了，不要再向外边要东西了，向自己要，自己是金库。不要再到报上招猫逗狗了，你有意思吗？人家跟咱们有什么关系？没有你自然规律也会让所有人翻篇儿。兄弟——别糟践自个儿！你缺钱吗？缺钱我给你。

当然我也很激动了，握着他的手跟他掏心窝子，我不招猫逗狗了，谁要再约我跟人搬杠，我就冲谁脸大喝一声——玩去！可以告慰他的是，我做到了。

小说中的早上是很多次的早上，我送他回去，他自己走回去。我们看到晨练的人，上班的人，完全看不懂，不知道这些人在干吗。他们的身体那么好，干的事那么无意义，我们也一样，那么无意义。这四十年就像傻子，东奔西忙，醉在别人饭桌上，梦在别人床上，一晃过去了。自己是谁呀？

他在小说中看到的家，那艘红色的生锈的大船，是他再也进不去的家。你应该还记得，2000年夏天他又一次撇下你们离去时的情景，你妈在外屋哭，你在你屋哭，他看着你们哭，还是拎起箱子走了。没有这样的记忆，何来小说这一章的哀伤。

……躺在床上，关了窗户和门，盖着满是布味儿和瘦褶儿的薄被，我问我，什么情况？我说，有点害怕，不知被窝里什么在抖。我呵斥我，不许哭！你为什么这么惊慌？昨天晚上发生了什么？

要知道，一个人是没法理解他已经死了这件事的，这么想的同时就意味着自己还活着，如果不是这样，那么躺在这里的是谁？我躺在床上，正是躺在这种荒谬的境地中。我没法去想死这件事，我唯一想全部现实都一齐冲上来反对我。可我明明记得昨天晚上发生的事，这就像刚色香味俱全吃光了一顿饭连盘子都舔了，可这顿饭还色香味俱全地摆在桌上，我不知道该相信什么，是这顿饭不存在还是吃不存在？原以为死是闭眼，是一团漆黑，是解体，是消失，没想到是睁眼，是当宇航员，银光灿灿世外有路星星复星星飞了一圈拖着身体又回来了——那我这就不是死——那我为什么这么难过，看见羚角水滴如同看见孤儿寡母。

我不能把她们抛在这个世上。这个世上一点都不好。都是人。我要没了，她们就断了线消失在人海中。我哭着睡着了。睡着后继续想，再哭也是往事了。继续想，一个晚上，生活就结束了。继续想，还有多少世界不像人说的……

所有的人，也唯一就是水滴，一出生我就认出跟我是一头的。她就是我的下一世。我把每天过成双日子，一世没结束下一世就开始了。我这辈子孤孤单单，所以自己赶来陪自己，所以死不瞑目，怕撇下那一个。我很高兴自己的下一世是个女的。女的可以自然点，和妈亲一点，演自己。这一世我净演别人了，没给自己留多少空儿。

羚角是水滴的妈，贯穿我今生和来世的人物。她上一世究竟亏欠我们什么了，要两世报答。《红楼梦》里讲有人是来还泪的，再将来我岂不要开大河之水还她。多少人因为多少人把好好的一生糟蹋成几年几个月、几天、几个小时。Z幸亏死得早，只欠她一个人，再多两个，我宁愿在地狱里不出来。过去有点不理解女的，觉得她们都疯了，至于吗那么去爱一个很一般的人。现在有点猜到了，自己变成女的才知道，女的都是还债人，千年等一回。冤冤相报何时了，水滴惨了。

现在想，我这一生说得上幸福的日子就是和自己来世喜相逢的头六年，水滴太可爱了，然后我就不知何为幸福了。

有一种悲痛是在心里号啕，掉下来的不是咸泪是扑簌簌的心头肉，悲痛之后身体是空的像在山谷里听回声听已经远去的疼。

那也有明确的起始一天，光天化日大中午在西坝河街上走路，去赶饭局。突然发现什么都有了钱成功房子家后代，突然掉进巨大的空虚，一个真实可见白色光滑极其紧致只痕片迹没有广大深圆的铝坑，有一个鸟瞰——我在底下十分渺小。一时不知这空虚来自何处，周围的街景饱满纷丽依旧热闹，但是行人个个陌生面带狰狞。我继续往前走以为可以走出这弧不可测锃光瓦亮的大白坑，但越走越长毫无坡度即将在这一眼望不到头严严实实的苍白中消失。我心怀恐惧同时明白我这是走在自己的内心中，这个内心寸草不生一派荒凉无穷单调。

现在想，也许那天我已经死了只是不自知行迹还在人间。那是十年前。昨天夜里碰上老正，他说他认识一个外国孩子天生能开天眼，到北京上空看了一圈说北京这地方能量不好，原因在很多人死了自己不知道，还在上班谈生意开车什么的。死了自己不知道的人都特别可怜，只能老干一件事。这开天眼的外国孩子他爸就是个死了不自知的人，只会收拾屋子，已经死十年了，还在那儿收拾。

我会老干什么？

第九章

2034年4月8日　星期六　晴

地点：老王家

出场人物：老王　咪咪方

老王：你不是说今天来不了？

咪咪方：待着也是老想那些事，还不如到你这儿来，两个人一起想，实在掉进去了，还有你这个恶毒的老头用恶毒的语言把我拉出来。

老王：我最喜欢的方言的一句语录就是：我允许你对我无礼。

咪咪方：还有呢？

老王：还有无穷类推——我允许你在我面前装腔作势。我允许你觉得自己很了不起。

咪咪方：过去老觉得我爸的文风和你分不出个儿，都是一个腔调，现在发现他还有滥情的一面，真不习惯，可他下笔这么浓，怎么能持久？

老王：写这样的东西，就像写遗书，顾不上那么多了。

咪咪方：梅瑞莎看完，说这个人完全是疯的，已经不能区分现实和妄想，他在看，只看他想看的，他在想，只在自己的想法中。他完全不是假定，是真认为自己已经死了。她编了一句话，回答方言书中的自问，我会老干什么？你会老觉得自己已经死了。

老王：我倒也编过一句，没她这回答得好，我的是：你会老写小说。你知道我的忧郁症是怎么好的吗？有一次很多人一起吃饭，我又在说我的忧郁和厌世，小孩坐在我旁边听了一晚上听急了，搭上也喝了不少酒，一扭脸冲我说，你不吹牛逼会死啊！

咪咪方：小孩挺牛逼的嘛。

老王：小孩巨牛逼，正经是一疯子，十一岁就住精神病院，小学到中学，人家放假，她就收拾东西去精神病院，开学再回来上课，我们认识她的时候她二十，看上去就像十五，她说住精神病院可以不长大，因为没人逼你长大。

咪咪方：她疯什么？我意思她什么地方不正常？

老王：什么地方都正常，超级正常，我意思是她疯正常。头一面见小孩你就会觉这小孩有点怪怪的，也看不出哪儿怪，就是觉得不太对，她那种笑容，说话走路不慌不忙的样子，不管多少人环境多乱，她都显得沉着，看人的眼神十分镇静，这么小一小孩哪儿来的这份沉着和镇静，让你不禁觉得好玩和有意思。小孩告诉我们，从香俱乐部开业，她就一个人在那儿玩了两年，一个人跳舞，一个人买"长岛冰茶"喝，从晚上跳到早上舞厅关门，一个人叫车回学校。直到碰到我们，才开始跟我们一起玩，我们是她在舞厅认识的第一拨朋友。那天也是凑巧，俩女的为上厕所打架，一个把另一个打了，被打的那个报了110，警察来处理问题，外场特别乱，音乐也停了一会儿，还开灯，没法跳舞了，她正碰上她一个同学往我们包房来，就把她一起带进来，正巧坐在我和方言旁边，就跟我们聊上了。小孩是电影学院的学生，表演98届本科，该上三年级了。我说您这性格怎么学表演呀？小孩说我这性格正合辙儿学表演，都不用学一考就考上了。我说噢，您一直都是在表演。

小孩是离异家庭——直说就是私生子。父亲是北京知青，母亲是上海知青，都在内蒙古插队，刚怀上她就赶上回城，她妈她爸正准备结婚也不结了，分手各回各自的城市。第二年她妈一生下她就把她送给北京男方家里，从此大概是她得病后来看过她几次，想把她接走，后来也没接，是怕她这病还是什么原因也没说。那时她妈已经结婚有了家庭和另外一个女儿。后来她妈全家移民澳洲，开始还有信还说等她病好一点给她也办去，后来就没信了。现在她猜她妈是在悉尼，也许还在堪培拉，因为她妈最后一封信是在堪培拉，在信中说想搬去悉尼。之前小孩她爸也另外结婚有了一个女儿，小时候还常走动小孩也去她爸家住过。小孩她爸挺没本事，回城就在街道工厂工作，人挺老实在家也是媳妇做主，小孩就没法在他家多住了。小孩的后妈人不坏，心情好的时候对小孩也挺好，挺喜欢她至少在面儿上看不出对亲的和远的有什么厚薄，小孩小时候长得就漂亮她自己说私生子都漂亮，可是贫贱夫妻百事哀，小孩的后妈还是心情不好的时候多。后来小孩她爸下了岗，再就业再下岗，又得了一病，风湿性心脏病，什么活也干不了，连话都没有了，一天到晚在屋里躺着。

小孩就跟着也是一个人的奶奶过。小孩爷爷当过大学校长呢，苏北人，乡绅家庭，抗战初期捐产投共，既有老干部资格又算解放区坐大的土知识分子。"文化大革命"被人打死了还是自己病死的小孩也说不清。小孩刚到奶奶家也过过几天好日子，教育部刚给小孩爷爷平反补发了工资，小孩奶奶就带着小孩到处下馆子，给小孩买新衣服。小孩那时候也吃过"老莫""新侨"什么的，也有很多在中山公园动物园拍的照片，一个小人站在苍松翠柏老虎梅花鹿之间打扮得跟洋娃娃似的。

后来小孩奶奶穷了。小孩奶奶也读过书，通古文和一点俄文，"文革"

前也上班，在一个什么干部进修学院。小孩去替她领过退休工资，工资不高大概也就是一般职员，是解放初期参加工作没准是那种特别向往革命的资产阶级家庭的女学生也曾经意气风发也不知怎么和她爷爷搞到一起去了。"文革"中小孩奶奶就办病退回家歇了，后来几次涨工资也没赶上，就这点钱加上一点直逼零的积蓄，20世纪80年代物价水平慢慢上去了，消费都高了，小孩奶奶这样原来级别也不很高又很早退休的人生活水平下降得最明显。还不要讲下降，你原地不动别人上去了你的感觉就是越来越底层。上次你讲到你回你爷爷家的感受，我就想插话，复兴路一带也是20世纪80年代开始败落的。我小时候那是很好的住宅区，有自己供应系统，军人那时都是高工资，政治地位也高，一个尉官就可以满城招摇。80年代以后北京逐渐往东朝阳这边发展，新洋楼一起来，西边50年代的苏式建筑就显旧了，几个老的军队大院聚集区复兴路红山口，几个老的地方干部宿舍区三里河百万庄和平里，都一副潦倒的样子，被东区新兴资产阶级和外国买办的销金窟五星酒店公寓商场玻璃大楼比下去了。我回西边最明显的感觉是商店里的商品比东区差不止一个档次，同样吃的用的东西，西边这边净是假冒伪劣产品，国外名牌几乎没有，商店也多是小商小贩，便宜呗，消费能力不够嘛。后来我回西边经过复兴路看那些大院出来的孩子，看不到一双明亮自信的眼睛，而这种眼神在当年复兴路上随处可见，失去了这等眼神的西郊变得极其平庸，男孩子女孩子也都不可爱了。

　　我也许没资格为西边这些地区的没落叹息。也许没必要，社会在发展，一些阶层的没落也许不可避免，也许是好事，这批人仅仅是落回到他们应有的位置上，过去的时代把他们捧得太高了。方言有一阵每回一次西边回来就说，谁要看不到中国这几十年发生的根本变化，就带他去西边，看看那些过去的政权基石今天过的日子。

　　毛跟斯诺说，他没有改变世界，只改变了北京郊区的几个地方。我一直认为这几个地方里就有复兴路。现在看来他这话都说大了。

在一个北京里，曾经共存着清以降几个时代的文化行迹和建筑遗址，也是洋洋大观。民国昙花一现。毛时代的遗存现在也只剩一个天安门广场还基本完整。听说已经有呼声要把纪念堂人民大会堂几大块整体迁走，恢复故宫至正阳门的古建筑轴线，另外在廊坊单搞一个占地两千亩的革命时代景观主题公园，还要把军事博物馆海军黄楼总后礼堂都迁去。还得说现实最魔幻。再过五十年，要凭吊那个时代恐怕只有去潘家园旧货市场了。方言爱说，我们要不是自己出来混，哭着喊着往自己脸上贴金，也早颓了。他要活着，我要天天问他，今天你颓了吗?

小孩的奶奶颓了，是最早颓的那批，人一往下走，觉得自己是在社会底层，情绪就真在底层了。小孩的奶奶倒也没虐待小孩，还是尽其所能给小孩吃给小孩喝，可是家里的气氛一天比一天压抑。小孩奶奶成天虎着脸，小孩跟她说话她也不爱搭理，小孩犯一点小错，吃饭碗没刷干净，睡觉被子没叠整齐，她就站在这个错误面前一声不吭流眼泪，直到小孩自己过来把这个错误改正才收泪回屋。有时小孩没法发现错误在哪儿，这错误太微小可能就是地上的一个米粒，铺桌子塑料布上的一小摊水渍，奶奶能站在一个地方几个小时，甚至通宵，盯着这个错误默默流泪到天明。

小孩一颗心每天都是惊的，奶奶往哪儿一站，她就一惊，马上内疚：我又错了!

她只能谨小慎微战战兢兢，每做一件事马上回头自觉检查一遍，一遍不放心两遍，两遍不放心三遍，出了门再开门回来看一遍。

奶奶老那么不高兴，她认为都是她的错，她想做乖孩子，愿意做乖孩子，她觉得只要努力就一定能做到。奶奶给她这样的暗示，错误是可以避免的。奶奶自己也是这样做的，小孩每次进奶奶屋都觉得像没人住过。

小孩每天在家就像小偷，蹑手蹑脚，动每样东西都小心一丝不苟放回去恢复原状，她也要这样的效果，她从来没经过任何屋任何家具和陈设，就像她从没在这儿住过。小孩说，她那时最恐怖的就是厨房盘子掉地的声音，即便是奶奶失手打的，盘子摔碎的一刹那，她不管隔着多远，在干什么，浑身的血一下就沸腾起来，甚至必须双手攥紧拳头，咬牙，才舒服，才能度过那一刻。那个时候她也就六七岁，还不懂这是什么反应，现在懂了，说得清了，她说是战斗前听见枪响战士的那个反应虽然她也从来没当过兵。

从四岁到十一岁七年，小孩都是这样过来的，在奶奶面前拼命表现自己，力争一点错误不犯。上学以后到学校也是这样，在老师面前拼命表现，手背手认真听讲一动不动有咳嗽憋着有尿憋着，作业写错一个字用橡皮擦留下印都像天塌下来一样，她也像奶奶一样，在错误面前不争执不讲话，只是默默流泪，盯着错误希望错误消失，为此她颇受老师赞美同学惶恐。从一年级到五年级，小孩门门功课五分，回回考试双百，年年三好学生，全校大会表扬。能露的脸她全露了，她还是班干部，校旗护卫，少先队大队副，小孩说她那时是个虚伪的小孩。

小孩十一岁一个叔叔离婚搬回奶奶家住。一天夜里，小孩正在睡觉被热醒了，发觉屋里着了大火，火苗像一池荷花开满她的周围。小孩的叔叔是狂躁型抑郁症患者，在自己屋里放火。火救下来了，叔叔烧成肢残被送进精神病院看管，小孩才知道她奶奶家祖上出过忠臣有抑郁症家族史，包括她奶奶他们一家人都是严重的抑郁症患者，只是型不同，有偏焦虑的，有偏狂躁的，小孩的父亲让小孩吃了一惊，他是偏妄想。

小孩也去精神病院接受检查，得出的结论是偏正常。医生做了个测试，出其不意扇了她一耳光，让小孩写感受，小孩写了三个字：我错了。当天就被留下了，送重病区观察。

咪咪方：既然她的病是正常，又不危害社会，干吗要收院？让小孩病着去吧。

老王：可能是这种病例比较罕见吧，院方对她有医疗研究上的兴趣。小孩住院都是免费的，由一个国家重点攻关项目忧郁症防治基金提供资助，还发小孩实验人员补助费呢，一月三百，小孩住院是挣钱的。据小孩说，一种治疗思想认为，既然忧郁症很难去根儿，与其堵不如疏，把狂躁型焦虑型通过吃药都改成正常型。所以小孩珍贵呢，她也是几万个里才出一个。

咪咪方：你骗我，你逗我玩呢。

老王：打耳光发补助大禹治水是骗你，住院一家全是忧郁症不是骗你。小孩不是正常人格的正常，是一种强迫人格的正常，是通过长年硬性的自我扭曲形成的。小孩说，十八岁以前她是自闭的，从不跟人交流，也不会交流。跟医生也是察言观色，尽量取悦他们，能说假话就说假话，不能说假话就不说话——也不说实话。她有一个自己的世界，自己的交谈对象，一个讲广播腔普通话的成年男人，一个低沉悦耳的声音。这个声音是在她四岁时出现的，那时她正在家里自己玩，这个声音出现了，和她一起玩，一起笑，告诉她很多事情，大人是怎么想的，外面的世界是什么样子。正是这个敦厚温良的声音在她想不通奶奶为什么老哭抓住她的一点小过失就不放的时候，告诉她，这是因为奶奶爱她，担心她，怕她将来犯更大的无可挽回的错误，一失足成千古恨，才现在这样要求她。

所有强迫你的人都是为你好。这是这个声音在七年里向她灌输的一个观念。人们对你越粗暴，说明他们越爱你希望你好的心情越迫切，你就应该越感激越领情——不爱你的人才不理你呢。小孩终于被这个声音说服了，这是她唯一的朋友，她必须相信他。这之后小孩有过短暂的快乐时光，每个对她瞪眼的人小孩都认为是爱她的人，那么多爱她的人，小孩感到幸福。

就在大火之前不久，小孩去游泳池游泳，一下水就感到一股彻骨的凉意爬上后背，后背变得毛茸茸。小孩把脸埋入水下立刻看到无数乱蹬的腿，好像每个人都面临危险，又都不敢说。冒出水面，所有上半身——脸都在笑；沉入水下，所有下半身——腿都在拼命挣扎。小孩也不敢说，从此不敢游泳。淋浴——只要水流过耳朵就感到特别孤独，好像离家特别远，好像地球上只剩下她一个人。医生诊断，小孩有恐水症。医生还诊断，小孩有严重的幻听。医生最后在诊断书上写道：小孩是正常人的扮演者。

咪咪方：我也有恐高症，有的时候也幻听。

老王：你不吹牛逼会死啊？我也幻听，幻听电话铃声。

咪咪方：你牛，就你配得忧郁症，别人都不配。

老王：我不也让人灭了吗？咱们这些演崩溃的都不如人家演正常的，咱们是一会儿演一会儿不演——事先声明这也算吹牛逼啊，人家是把一生贡献给表演事业，多少人在自己的岗位上怒演正常，直到咽最后一口气时还在演。

跟小孩聊天特逗，经常弄得你情不自禁每句点头，一句没态度，她就自己点头用自我肯定代替你的态度。她的眼睛望着你特别诚恳，其实是在自说自话，你去上趟厕所还是抽空干点什么，她那里可以一个人把对话继续下去一点都不被打断只要她有说话的欲望。

小孩自己说，她这种演正常的是精神病里最难治的，因为没有参照系，她追的就是你这个现实，跟你在一个关系里，只是她是一个戏仿，而且仿得比你还真实，她那个思维是通过负负得正，否定之否定得来的，你要把她推回去，势必要再次经过否定现实这一环节，没有一个医生敢否定现实，他们都是通过大力肯定现实给不现实者治病的，所以对小孩这样一个戏仿束手无策。

医生最后建议小孩去学表演，希望通过强化表演意识打破小孩的顽固自守，捎带脚没准还出一个小明星，情况已经坏成这样也不可能再坏到哪儿去了。小孩本来想考广播学院没考上，这是出于对那个叔叔声音的热爱。叔叔的声音一直伴随着她，每次面临危机叔叔的声音就提前出现，警示她，预告前面的陷阱，大到看人，小到去一个生人家找路。叔叔总是及时的，百分之百正确，使她一直坦然地在各色人等中穿梭没受致命伤害有惊无险地过来了。

小孩顺利地考上了电影学院，在一个每个人都在表演的地方小孩终于解放了自己，很容易地就和同学老师在一层又一层没人探得到底的表演层面上建立起舒服的交流。小孩发现很多前辈都比她演得好，她才哪儿到哪儿啊。也不孤独了，谦虚使人放松，也敢出来玩了。表演课小孩基本不用听，都会，四岁就开始练，那内功，早到了出入无碍欲说已忘的境界。小孩第一次感到自在，感到自己是个有专长的人，就去"香"自我陶醉，陶醉了两年，认识了刚刚开始陶醉的我们。严格说，小孩还是我们的老师呢，至少我尊她为老师。

咪咪方：小孩病好了？

老王：反正是没必要犯了，大家都挺假的，也显不出她假来。小孩的病当真是在和我们认识之后不说好了也是发生了一次彻底的扭转，不是我们转的，是一不相干的人，无意干的好事。小孩有一次在方言那儿玩，上网给手机下载彩铃，突然听到叔叔的声音，叔叔的声音也是一段彩铃，叔叔说你那儿也挺紧的。小孩当场崩溃了，哭得什么似的，保安都上来敲门，以为方言在楼上强奸幼女呢。对这样一个用岩石砌出来的小孩，开始崩溃就是开始病好了。那天我是后去的，进屋看见小孩坐在方言怀里，紧紧搂着方言脖子，脸扭着望着门口，一动不动，完全恢复成一个四岁的警惕的小孩。

方言说，她这样已经两个小时了，他脖子都落枕了，问我能不能换他一会儿。我就换了他。换的过程小孩毫无感觉，只要手里搂一个脖子有个把手就好，还是一个姿势一样警惕地望着门口，其实门口什么也没有。

咪咪方：后来呢？

老王：后来睡了。我拧巴了。我等于是一直用腰劲和脖子劲托着她，开始还很轻，她自己也较着劲还好一点，后来她睡了，越坐越沉屁股扎人，我想让方言换回来，她还不让了，一碰就嗯嗯。我招谁惹谁了，腰也扭了脖子也扭了，最后身心交瘁坐那儿一个劲哆嗦生把她抖醒了，醒来见是我，还一脸厌恶的样子。

咪咪方：我觉得你是瞎编的，从头到尾都是瞎编的，人家的事你怎么知道得这么清楚？要不就是小孩瞎编的，取悦你，因为你就对这种事情感兴趣。

老王：还真可能，方言也说过跟你一模一样的话，小孩家的故事太三言二拍了。小孩十二岁那年，她父亲生日，全家人聚集到奶奶家，饭做好了，她父亲说我上趟厕所，关了门就没再出来，奶奶撬了锁进去，她父亲吊死在厕所窗户上。时隔两年，她奶奶生日，小孩给她奶奶买了一蛋糕，插了七十多根蜡烛，她奶奶说我上趟厕所，关门就没再出来，吊死在她爸同一扇窗户上。又过了两年，小孩过生日，她后妈给她买了一蛋糕带着她后妹妹一起来给她过生日，刚要点蜡烛小孩就想上厕所，她后妈和后妹妹笑着看着她说，你上你上。小孩拉开一门，是房门，撒腿跑了，再也没回那个家。

咪咪方：这不是你和我爸编的那恶臭的电视连续剧吗？

老王：什么连续剧？我编的臭戏多了，谁还都记着。

咪咪方：就是那个，万人空巷的，一个少女晚上回家，走到路灯下，横出三条大汉，淫笑，伸出魔爪，路灯特写，少女脸上一滴清泪特写，无尽的胡同，画外婴儿的哭声，字幕：十八年以后。又是一个少女，又走到路灯下，又出现三条大汉，又是一滴泪，又是婴儿哭声，又是字幕：十八年以后……五百多集，哭死了多少家庭妇女和善良老太太。

老王：还真是，你这一说我还真想起来了，我和方言编的这烂戏还真是认识小孩之后编的，可能是受小孩启发。精神病患者都是优秀编剧，都是悬念大师。

咪咪方：你就承认了吧，小孩是你编的。算你编得成功还不行吗。

老王：就算是编的，也不是我编的，是方言编的，他都写小说里了，写小说本来就是一次虚构。你看他小说里大谈表演，喋喋不休第五页第六页还有，把表演感当做人生的贯穿感，都是受小孩影响，有几段关于表演的议论干脆就是人家小孩的，小孩学士毕业的论文写的就是《论表演的不可能有性格和都是本色》。这段方言直接抄了人家：作为一个演员，最可悲的就是以为自己什么都能演。不认识这一点是愚昧。认识到这一点，屈服于这一认识，也会出事，演什么都不自信了，进而发现所有角色都很可笑和不成立。不相信角色还愣演，一是变本加厉像京剧那样摆明了给你看技术；一是郁闷，演谁都是一张脸，拧巴自己也拧巴观众。最难看也是最徒劳的是这时候还要拼命找动作，忙起来，要求化妆要求服装，加水词儿，小处越饱满眼角儿越空虚，演好了是一条成语：沐猴而冠。这时候其实也简单，承认局限性，人有所不能，这也不过是一个妄想，放下了就放下了。《写在墙上的不要脸》的作者说：还不许人犯臭吗？

他懂什么表演，所以说小说在某种程度上也是偷。还有这段：

二十六集到四十集我演作家，开头也很不得要领，后来观众很宽容，管所有不得要领叫有性格，普遍见到我普遍问，你就是演作家那个人？把我也叫习惯了，忘了是在演戏。有一阵，因为太成功接的作家戏太多经常同时跨着两三个剧组被媒体称为"作家专业户"，根本没时间卸装以致无时不在戏中，最后到了这样一种化境：只剩自己一人也在演。这大概就是一个演员走向可悲的第一步，从要我演到我要演。

小孩崩溃那天晚上，我和方言去见一直在台湾给我们出书的好先生，聊天的时候方言就说，他找到新小说的路子了，就是一个说法，所有平常之事笼罩在这个说法之下就显得不那么平常。丫油吧？丫倍儿无耻，当时我就看到他在脑子里掂量着小孩的形象。

咪咪方：你这后悔。

老王：我这后悔，都抱了两小时，人家那收获。不过很快我也释然了，不好比的，谁让咱天生不那么功利。

咪咪方：小孩住在方言那儿？

老王：那倒不是，我们和小孩是纯洁的友谊。很奇怪吗？妙龄男女之间纯洁的友谊还是有的。

咪咪方：呃——我快吐了。

老王：没遇见过这么高尚的男子呀？我们不是逮谁办谁。当然方言比我品行次点，有时候也会有想法，但不光有想法还要看情况，不要看似你办人，其实是人家办你。

2000年我和方言为了玩方便都在"伯牙堰"租房子，方言小说中称其为两座H型的脏熊猫皮色的方碑楼。我们上下几十层楼住着一堆表演果儿，都和我们保持着纯洁的友谊。那楼也邪门，除了色糖——老外，就是表演果儿爱租那儿的房子。演正常那小孩不住那儿，还没毕业呢住学校。楼里还有一群小孩，都是学表演的，都是单身，至少两个小孩我聊过的，也是知青弃婴，也是巧她妈碰巧见她爸——其中一个姥爷也当过大学校长。表演果儿里会聊的太多了，她们等于每天在梦里。

一个住A座的中戏果儿也是可以精聊的，相当有文采，信口一件事就是电影里的一场戏，气氛镜头调度都有，比当时所有卖座戏棒多了，她就是懒得写。方言一直兜售这么一观点，所有表演果儿的身世都是一煽情电影，哪个果儿没让人狠狠办过？哪个果儿没当过第三者？哪个果儿不是先变成鬼又变成人？还瞎逼编什么呀，制片公司一年找十个果儿拍十部戏，什么全有了。

方言找死后的感觉，不用出楼就全见着了——色糖，都奔过了长；果儿，个个冷艳摄人。有一天我和中戏果儿边聊边进楼，看见方言大白天站在大堂发愣，看两头楼门川流不息过人。我们笑，说你在这儿犯什么傻呢？他说，这一楼住着不少鬼。中戏果儿说，你可别吓我，我信这个，以后都不敢走地下了。我说，没听说鬼怕鬼的。中戏果儿瞪着我，看出心理活动是想抽我，我连忙说，回见。

咪咪方：你非得贱这么一下吗？

老土：有的时候贱一下舒服。这段真发生过：做鬼没有家。这个声音在我耳边小声说。做鬼没有家。这个声音在我耳边大声说。我从地下车库走进大楼B1层，地库有一保安披着军大衣晃荡，物业办公室有一青衣女子低头写字，通往游泳池和超市那条走廊有脚步声。

玩蛋去！我大声说。猛看见电梯前一个小保姆前挺后撅拎着一兜子白皮鸡蛋一把小葱一瓶子橙汁一脸通红。忙说，不是说你。鬼在笑。

哪里是鬼在笑，分明是我在笑，我一边笑还跟人小保姆解释：这位先生今儿有点起猛了。

笑个屁。我转脸冲着墙，我就这操行，你拿我怎么办吧。

方言那时候已经幻听很厉害了，我说话他都当幻听。

人有一句话叫心里有鬼。对我来说这是一个具体的声音，当我走进地下室或游泳时潜入水下这声音就非常清晰地出现。我只能分辨这是个孩子稚嫩的嗓子，带有北京西郊普通话口音。不是我认识的任何朋友的声音。这是一个嘲笑的声音，否定的声音，总是站在我处境的外边，危险的时候会把我从梦中唤醒，忘形的时候迅即把我打入困惑。我试图忽略他，为此很多年不游泳不走地下室。我躲了他很多年，最近他又出现了，开始进入我的冥想和梦境。电话响拿起来没有来电显示，十有八九是他。有的时候大笑之后，这孩子的声音也会出现在一片空寂当中。他老是想显得他正确，老是想证明我什么也不是，就算他对我也不听他的。活着的时候我有点怕他，死了之后最不怕的就是鬼鬼祟祟的东西。

我等着他，等他来跟我装好人。有时一个人在夜里专门放声大笑，等他露面。

我就不说这段来自哪里了。

方言住的那套房子是阴面，很窄的一条小路对面是高尔夫练习场高大的铁丝网和密密响响的钻天杨，树梢后面是更高的楼，白天不在本楼的阴影中就在对面树和楼的阴影中，太阳当头也照不进来。有时窗帘还没拉开就不用拉了。一夏天都以为是阴天，醒来不知是清晨还是午后。他写死后醒来那段，心情是另一个人在地球醒来：一具大身体。一部现成的大脑……这一次好，这一次不必像上次那样费事了，还要放在不相干的人家发育。

上次关于我记住的不多，这次过去似乎还在，散在脑深处，林林总总人人身身哭哭笑笑比比画画声声语语件件品品丝丝缕缕飘至眼前。

我起来了，这过程没人看见我看见天了。

看见的都是他天天窗外的实景：窗外是老白天，就是没有太阳，不见蓝天浴盆刷洗干净那样的白底子，遍地银银朗朗冰冰齿齿，一座楼立在那里一座树立在那里一只鸟飞起全无影子和明暗。

太堆砌了是吧？我不喜欢这段，明显词穷，这还是我删过了呢。

咪咪方：你删了？

老王：我是说当年他刚写出来我就拿嘴帮他删了。他太纠缠视觉了，落实到纸上就是纠缠字眼，你看这段：那么多雪从天上降下来它们在天上一定是个奶酥天花板。——什么叫奶酥？一定是又想叫奶油又想叫奶酪都不合适，生攒了一奶酥——干了的奶油粉了奶酪。

东直门外大街棉棉垛垛隔三岔五有树压断了枝一头抢在地上绿叶驮着新雪像散了捆的粽子和荷叶托着年糕。

从加拿大使馆路口拐弯时雪已经下乏了零星飞舞在玻璃上像几只乱了方寸的蚊蠓，接二连三就不见了。

为了一个荷叶年糕，拉了一路线儿屎，20年代舌头还没捋直的文艺青年才这么用字，蚊蠓，嘻嘻。

咪咪方：发现别人的毛病你很高兴吧？

老王：很高兴，我不隐瞒。为什么读书，就是看书哪儿露马脚，发现了，阅读任务才算完成。发现天下的人都不完美让我很快乐。再看这几段：满街都是冒雪上学的小孩和睁着眼睛的汽车白棺材一具接着一具缓缓移动似乎正在大出殡。

车落满雪，钻进去像钻进一个粉丝窗户幽闭在里面什么也看不见。

昨天夜里下棍儿雨，掉在挡风上大颗大颗趴下来雨刷子硌起来已经是冰了。

热风吹在车脸上，大版大版晶莹剔透和百孔穿，连渣带汤推下去影绰的世界一下一下清晰了。

天上没有一丝光雪是兔白的到处长毛好像房子和树都肿了，看来看去影子七手八脚扑来，树就活了房子也活了像被充了气。

……满街人眼像千万只图章往我眼球上盖特别接不住的是颜色。抬眉望去，几条马路谁穿了一圈红一道蓝全跳出来了像一件景泰蓝当街摔碎了。

走着走着就像走进动画世界，眼皮子像糖纸无数彩烟儿，眼珠子倍儿晕像掷出去的骰子在天上的云里滴溜溜乱撞。

其实那两年很快乐，隔三岔五上街看到的都是崭新的世界，自己在家也有一个热闹世界，每个人都是远远几笔，可以露出自己好的一面，放心地对一切怀有深情。就是在那两年，方言变了一个人。有一天夜里，我在王吧看自己的世界，小孩把我拉出来，让我去看看方言。我双手扶墙下了楼，在吧台后面的沙发角落找到方言，他一个人坐在那里，泪流满面。我说你没事吧，他不理我。我说你说一个字，我就走。他说：——好。

过了一会儿，他来找我，对我说，以后我一个人待着的时候你别来影响我。我说你看见什么了，他说什么都看见了。我说你看见自己了吗？他说看见了，我没想到我是这么好一个人，过去那个人不是我。说着又哽咽了，接着一脸幸福的笑容，眼睛放出光芒。小孩问他，你现在是谁了？

他说，一个害羞的人，一个不喜欢人群的人，一个软弱的人，一个容易哭的人，一个愿意自己待着的人。

我说，一个女的。

他承认了，是很像一个女的，但也是好女的。

我说，那恭喜你停止演出了，什么时候做变性手术去呀，到时候是不是先紧着我们这些老哥们儿。

咪咪方：你这人太讨厌了，本来我正要感动，被你这么一说完全出戏。

老王：我也是怕自己感动，不好意思，只好打一镲。幸亏有小孩，永远冷静，起来牵着他的手带他去跳舞。跳了一会儿他又回来说，找回自己的感觉真是太好了。

会再丢吗？我问。

他想了一下，自信地说，应该不会了，我已经是自己了，只要以后不演，给多少钱都不演——就不会让自己再没了。

就是说你以后要演自己了？

丫脑袋一扎，又崩溃了。

咪咪方：你装什么大尾巴狼呀？就你彻底你一个从来没有自我的人。

老王：我没装，我也大着啦，就不怕别人吹牛逼。我没自我？我比他先找到自我，只不过我的自我没他的可爱，是一个挑剔的人，苛刻的人，对自己苛刻，也对别人苛刻。我必须演，演一个好脾气，一个温和的人，一个跟谁都能聊两句的人我一大就不演了。很多人的自我都不可爱，自我发现后还不如从前呢，我们怎么办？找谁哭去？

咪咪方：这个自我还因人而异吗？

老王：我也希望不是，我也希望每个人在本质上是一个人，所以只能怀疑你发现的这个自我是什么了，会不会仍是一个面具，暗地里和你的日常面具互补的？这也不奇怪，武士佩刀都是两把，一把用来杀人，一把用来自杀。这也就是猫——小孩说的那个"对儿"的现象。方言小说里提到"对儿"，但给用来接时光倒流了没能一石二鸟。他这一段写得好，自我可怜兮兮地出现时光倒流的尽头，我也是……呜呜这样……

咪咪方：演得太不好了。

老王：闭嘴！你从十二页开始看，我拉泡屎去。

刚死的时候我可着四九城住旅馆，不知道自己是鬼，以为升华了，巨大无比俯瞰这个社会，天上飞过一朵云，也以为是自己。每天蜷缩在小旅馆墙皮剥落的房间内战栗，窃喜，痴迷，上卫生间也低着头，不敢照镜子，怕在里面看到另一张脸。就像换了一个星球，不知道自己是谁，房子是租的，姓名是借的。不敢开电视，怕看见自己的一生在里面演。不敢上街，怕是街上都是外星人。

有一天深夜，看见了自己的未来，在一所房子里和一个大眼睛的不认识女人一起做饭，案板上有芹菜和萨拉米肠，两个齐腿高跑来跑去的孩子也都不认识，长着和妈妈一样的大眼睛。在未来的画面里还向窗外看了一眼，窗外是黑暗咆哮的大海。

接着还是在未来，回到了西坝河，自己过去的家。家里落满灰尘，羚角不在了，水滴也失踪了，我想找电话，想起这是一百年之后。房间里响起羚角录在墙上的歌声：我爱你……我爱你……一只只音符阿拉伯文一样弯弯绕，飘向天花板，飘向四墙壁凝结成累累花纹。房间里都是羚角的魂儿，空气也像扇子挤来挤去，就是拼不出形状。

旅馆的家具一件件摆开环列在过去和未来的房间里，像两面镜子，互相反映着对方，就像一个长时间的叠化。

不敢喝水，因为不相信眼前这个杯子的真实性。不敢走路，不相信踩到的是坚实的地面。

不敢尿尿，不相信这个玲珑圆亮的马桶。

穿着衣服不相信自己穿着衣服。拼命拍墙不相信墙能挡住视线。不相信自己当过作家，打开电脑找写过的小说。不相信这个电脑，这张桌子，这间屋，屋外的树，树后面的路灯，路灯下的大街，大街上的人群，这个城市，这个国家，这个星球。不相信已经这样过完了自己的一生。

我双手攥着大衣领子来到大街上，前面一幢明晃晃的楼认出是前门饭店。怎么会来到这条街？很多年前老王在那一片漆黑的胡同里包了个幼儿园办公司，我们经常路过这里，进饭店吃早餐，已经很多年不从这一带走了。

已是严冬周围一片萧瑟，饭店里进出的人都是夏装光胳膊光腿，饭店前这一片的树丛十分茂绿正是当年我们在时的光景。

站在街角看了半天，一个当年约会的姑娘从饭店出来叫车我才看明白，这是我的往事。

我往北走，看见两个天安门，都在夜色下摆满花圈。我找不到自己，找不到自己就认不出是哪一年。

顺着街往东走，两个北京饭店，两个王府井南口，两个东单。季节也始终是两个，冬春或者春秋或者夏秋。天上两个太阳，这边刮风对街下雨，地面落雪远空月晕。冬春搭在一起最好看，一片老银素底上绣着暗花细草。夏秋在一起黄中透绿很像陆军呢子。春秋在一起像孔雀跳在豹皮上开屏那叫一个乱。

我看到两个等人的场面，在两个美术馆门前一个中午一个黄昏。门前没有我但我知道那是我在等。一辆梳辫子的无轨电车进站，我捂住脸，怕被下来的姑娘看见。

当年的天空正在刮黄土，走路的姑娘，骑自行车的姑娘，鼻尖上都逆风顶着一块纱巾。她们都是双面，一面少女一面妇女，可以同时看到一个人年轻和衰老的脸。

街上一半明一半暗，一半是白昼一半是黑夜。我非常想看到自己，但这个时光倒流是残缺的，像半个镜子。

猫告诉我，人死之后有一个现象：周围总出对儿。因为你对时间没意义了，它也没必要一定在你面前顺时针转。这都是互相的，你赋予意义万物就呈现规律，你不注意万物就是紊乱的。现在是分开过去和未来的挡板，你不可能同时朝两个方向看，现在这块板儿抽掉了，过去和未来就交流在一起像客厅和厨房打通隔断，你就能既在厨房又在客厅。猫说，同时出现两个世界也是奇景，是大倒流，用在那些自我意识特别强特别不肯放弃的鬼身上，予以摧毁。

猫陪我坐在盈科中心二十一层空荡荡的办公室里。我们网站秋天烧完钱已经解散了，但那些小孩还在开着管灯的房间里忙忙碌碌，拉上百叶窗的直播室里还有旧时嘉宾在网上聊天，能听见里面隐隐的说话声和笑声。已经去了澳洲的小纪在隔壁办公室打电话。已经去了上海的小马每数二十下就从我眼前经过一次。楼下曾经茂盛的树已经掉光了叶子。

猫说，你觉得我真实吗？

我说，说话就真实，不说话就不真实。

猫递给我一杯冒着热气的水。

我把一杯水喝下去。

猫说，你没有喝。

我说，喝了。再次眼睁睁把满满一杯水倒进嗓子眼。

猫叹口气，水杯还是满的。

猫说，咱们不能在这儿待着了，太熟悉的环境看到的东西也越多，说说话，逛逛生地方，会好一点。

出了电梯，来到大堂，那些保安像电影里的黑社会，穿着黑西装手拿对讲机站在每个角落。猫问我，你觉得这些人真实吗？

我说，都是对儿。

猫指着一个方向，你觉得那是什么。

我说，镜子。

你看到什么？

我们。

我看到前方一面接一面落地大镜子里，我和猫站在一起看自己。

猫说，现在我告诉你，那是玻璃，你看到的东西都在外面。

对面的我这时僵硬地一咧嘴笑了。这是一个拘谨苍白故作镇静的男子，我知道他尴尬，心里在脸红。他来到这个世界第一年就被吓着了，到今天也没缓过来，他怕所有人，很早就逃了，躲着我，藏了四十年。他也长大了，但心里还是很幼稚，对别人时时感到畏缩。我也让他陌生，是另一个人，这从他的眼神里就能看出。他顾虑重重地站在那里，我知道他在犹豫，他今天能来已经付出了极大的勇气，看到我，一下又不自信了，不确信自己的出现是否合时宜。他也怕我，我的尖刻，我的傲慢，我在这个世上积累了四十年的世故和不真诚。我们仍然感到亲，阔别四十年还是一个人，他像弟弟，我是他的坏哥哥。

我向他伸出手，玻璃门向两边让开，这一刹那，我们重逢了，我不在了，只有他站在那里，与此同时，周围人、景致，所有两个都变成一个。

我从他的眼中看街上，夜色雪亮，马路下了一地霜，踩出一行行腰果图案的脚印。漫天星斗像五角星和五分钱都升上天。街灯像一排将军的肩章。汽车灯来如水晶珠链去如一连串被曝红的烟头。临街大楼打着竹林般的绿光。空中跑着一列列窗户。霓虹灯像鬼手刷的标语。头顶树杈结满寒霜举着一只只糯米巴掌，在光里滴着橙汁。一棵棵树身上缠着泪珠般淌下来的串灯，遍地灯笼斑点。十字路口是一座不断坍塌下来的光的百层积木。

我迟疑了一下，走进光里，就被冻成糖，脑子里一片金色，像在黄昏收割麦田，迎着夕阳摘向日葵，晚霞如江决堤下着香蕉雨。我能看见自己的颅内，一个被秋阳完全照亮的空荡荡的铜亭子，还能眺望到一群鸽子般振翅飞走的念头，影子依依留在天上。

猫靠在我身上，一只手紧紧挽着我，两只眼睛全融在光里，像一塘横照在额头的碎钻月牙。我说，你看什么呢？她说，美。

……最美的一次是"非典"期间去颐和园，那时候园子里没人我们几个总朽在黑暗中这回可以敞开散散了。我和猫老王从北宫门进园子顺后山登的佛香阁。爬着爬着我就觉得金光万斛，满山楼阁风吹雨打掉进缝里的碎金都被我一眼搜了出来。那是个阴天，雕梁画栋斗拱门楣件件收在眼里还是木块撑得眼眶子疼。猫穿着小褂小裤迎面一跑周围廊子嗖一下虚了，人泡在显影水里一样登时上了色，衣裳里见腰带。爬上顶扒着栏杆往下一看，昆明湖就像一盆菠菜汤，湖上的湿气像正在沉淀的石灰，岸边草地花池都是印花布被撕开那样图案扔得东一手西一手，亭台拱桥都是色块胡乱堆在水上，各种颜色炒辣椒一样冲眼睛。老王说，操他妈的印象派，原来全是看见的。

再看身后的青砖墙，拉手风琴来回梳分头。一院子方砖地怀孕一肚子一肚子鼓丘起来，又见四面八方的活王八在下面钻被窝。我们下山，像从站着的飞机上下云梯。

人人涂脂抹粉儿。我和猫老王坐在山下长廊看戏似的看人。一个个走过来的都是笑嘻嘻的巨形木偶，尾巴骨挂铁环扭腰摆臀，脸上都像藏着手在折捏表情，两下就把五官都摆到一侧脸上。我捂着眼睛问猫，怎么都是外星人？老王说不是，都是平头正脸的中国人。

也不是所有东西都会在死后散了黄儿的瞳孔里推陈出和焕然一。那天从颐和园回城，天刚降过暴雨，夕阳又出来了在串串乌云后面放出巨大光柱，整个天空巨三维。我和猫老王沿着北四环往东开，一边开一边听老王叹气：穷气——他大爷这北小京修得太穷气了。

咪咪方：拧巴了，我拧巴了。老王，你拉完了吗老王？

老王：来啦，怎么了？怎么拧了？

咪咪方：你看这段，逛颐和园。

老王：写得很真实，我们是一起逛过颐和园。

咪咪方：如果我没记错，中国"非典"是2003年4月的事，我爸2002年1月去世，我亲眼看着他的骨灰埋入地下，看来人死了小说还能继续写这样的事终于发生了。

老王：是吗，我看看，真的耶，太不可思议了，看来他确实像他自称的那样打通了过去和未来，预言一两场瘟疫也不是什么大不了的事。

咪咪方：演，你还演。

老王：难道你不认为人死了之后就是活在未来吗？人生就是一个小屋子，死了就是走出这间屋子。

咪咪方：如果非要把这事弄成一装神弄鬼的事，你觉得有意思吗？

老王：好吧，我承认我修改了他的作品。这是一个很值得争议的做法，但也是我们伟大的文学传统，一个人死了，作品没完成，另一个人或者一帮人冲上来接着往下写。

咪咪方：小说还你。从今后，我不再相信你说的任何一句话。

老王：这样我们就可以放开聊了。这样我就不用为自己哪句真实一点哪句可能骗人费心了。

…………

第十章

2034年4月16日　星期六　晴

地点：老王家

出场人物：咪咪方　王扣子　老王

咪咪方：还在睡，烧已经基本退了，刚才试表体温三十七度。这一个礼拜一直低烧三十八度，又检查不出什么原因，这么大年龄的人这么消耗下去身体怎么受得了，他还不让我给你打电话，我想不能听他的。

王扣子：谢谢你给我打电话，也谢谢你这几天费心看顾他。你该告诉我，他老装孤老头，其实动不动给我打电话，几天没电话我已经觉得有点不对了。好好的怎么会突然发低烧呢？医生怎么说？

咪咪方：上礼拜看打仗两天没怎么睡觉。刚烧起来我叫了联合家庭医院的巡诊车，来家里给他做了胸片B超，心肺脏器都没什么问题，血液里除了尿酸高一点，白血球基本正常，尿检也正常。医生说，身体没炎症也未见病毒感染，估计病人年龄大免疫力比较弱，过度劳累休息不好都可能引起原因不明的低烧。医生不主张用抗生素和其他降温药，现在主要就是输复方氨基酸加麦普欣和人血白蛋白增强免疫力，每天临睡前给他做一次额头冷敷。老头神志一直清醒，我认识一个很好的中医，专治不明低烧和妇科杂症，想请来给他诊个脉开服方子，西医办法不多嘛。坚决反对，死也不看中医说给他吃中药还不如直接毒死他得了，真是老顽固。食欲还好，能喝粥吃鸡蛋羹，昨天梅瑞莎给他买了提拉米苏，一个人都给吃了。

王扣子：能吃就没事。他免疫功能比常人低下这我是知道的，一辈子不安生，凡事无不过度，免疫系统常年处于紧急动员状态，铁打的也该报废了。他自己也说将来不是死于脚气就是牙龈出血，二等艾滋。早劝他用些改善免疫力的药就是不听，给他买了也不吃扔一边，挺贵的东西，以为自己还是小伙子呢。三年前就因为看南北韩统一拆除板门店发了两天烧，这次又因为打仗烧起来了。这次我专门带来一盒荷兰出的卵细胞，手枪式注射，待会儿趁他没醒我先给他打一枪。

咪咪方：要不要先做一下皮试，这种活体克隆制品会不会有过敏反应？

王扣子：不用，我每年都给自己打，我的体质跟他一样，最多有点低烧，反正他也发着低烧呢。

咪咪方：合适吗？

王扣子：放心，我能害我自己的爹吗？

老王：咪咪方，你在和谁说话？

咪咪方：醒了，叫人呢，咱们过去吧。

二人进老王卧室。

咪咪方：耳朵还真尖，隔着屋子都能听见别人小声说话，看来是好了。瞧，谁来看你了？

老王：你怎么来了？

王扣子：不是专门来看你，到北京来买甜面酱，顺便来看看你，别往后边看了，没别人了，就我一个。

老王：你瞧，我还没起床，你就进来了。

王扣子：别掩饰了，我都知道了。没什么不好意思的，人家那里动枪动炮大干一场，你这里兴奋得发一点低烧也是应该的，要不多没参与感呀，我不笑话您。

老王：你妈好吗？

王扣子：挺好的。

老王：小坏蛋呢？

王扣子：小坏蛋也挺好，本来也吵着要来，我说你别来了，你姥爷不喜欢你，来了也是招他生气，何必呢？你还是待在喜欢你的人中间吧。

老王：你就挑拨我们关系吧，你就大不孝吧。

王扣子：这不是您自己说的，最讨厌男孩，铁了心让老王家男的到你这一代断根，没想又让我给续上了。真是抱歉，不过我可没觉得他是你们老王家的孩子，他姓安东尼，算人家那边的人，您就别自作多情了。

老王：还没离婚哪？

王扣子：不离，我们过得挺好，一辈子都不打算离——咪咪方姐，你说我爸这人可气不可气，见我就两件事，一是劝我离婚，一是劝我把儿子送人再生个女儿。

咪咪方：不喜欢男孩和姑爷也是人之常情，也没见过你这么不依不饶的。

老王：我是心疼她，眼看就是母系社会了，她拖着这么两个累赘，将来一辈子给人家做奴隶。小时候就跟她讲这个道理，她也满口答应，怀这个小兔崽子的时候已经发现是男孩，叫她不要生不要生她非要生，成心跟我作对。还有那个什么鸟安东尼，长得跟镶嵌画似的一副阴谋家的样子，看了就让人生气。有的人就是奴隶的命，放着自由之身不要。

咪咪方：这话也奇了怪了，生男就是奴隶，生女就是自由，有这么划分的吗？

老王：很难理解吗？你没瞧所有男的都是自己野心的奴隶，所有——大部分女的都是自己天性的主人，当然不包括王扣子这样甘愿依附男性的。

王扣子：你永远不能理解，有的人就是能从给别人当奴隶中感到幸福。

老王：我能理解，我就从为你当奴隶中感到过幸福——翻什么白眼，你小时候没骑在我脖子上拉屎拉尿？但那是反自然的，闺女，是社会撮合的，是文化冒充遗传。在根本意义上，没有人需要别人为自己当奴隶，是不是有人一个人在孤岛上过得很好呀？是不是有人自愿放弃与人交流？自闭症是病吗？为什么别人比他自己治疗的愿望更迫切？你为别人活是不是也意味着要别人为你而活，何谓种瓜得瓜？到头来你会发现，人之不自由，最大的挣不脱就是人与人，亲情，友情，爱情——所有别人为你的付出。我们就是这样紧紧地捆在一起，生于温情，死于温情，忘了自己是谁，只认得眼前人。

王扣子：你很后悔生了我吧？你觉得我连累你了吧？要不您多自由啊。我和我妈我们不是已经尽量不打扰您了吗？

咪咪方：不带这么聊天的，都越说越不像话了。

老王：就是这种讹人的话我永远没词儿接。行了，安东尼·扣儿，你又成功地让我产生罪恶感了，我认输，我说不过你。

王扣子：我妈也让我带话了，您要发现您是谁了，千万告诉我们，别带到坟墓里去，别让我们永远以为你是我爸，一个普通的北京坏人，那也太遗憾了。

老王：你妈才不会让你带这种话呢，这种孙子话只有你想得出来。你又胖了，别把你儿子也喂成一小肥猪，听说我家乡那边也开展相扑运动了？

王扣子：对，我准备让我儿子参加2048年奥运会，替你家乡人民拿块相扑金牌。顺便告你，咱老家门前的柠檬树都已经开花了，老家的海还是那么蓝，老家的来梦猜路还是那么好喝，老家的不如书多还是那么好吃入口即无，只觉得香不觉得饱，我就是这么吃胖的和您外孙一起。老家人民还是都不记得你，问谁谁没印象，但是我还是站在老家的悬崖边替你高唱一曲《重归索连托》。

老王：格拉谢，尽管家乡人民不记得我，但是我这颗游子之心永远向着家乡的美景和美食。此生落脚外邦，来世又不知是虫是草，只盼是条三文鱼，能游回去。

王扣子：你又不是爱尔兰人了？

老王：这几天仿佛临终，我想了想，还是决定自己是个意大利人，你们都在那里，我的心也在那里，我死后希望你们不要吃海鲜了。

王扣子：四十年前去了一趟索连托，回来就说自己从前是意大利人，从此练习吃气司和四八盖屉，还要我住到意大利去，美其名曰替他落叶。我去了吧，倒也不是因为他，因为喜欢上一个意大利汉子，人家又说自己是爱尔兰人了。爱尔兰他连去过都没去过，只听过爱尔兰盗版CD，我怎么那么信他的。一个中国人就是不肯老老实实当中国人。

老王：你说奇不奇呢，到了索连托，一听弗拉明戈的鞋跟声魂就没了，看着悬崖下黄昏的海就流眼泪，好像曾经从这儿跳下去过。干涸的汲水池发黑的石头墙橄榄树苍白的花每条小路都熟悉得浑身起鸡皮疙瘩，像小时候被人卖了之前走过一样。回来就得了痛风，吃豆腐都脚疼，好几年只能吃奶制品和面食，我不吃意大利饭吃什么？现在吃中国饭也经常拉稀活活把胆拉没了这你知道我不是装的。

咪咪方：灵魂故乡也是有的，崇洋媚外影响生理也是有的。

老王：我原来也就是那附近海边一村姑，庞贝被埋时我正在洗澡捎带脚把我也埋了。后来又长成一村姑，又被一公爵糟蹋了，在索连托跳了崖。这经历值得吹吗？

咪咪方：就是说中国对你还不错。

老王：还好啦，我预感我将来还是被枪毙的命。我这个人，没有一世是善终的，我心里明白得很。

王扣子：拉拉手王玛丽亚，我看看你的手，瘦成这个样子。你看你这些静脉针口愈合得太慢了——别动！

老王：啊呀！你给我注射什么了？

王扣子：嘻嘻，不是毒药，别紧张，你没死到临头，是别人的细胞，给你看药瓶，咪咪方你给他翻译一下英文。

老王：你干得出来，你刚才那副样子完全是个正在行凶的女人，今天你给我下药，明天你就能拿绳子勒我。

王扣子：我谋害你干吗？我有什么好处？这个药七支一个疗程，让咪咪方姐给你打，你喜欢自己打也行，装好药顶住皮糙肉厚的地方一扣扳机就行，跟用门牙咬自己一下差不多，随你挑最受虐最快感的地方。瞪我干什么？这是为你好，这都是克隆全世界前五十名青年女运动员卵子做的针剂，一纳克比黄金还贵，相当于让你像胎儿那样再分裂一次——部分啊部分，一个疗程能让你部分年轻五岁，有人年轻呼吸系统，有人年轻循环系统，因人而异。我给你买的是最贵的，我自己和我妈用的是便宜一点的，前五十名女模特的，主要年轻生殖系统。还有一种更便宜的，一纳克五百欧元，主要年轻消化系统的，是五百强的卵子，可以口服，像吃维生素和钙片。听说已经出政要级的了，对神经系统有特效，但全世界趴窝握门排进前五十的一般都已经不排卵了，几个批号都是一个人的卵子，下一代容易出现近亲。

老王：我这一辈子没吃过人现在也不打算吃。一个疗程年轻五岁，十个疗程是不是又要回去吃奶呀？

王扣子：疗程增加疗效递减，第二个疗程只能年轻两岁，第三个疗程年轻一岁，第四个疗程年轻三个月，第五个疗程开始原地踏步。有破产倒闭吃不起的，按年轻下来的速度反弹回去，最后人就像三宅医生设计的衣服，都是褶儿。

老王：你和你妈的钱够吃一辈子吗？别最后成俩扇子，出门还得带熨斗。

王扣子：所以我们不敢吃最贵的，到我们成扇子的时候你也早不在了。

老王：听见了吗咪咪方，自己不敢用的就敢给我用，嫌我死得不快。

王扣子你一辈子鬼鬼祟祟不干正事，将来你死了，墓碑上就写一行字：这个人的一生是吃喝打扮的一生。药拿回去，给你公公用去，我老就有个老的样子，不弄得八十了撒尿还滋墙皮。

王扣子：你要不用就摔地上，反正我意思到了。你这病我瞧着还真没大碍，话这么密，想吃点什么我给你做，吃完饭我就回去了，家里还一大摊子事儿等着我呢。

老王：你不在天都塌下来。

王扣子：还真是，都爱吃我做的饭，我酿的酒，我不在就得下饭馆，一顿两顿可以，时间长了老的小的都提抗议。

咪咪方：当天去当天回，你也太赶了吧，住一晚，明天再走。

王扣子：现在这航天飞机还是比较方便，从罗马到北京都没从我们家到机场时间长，直上直下，跟坐电梯似的。我还当天到成都买过火锅调料呢，儿子非要吃。

咪咪方：你真舍得，我一直说坐一直没坐，票还是太贵了。梅瑞莎坐过一回，说地球是一张笑脸。

王扣子：其实等于集体上天看电视，窗户是假的，一万多线的高清晰屏幕，一路外景实况转播，我还激动呢，突然看见航迹图和搂扣时间。还一个不方便是没厕所，登机前都要换尿不湿，有尿都尿自己裤兜里，下飞机拎着交给空中小姐。餐就是牙膏，各种风味儿的。

咪咪方：倒栽冲——重返大气层有什么感觉？

王扣子：没太多感觉，不是跟过山车似的，一会儿脸朝上一会儿脸朝下，一直都是脸朝前，客舱底下肯定有陀螺机头怎么转它不转，能觉得下降了是大家突然脸都红了——爸，您也还没坐过呢吧？等你身体好点，有心情，我出钱，请您骇一回失去地球吸引力，您也回家乡看看，一闭眼就到了。

老王：什么电梯，分明是二踢脚，把人蹦上去再蹦下来。叽叽喳喳，叽叽喳喳，说得人脑子都炸了，北京人找了那坡里人结果就是练了嘴皮子。

王扣子：还是吃面条吧，吃面条省事，你这有面吧？我给你做手擀面，牛肉炸酱我发明的。

老王：吃馅饼，猪肉白菜的。

王扣子：好好，吃馅饼，你不装？老做馅儿里面的，我还真忘了面裹馅儿的怎么做了。

咪咪方：我也不会，是不是先包成包子再压扁了？

老王：瞧瞧人家，从我年轻时开始搞对象就没女孩下厨房了，王扣子你是我横跨两个世纪认识的第一个爱做饭的女的你可真有出息——不要帮她，她练的就是家庭妇女不会做就打。

王扣子：瞧不起家庭妇女，年轻时受过刺激，望女成精，一句话就把虚荣全暴露出来了，一个俗老头。咪咪方姐，你老来跟我爸聊什么呀？他那点事都写成小说掺水卖过了，老爷子多贼呀，掉地上的一棵菠菜叶儿都能捡起来当翡翠卖。要说咱们生在作家家里也真够倒霉的，他们心思就没在过日子上，真情实感都放在作品里，需要你就把你唤来找感觉，不需要你了就把你发到他看不见的地方好别影响他，弄得一家人年年在浪里，没几天脚丫子能够着地的。小时候他还盼着我将来也成作家，说这样生活和工作就成为一体了。谢他了，本小姐可不这么看，家里出他一个就天翻地覆了，还要我接班祸害下去。谁还也别跟我聊艺术聊精神，搞艺术的坏蛋我见多了，理由都不成立。我就当我的家庭妇女，柴米油盐，这就是我的精神生活，下辈子再换一地方当家庭妇女。我不觉得一个人孤雁一样待着才独立。不觉得他那种生活叫幸福。我绝不让我的孩子从小就到国外去，背井离乡，学这国鸟语学那国鸟语，那个世面不见也罢。

咪咪方：我也就是打听打听我父亲的事，你讲话，从小就到国外去了，印象太少了，又不是有很多亲人，女儿大了，也有点寂寞，就当排遣寂寞吧。

王扣子：他没说他认为自己是耶稣基督再世？

咪咪方：谁？谁认为自己是耶稣基督再世？

王扣子：你爸呀。那不是2000年嘛，信徒中有一种说法耶稣基督将要在这一年重新降临，对死人和活人进行审判，建立千年王国。很多人惶惶不可终日，结果什么也没发生。你爸认为基督已经降临了，只是谁也没告诉，谁也没想到基督第二回来会选在中国——就是他自己。而且末日审判已经开始了。

咪咪方：他真是疯了，他根本也不是基督徒。你爸一点没跟我说，他只是说我爸特崩溃，1999年开始精神不正常，认为自己已经死了，而且出现种种幻觉，认为有另外的世界存在。

王扣子：能不崩溃吗？突然发现自己是耶稣基督，换我也肯定崩溃。我爸说没说他为什么和你爸掰了？两个狼狈为奸的朋友后来连话也不讲，互相躲着，一个知道一个在肯定不进门，至死再见一面。

咪咪方：他们掰了？

王扣子：就差成仇人了。你爸曾正式托人转告我爸，以后你再遇见我，千万别跟我再打招呼。你爸去世时遗体告别，都没让我爸去。

咪咪方：为什么？是世界观冲突吗？

王扣子：狗屁！你也把他们想得太高级了，世界观冲突？他们是为一女的。

咪咪方：谁？哪个女的？什么名字？

王扣子：你去问他吧，他们之间那些恶心事我说不出口想都血压升高。你应该知道这个女的，她和你爸好了好些年，你不可能不知道。你不要相信他们是在为世界观奋斗。他们是我们的父亲，在我们面前会表现出很多爱，但他们也是男人，有丑恶的另一面，你总不至于说你不了解男人吧？

咪咪方：我了解。

王扣子：你去想吧。当女儿真惨，明明知道父亲这个男人是什么样的人，还要爱他。我最不能看那些女儿怀念父亲的文章，也不知是她们父亲隐藏得好还是做女儿的故意视而不见，可怜天下女儿心。希望你了解我们的父亲以后还能善良下去还能继续保持诚实——给他馅儿里多搁点盐。

咪咪方：别别，别说说还真干了，你这正义感不是地方——你是怎么知道这些事的？你爸跟你聊的？你不也是很小就跟着你妈走了？

王扣子：小时候我住在旧金山边上的小城市剩马太饿——我知道你在三块馒头。我上的那个高中，很多中国同学，都是妈妈带着女儿，只有一个是爸爸带着女儿……不是他说的，他怎么会说？是我偷看的。二十多年前，他正在饭馆吃着饭和人聊天突然失语，出现语言障碍，走路也画圈儿，全身共济失调，怀疑脑子里长了瘤，觉得自己快要死了。我在北京陪他住了一段时间，白天陪他去各医院检查，晚上没事无聊偷看他的电脑，他电脑里有两个小说，一个叫《黑暗中》，一个叫《死后的日子》，写的都是那时候的事，两个都二十多万中国字。

咪咪方：都是写完的？

王扣子：都是写完的，但是没法发表。当时中国那种社会不可能容忍他们干的那些事，现在也不一定能容忍。道德败坏是最轻的吧。我虽然不认识他的那些朋友，人名也都做了处理，但有的还是能猜出是谁，譬如你父亲。我这是跟你说，看完这两个小说我恨不得挖出自己的眼珠子，再也无法跟我父亲坐一张桌子。多少年，也无法正视任何男人的眼睛，真是不能否则一定成为同性恋。我爸讨厌安东尼，觉得他像修道士，他也确实是意大利南部那种最保守让人望而生畏的天主教徒。不瞒你说，连做爱姿势都只会教会批准的一种。他的全部想法就是侍奉上帝和多生孩子。他对我最不满的就是我只给他生了一个孩子，而且瞧这样再也生不出来了——因为我偷偷避孕，我必须偷偷地，否则他会认为我是在犯罪。我当然不能把自己生成二大妈，我才不理他，反正他也不能跟我离婚。他背上一层伤痕我怀疑他年轻的时候还鞭挞过自己。但是我真的感谢他，他使我觉得我是正常的，刻板也是一种生活方式，我并没有让我爸把我变成一个反人类分子。我很高兴这让我爸不痛快。我还想过一个准能让我爸发疯的主意，只是觉得为他不值当再伤了我妈的心这主意确实有点馊——我一高兴当修女去。

咪咪方：别……

王扣子：别恨他，原谅坏人，爱他们，知道，都知道，我天天念这一套。他奶奶的要不是摊上这么一个倒霉爸爸，我还想花几年再改邪归正呢——油可以了，现在开始烙吧。

咪咪方：那俩小说你后来没再见过，你爸也没跟你提过？

王扣子：劝你一句，千万别看，给也别看，看了堵一辈子。当时他文档里还有一个遗嘱，提过这两个小说，说版权归我算他给我的遗产在他死后可以出版。他大概以为这就是对我好了。他是完全藐视大众的，他认为大众趣味就是越脏越卖。后来他检查结果没瘤子，语言障碍也消失了，又活过来了。隔几年回来我又看到他的遗嘱，把这条删了，那俩小说也不见了，两台电脑里都没有。

咪咪方：他是不是察觉到什么了？

王扣子：可能察觉出我看了，他心虚，我又不太会掩饰自己，一张脸摆在那儿，那几天我人都哭胖了，他一见我就可怜巴巴观察我又说不个整话——叫他起来还是给他送床边上去，馅饼吃得趁热，你去问问他。

咪咪方：他又睡了，让他先睡，醒了再吃。

王扣子：我可等不了他醒，我要赶航天飞机，我先吃了。你千万别跟他露我跟你说过这些事，我们俩好容易互相装傻装到都挺匀实的地步，我也不想再看他负疚的样子，挺不好看的。你知道他说我什么吗？我结婚的时候没请他，他给我打电话说王扣子你不要当复仇女神。撂下电话我想，他说得也对，我管那么多呢我过好自己的一生最要紧。孩子是自己的，父亲，说到底是另一个人，跟不了一辈子。你知道吗，不管是在中国还是意大利还是在哪个国家，我一见老头子就怒目而视都成毛病了，心想别看你现在慈眉善目走道还得扶墙，年轻时不定怎么无恶不作呢。

咪咪方：好的也有，譬如你先生。

王扣子：他？我也怀疑。

咪咪方：你太激烈了。

王扣子：特别不可爱吧？有其父必有其女。我还有一毛病，一见不管哪国女孩子在人群里装可爱，就想冲她大喝一声：别装了！

第十一章

2034年4月16日至17日凌晨　星期日　晴

地点：老王家

出场人物：咪咪方　老王

咪咪方：什么时候醒的，怎么也不叫我？

老王：她走了？

咪咪方：走了，再试一次表吧，要不要吃东西？馅饼还在锅里温乎的，我刚吃了一个，有点皮条，没刚烙好时焦，不过馅儿很成功。

老王：试完表起来吃，老躺着头都疼了。

咪咪方：三十七度二，怎么又有点升上去了？你自己感觉怎么样？不要起来了吧，还是拿到床上吃。

老王：晚上体温总要高一点，我自己感觉还可以，想站起来走走。

咪咪方：小心，起来慢点，先扶着点桌子，头晕。

老王：一起吃吧。

咪咪方：你先去，我趁这会儿把床单被罩换一下，几天出汗，都是汗味儿。

老王：不要管了，等小保姆来让小保姆换。

咪咪方：马上就好。

咪咪方：怎么只吃了半个，一个人坐在这里发呆？

老王：发烧嘴里没味儿，留着下顿吧。飞机这会儿也应该到了吧？

咪咪方：应该到了，可能已经到家了。要不要开一下电脑，看看新闻？

老王：不要，安静很好。月亮很低呢，没有对面那栋楼，就会落在窗户上。

咪咪方：不要看月亮，会想女儿。

老王：早就习惯了，想也不会失态。你们聊得不错吧？你和她应该合得来，她是爽快人，完全是她妈妈的性格，大大咧咧，喜怒哀乐都写在脸上，不懂看别人脸色说话，有点二。比我性格好，心里不存事儿，什么事来得快忘得也快，一点小事也能乐半天。开朗，这是我最欣慰的。

咪咪方：我们聊得不错，她确实很能感染人，我还说呢，你的女儿怎么性格一点不像你。

老王：我阴柔，她直率，我多虑，她简单。我成长环境没她好啊，她有条件简单，周围都是简单的人，从小到大也没什么好要她操心的。你们在国外长大的孩子按中国标准都简单，好也好在这里，谁不喜欢简单的人呢？像我这么复杂的，我自己也不喜欢。

咪咪方：你复杂吗？我怎么觉得您其实也不太复杂，一眼看不透，两眼就能看个二五八。

老王：我还是比较复杂的吧。复杂的人就很少快乐。小时候王扣子经常和她妈去逛官园农贸市场，有时我也一起去，她们看见小狗小猫一条金鱼就非常快乐，走不动道，手欠，最爱摸人家动物，人家允许她们抱一抱就幸福得不行了。我在旁边看着就很不理解，这有什么可高兴的，你又不买就抱一会儿，那狗可能也是杂种狗，猫也是串了秧的波斯猫。她们逛公园，北京就那么几个破公园，逛多少遍也一脸惊喜，外地刚来似的。她妈没什么照相技术也爱端着一傻瓜相机东找角度西找景框，就爱在花坛前留影，指挥蹲腰指挥歪脖指挥笑，非把一王扣子摆成一副作怪的样子，然后咔嚓一下。就为老掐人家公园养的花儿让人家工作人员吼过多少次。最可恨的是陪这俩女人逛摊儿，为几块钱能一下午站在那儿跟人家讨价还价，假装走了又回来，两人还演双簧。我说王扣子你学点别的好不好你们打算买几万件呀？大女人说乐趣就在便宜这几块钱上王扣子这小女人也跟着学舌。

王扣子和她妈还是所有弱智电视节目的热烈爱好者，经常两个人关上门盘腿坐在床上不是哭成一对泪人儿就是笑得一个前仰一个后合，弄得我一个人坐在外边郁闷。

现在想，还是他们活得有意思，每一天都没糟践，能乐的全乐了，不能乐的也愣乐了，将来死的时候一定都是笑够了死的。我一辈子才乐过几回呀，一巴掌都数得过来。

咪咪方：您也挺乐的，没那么惨。

老王：不算把快乐建筑在别人的痛苦上拿无聊当有趣的。中学毕业乐一回终于不用上课了。第一次发表小说乐一回觉得照猫画虎还能挣钱。第一次搞上对象乐一回大家会的我也会了。生王扣子乐一回主要是她太可乐了。没了，拢共四回。剩下的就是普遍着急普遍渴望和让人家乐了。很多时候本来是一乐儿，生把它处理成一受罪，自己想复杂了，唯恐一步没想到，乐极生悲，结果悲生焦虑，焦虑生恐惧，真到高兴来了也不会高兴了，宾着。被人说成矜持，说成有远虑，结果自己也就矜持了，事事陷于远虑，人总是要死的，地球总是要毁灭的，有不开始的没不结束的，生命在于白给，美食总是要变成粪便，美人总是要变成白骨，儿女总要离散，朋友总要告别，眼前不见也就不见吧，见了也是难过，一点办法没有。前几天人家在千里之外一场哄乱，有我什么事啊，跟着瞎起劲，不好好休息，胡乱高兴，真正是不知高兴所为何来，不知高兴所为何去？这个烧发得好，是自己的闸盒掉下来了，给自己的不知所云断了电。

咪咪方：偶尔高兴一下，即使不知所云也是允许的，何苦还要装一个闸盒。都看得很明白，高兴不高兴也不代表什么。说说又是花开两朵，你是赞成高兴还是不赞成高兴？

老王：过去是觉得没到高兴的时候。现在是觉得自己不应该太高兴，不配太高兴。太高兴心里就空落落的，心就没合适地方摆，身体也会不适，过去是拉稀，现在是发烧。

咪咪方：我是越来越不能理解你了，你是什么模子做的？什么环境把你变成这样？你不是一直挺顺的，做普通人也有机会，被社会另眼相看也有机会，生死荣辱你一直都在生和荣上，你还要干吗呀！这个世界也没亏待你，你也很快将要离开人间了，毕业了，还怀着这么大怨气，是对自己不满意还是对整个人类生活不满意？目前不就是这么个水平吗？

老王：也不用说得那么大，我只是喜欢不高兴，个人的一个爱好，多年养成的，不高兴的时候最踏实，看什么都很清楚，不会做出将来可能后悔的事。

咪咪方：高兴的时候就会将来可能后悔吗？

老王：兴高采烈的时候往往控制不住。我不是一个善良的人，心里有很多丑陋和狰狞，放自己出来，就不是现在坐在你面前这个客客气气的人了。我必须压抑自己，使自己时时处在和自己的丑恶面面相觑的境地，这样才不会去伤害别人。方言讲话，对不起人的滋味最难受。尤其是一切都无可挽回的时候，你讲话，毕业了，将要离开人间了。谁还去想得到过什么，得到再多也要都交回去，能带走的最多只是一个注视。想得最多的就是使别人丧失了什么，同样的一生，因为你，多少人没过好。

咪咪方：也没那么严重吧，有些事情你以为是伤害，其实都是值得经历的，有的可能还是一种造就，使人变得丰富，坚强。一帆风顺也是一种乏味。主要还是要看结局，结局可观，过程有些起伏将来都是谈资。

老王：我过去也是你这种观点，刺激使人敏感，打击使人结实，痛苦越深越见人性，苦难时期出大作品，统称为锤炼。过去没有比较，净刺激别人打击别人给别人制造痛苦了，到自己受了刺激，遭了重创，尝到痛苦的滋味了，才知道这是混蛋逻辑。完全不必这样，完全不用这么丰富那么坚强，完全不必如是考察人性。单调脆弱也很好，没有文学也很好，自古至今没有一部作品够大到能抵消一个人给另一个人的痛苦。那样的时刻一个人三辈子不碰上也没什么不好意思的。

咪咪方：可是……

老王：可是不碰上是不可能的，可是人生的真相就是如此，被人对不起的痛苦，对不起人也痛苦，躲得开别人给你的痛苦，躲不开自然规律给你的痛苦。不犯法也要判死刑，活到一百岁，一百乘三百六十五，高兴也好不高兴也好，一日长于十年的十年快如一日的，把名字刻在石头上的把脚印留在水泥地上的，用一个等号都能概括，等于零。所以还是要有文学，有病呻吟无病呻吟都是呻吟。谁也不招谁大家都互相膈着也一定痛苦。既然满眼痛苦能假高兴就假高兴吧，能虚假繁荣多久就虚假繁荣多久，能蒙了自个一夏天也是好样儿的。

咪咪方：为什么不选择对得起人？互相膈着怎么会痛苦？用错词了吧，应该叫寂寞。

老王：对得起人就对不起自己。互相膈着既虚度了别人又枉费了自己。

咪咪方：那是有的人，对得起人就委屈，就想还不如对不起人呢。

老王：答对了。谁都对得起自己也不委屈是不可能的。刨除不可能还是只有两个选择，一是对不起，一是遭到对不起。怎么说呢？真要说起来，你们女的都比我有经验，从小就遭到对不起，跟你们比，我算晚熟的。感觉上遭到对不起还宽绰一点，还可以拿怨恨当拐棍四处挥舞一下，还可以怜悯自己，理直气壮地接受别人的慰问，向家人朋友撒娇，手段比较多。

对不起人这些优惠就全都没有了。你很痛苦但是没有表示的权利，除了跟你狼狈为奸的朋友没人要听而你狼狈为奸的朋友最好别也是你对不起的人。不能表达痛苦太痛苦了，就像你家被偷，突然发现家徒四壁，最后警察侦办的结论是你偷的，追赃也是追你，判刑也是判你，你不但失去所有还要受到追究。苦不堪言还在后面，群众不知道你是贼只知道你们家被偷了，见到你就向你表示同情和强烈好奇，向你打听，你不想说大家就一个劲问，你正想说，旁边一个人冷笑一声出去了。也许人家根本不是笑你是笑自己，也许人家根本没注意你也许那就不是一个冷笑而是一个苦笑，反正你一下舌头硬了，检讨的话也讲不出来了。还有知道你是贼对你表示支持的，抓住你就不让你走，逼着你跟他一起喝大，听他一晚上滔滔不绝还要再三表演我就是这么想的。在最近的圈子里，都是了解你的人，都曾经既是你的朋友也是你对不起那个人的朋友，也可以聊，但只允许你惭愧，只允许你嘲笑自己。你千万注意不要一不留神掉下一滴两滴眼泪，那样大家都会很尴尬。所以说坏人最好别痛苦，坏人一旦痛苦了无药可医。

咪咪方：能这么说吗，坏人的痛苦才是痛苦，好人——净被别人对不起的，只会撒娇。

老王：不能这么说。所有的痛苦都是痛苦，只是有的有解药，有的没解药。

咪咪方：你有宗教信仰吗？

老王：公然的，已知的，很多人一起结成团队信的，没有。我不寻求到别人那里获得解脱，谁也别原谅我，谁也没权利原谅我。我就自己扛着，每一丁点包袱都不往下卸，活一天，扛一天，直到末日来临。

咪咪方：你信你自己？

老王：你这话里有我卧在家里把自己个儿封了自我崇拜的意思——答错。我不崇拜自己。我只是有自己的世界观，对另外的世界有自己的认识。我也不把这种认识称为信仰，多大事似的，知道就得了。

咪咪方：你自己创造自己，自己毁灭自己，自己主宰自己，自己当自己的上帝——答对。

老王：自己创造自己——我哪有那么多事。自己毁灭自己——也是多此一举。自己主宰自己——无非关在家里不出来。自己当自己的上帝——演给谁看？我觉得你不应该糊涂呀，我们拥有自己的世界观，也无非是解决两个问题，从哪里来，到哪里去。不是要在这个世界上解决实际问题。这个世界的问题只能在这个世界解决，当场解决不了，就让自然规律解决，总会解决，到最后一日，都不成其为问题。就不要再出来一个包打天下的了。就不要再出来一个最后解决方案了。问题留给每个人比集中起来解决简单得多。五百万年前我们刚直起腰都是自己解决自己的问题。无非是少活几天，痛苦一点。痛苦真的那么可怕吗？也不要你承担天下人的痛苦，只承担你自己的痛苦，我可以坦白地对你说，人可以有能力独自承当自己的痛苦。这差不多应该说是人生而具有无可让渡的权利。不会出现连锁反应的，天地不会失色，海水不会蒸发，鸡不飞狗不跳。崩溃了可以再收拾起来，收拾不起来就摊在地上。告诉你一个秘密，上帝不插手人间的事。

咪咪方：也不要上帝。想没想过这个问题，要是你对不起的人，那个因为你一生遭到扭曲没过好的人，原谅了你了呢？真诚地从心里原谅你，也不要你再内疚，再觉得有负于谁，大家都一笔勾销，像第一次见面，那么坦然，谁也不欠谁的——呢？

老王：真诚的？从心里？我不知道，我没碰上过这样的事。原谅？这个词烫着我了。

咪咪方：想象一下。

老王：想象不出来，我是个经验主义者，只知道发生过的事还会怎么发生，没发生过的事无从想象。

咪咪方：我替你设想一下，也没什么难以想象的。第一，你会感到轻松，如蒙大赦，多年的郁闷冰消雪解阳光终于照到你头上来了。

老王：一下感到轻松，会吗？我从来都是慢慢放松下来，慢慢开始相信这件事真的过去了。

咪咪方：第二，窃喜。又利用了一次别人的善良，看来你这个人就是无往不利就是运气好净碰见缺心眼的了下回不妨再搞这帮滥好人一下。

老王：这个肯定不会，这我成什么人了？

咪咪方：三，更沉重了。人家太大度，自己更猥琐了。投之以匕首报之以刀鞘，欠人家的开平方，这样下去怎一个惭愧了得？只怕一辈子都要在这个人面前弯着腰。

老王：这个有可能，这个极有可能。方言就说过，我不怕人对我不好，你对我不好我能对你更不好，我就怕人对我好，我对你不好你再对我好，我就成你奴隶了。他说这是他的死穴，叫我千万别告女的。

咪咪方：再有，无地自容。本来好好扛着自己的罪恶，拿痛苦当头巾遮掩着自己，我很丑但是我知丑，我已经在痛苦中了，你们就不要墙倒众人推了，至少我比那些不知丑的要美一点——你们中哪一个敢站出来说自己是清白的？现在不许你痛苦了，把你的头巾摘了，你很丑但是我们允许你丑。

老王：把我暴露在光天化日之后呢？

咪咪方：那就看你了，羞愤自尽是一条路。扑落扑落脸上掉下来的粉，整理整理碎了一地的面子，找个人少的地方重新培养自尊心，再不装牛逼，也是一条路。

老王：我选自尽吧。被人原谅了，痛没得痛了，苦也没得苦了，只剩害臊了。

咪咪方：你就是为痛苦而痛苦对吧？

老王：我不知道，我就是这样你也管不着——被你说得好像怎么着都挺寒碜的。

咪咪方：这还没人原谅你呢，光讨论一下可能性你就乱了阵脚。

老王：高兴也不代表什么，痛苦也是为痛苦而痛苦，活着是觍着脸活着，自尽也是让人羞死的。在你那里怎么才对呢？

咪咪方：不知道，我就是来请教你的，怎么才能从痛苦中走出来。我一点没轻薄您的意思，我也正在痛苦中，一个接一个无边的痛苦，但是我就是没法说服自己同意人生的真相就是痛苦。

老王：我知道，我很做作。我是跟人不熟还好，跟人渐熟渐入做作，做作数十年浑然已忘何谓做作。年轻的时候一直没有安全感，老了也没安全感，觉得这个世上的人只是你不去惹他不来惹你，都不那么善的。对你好的人，除了非得对你好的，我指家人朋友爱人和准备同你进行利益交换的，你们就是互相要好才搞到一起去的，一个不想好，这个关系也不成立。不相干的人，既没有利益又没有历史好感，无缘无故的人，胡乱撞上的人，当你有了难处，毫不犹豫伸手帮你的，我这七十多年也没碰上几个。一个是上世纪七九年广州火车站候车室的服务员，我去汕头倒卖录音机回北京，钱都拿了货和吃光喝光了，去火车站时只上衣兜装一张卧铺票，结果在公共汽车上被人偷了，要上火车了，发觉没票了，也没钱，一起去的一帮当兵的凑不出三十八块钱，只有五块多。这个女服务员借我三十块钱，另外三块钱怎么找的我也忘了。后来我看报纸她好像是个三八红旗手之类的先进人物。我一直记着这个人，名字忘了，长相也模糊了，只记得一大概其的姑娘样儿，不难看，中等个挺白一老实姑娘。一个画面忘不了里面有她的一句台词，我们一帮人正在着急她过来询问都对她很不礼貌，她特别同情地望着我说，别急呀你，大家再凑凑看够不够。

再一个，我就要想一想了，应该还有。我出名后，很多人给我提供过方便，我也认为他们很真诚，无目的，但我不打算把这部分列进去。啊，还有一个，上世纪七九年广州军区三门诊一个正在值班室值班的女兵，我去借她们电话往北京打长途，她让我打了。当时打一个电话比现在装一个电话还难，一个长途要转无数总机至少等半天才能接通，素不相识，脸一红让我打了，也是很大的恩德，相当于现在把自己的汽车借给马路边一人开走。但是我们虽是初次相见，交易，当场都有点两情相悦，我有一阵也有到处出卖色相之嫌，不应该算。还有一个，也是打长途，我们舰队后勤总机的一女兵，面儿都没见也是电话里瞎聊聊上的，帮我接广州接北京，她下班还交代给下一班，太仗义了。但她是北京兵，我就是凭这口音搭上的，后来见了面也有点两情相悦，不算不算。虽然止于相悦，什么事也没出。

没了，最多还有一件两件被我忘了，应该不涉及金钱最多也就是个和气的态度，以为要喝瘪子结果没有，把我感动了。2004年我在北京开车过长虹桥红绿灯，北京世纪初路口车道画线很不科学，长虹桥五条车道两个左拐弯一个右拐弯只有两条直行，造成大量车辆从两边的拐弯车道往直行车道挤。右拐弯线有一大公共要往中间并，驾驶楼伸出司机一只戴线手套的手不停示意，我前面一出租夏利没让他，我让了，那只线手套竖了一下大拇指。当时我就笑了，太贫了也。当时我就决定今天开车完全遵守交通规则。我要看一下完全遵守交通规则会耽误我多少时间。办完事回来在东大桥十字路口，也是长虹桥一样的车道划分，两条左拐两条直行，有没有右拐忘了。我直接顺停直行车道末尾儿一步步往前挪。旁边一辆接一辆的出租沿左转车道开到前面加塞儿，在两条直行车道外边又形成一条线的车。平时我也那么开，这次在后面排一回队，至少多等了俩灯这是往少了说的。变一回绿灯动不了多少都是加塞车挤在前面。到后来我已经完全是大怒，就不该守他妈的这个交通规则，不管你是为分流还是缺心眼既然这么分了车道，就该派一个哪怕交通协理员能贴罚单的站在那里，就不会出现守规矩的人吃亏，不规矩的人处处抢先这种事。

我都记不得我这一生有多少回打算学好，当天又改了主意的。我从懂事一直到今天还断断续续，在做个老实人甘心吃亏，还是当个滑头把亏躲了这两种想法中来回拉扯自己。我很遗憾地告诉你，大多数时候我选择了当滑头。我就不说为什么了。我要说我碰见过多少人，不认识，不相干，压根也不存在利益冲突，一般还不是两个人自愿因为社会行走偶一交错——碰上了，毫无道理上来就冲撞你，嘲笑你，贬低你，打击你的情绪把你搞狼狈了是他唯一目的。他也不因此开心。大家最后都怒气冲冲心情败坏对生人充满敌意——的真事。张嘴我就能说一星期。

我也是一样。没给乞丐甭管真的假的哪怕一分钱哪怕他们在车窗外再作揖再做可怜状，眼睛都不斜一下，装雕塑。没给希望工程贫困地区受灾地区绝症孩子残疾穷人一切需要关怀的人捐过钱，只捐过旧衣服，尽管从电视报纸上看到这类报道公开呼吁也有所触动有所叹息，晚间上床面带忧戚。

花了钱买到的服务一律不说谢谢。接了打错的电话一律恶声恶气。走路沉着脸，好像在思考环境问题，遇到衣衫褴褛的人相貌猥琐的人问路立刻昂起头来眼白翻上天，答一句不答第二句。到饭馆吃饭，赶上新来的行动笨拙应答糊涂的农村小姑娘服务员经常冷言相向，盯着人家，做对了一语不发，做错了百般讽刺。不重要的人没关系的人没可能利益交换的人能不见就不见，任何请求当即回绝，能帮的忙也不帮。

我的处世之道是尽量不妨人，尽量不强迫自己，尽量不给别人添麻烦也不给自己找麻烦。过了量，我也说不好自己，就看当时的情况了，就看形势发展了，包括我在内谁赶上谁活该。十八岁我还有点脑胨，还会不好意思，在公共汽车上看见老人孕妇没给人让座被售票员提醒一下，还会脸红。三十岁我开始练习说不。不，谢谢。不，不管。不，不用。不，不必。最喜欢接的电话是人家找我去干一什么事，最后问我，您有兴趣吗？我回答，没兴趣。放下电话特别舒畅，因为一般人都给噎那儿了。我畏惧权势，也不愿意看自己情不自禁露出的笑容和柔软下来的身段，畏惧贫困和贫困带来的惨状，所以遇强遇弱都闪开。如果不能解放全人类就一个也不解放。

我相当安全地过了一生，我一点也不以此自豪。生人对我好的事还有一件，我对生人好的事一件没有。什么事也不出，所有认识的人朋友爱人家人我都对得起，我还是不喜欢自己，不会高兴，还是会厌恶自己现在的样子和为人，厌恶这个人几十年的小心翼翼和躲躲闪闪。还是会痛苦，与所有人和他们怎么对我无关。与这个世界有点关系，我本来以为来的是一个比较美好的世界，到我要走了，我要说，它不太美好，有些部分，很不美好。最不开心的是我也是这不美好的一个组成。

基于我的人生，我认为人生的真相是痛苦。你讲话，我一直很顺，在生上在荣上。现在无所谓了，我可以讲这个话，有几个能和我比的？我尚且无从快乐，那些境遇不如我的人又都在乐什么呢？说穷人乐，我不相信。有钱乐，都看着呢，就那么浅一池水，又能乐到哪儿去？

咪咪方：见过很多父辈的人，都不快乐，好像你们那一代人都是这样，结果好的结果一般的，在国内的在国外的，男的女的，笑都是给人看，自己待着的时候宁肯沉着脸。所以特别想知道，这是一代人因为特殊经历造成的，还是每个人老了都会这样。

老王：在我以上，在中国，在上一世纪，每一代人都有特殊经历，都自觉比下一代惨烈，所以惨烈成了普遍，成了法则。在我以下，我希望修改这个法则，那也需要一个世纪，几代人，成为普遍，我才能改口说，我看错了，说人生的真相是痛苦是因为我的特殊经历。或者由你来说，你来修改父辈们的错误认识，宣布人生的真相是快乐和享受幸福。我是来不及了。

咪咪方：让梅瑞莎宣布吧，我看我也来不及了。就是从今夜起，世界突然安全了，人和人，不认识的人互相微笑了，天上只有鸟和云彩，每个人的饭桌上都摆着他想吃的东西，每个父亲都和女儿住在一起，一直到我死都不改变，也不够长到让我相信。记得你说过，一代孙带三代果儿走。到我这代算多少代了，超过你说的了吧，十年一代，至少是第四代。看来我们这代果儿也要被你们带走了，被你们的人生观和痛苦观带着走。一代影响三代，也许更多代，你说需要一个世纪把认识改过来，我觉得你也乐观了。

老王：我不比你父亲，他的下场好，下场及时，醒了就走了。我比他多活三十年，为什么迟迟不死？就是不愿意相信每个人都是镀在痛苦这一底片上投影到人生大银幕上。不甘心低着一张自己都不喜欢的脸带着一副丑态离场。我知道电影院放映出来的都是经过剪接的人物，一张脸后面还有几万几十万尺胶片，还有更多的表情记录在上面。那些影像离出发点更近一些。我想找到这批胶片，看看剪接前的我，素材中的我，也许能发现一些片断，换个接法就是另一种面貌。也许能发现我不是放映出来的这个我。

我，至少应该是个自我欣赏的人。我，这么精明，这么计较，却被别的小子——这位剪出来的先生稀里马虎代表了一生。这种事不知道还好，知道了，满腔悲痛。也不想干什么，电影已经放完了，表演也受到认可，也不打算改变观众的印象了，就想看一眼自己本来的样子。我的世界观认为，每个人都是带着一副原形来到这个世界的，在这个世界被描绘为一个人，走的时候要洗尽粉黛，不然你就丢了原形，再也找不到来路。

看看我现在的样子，这张老脸，带着一世的酒色财气，脑门上刻着两个字：坏人。洗也洗不掉。

我是坏人吗？不是。我是好人吗？不是。我是没心肝的人吗？不是。可是我的心肝都表现在哪儿了？看不到。我有没有可能出演另一个角色，满脸灰尘的，把人民写在脑门上的，演一个诚恳的人，与苦难同行的人？有。但是真的要我选本子的时候，放下一个拍得还算顺而且肯定赚钱的片子，接一个主旋律，农村片，到最穷的地方去，出不了名，挣不着钱，没有美女，天天和最脏最难看的人一起演戏，演他们，还要忍受他们的不会演和演不好，忍受肯定少不了的当地小官吏的刁难和所有穷人的不便——暴发户土大款的狗冲我叫倒是无所谓。而且是连续剧，要一直演下去，不许不耐烦，不许不高兴，不许唠叨，不许瞧不起人，要把所有戏中人演成朋友演成亲人——我连自己家人都没当朋友。有没有这个决心上这个剧组？——没有。

我仔细算过自己的账，把估计可以忍受的列了一个表：吃的差点可以——反正现在也都吃腻了。穿得破点可以——反正我也不是以貌取胜。住的差点可以——只要遮风避雨，没空调没热水曾经也不是一生下来就有。没汽车可以——反正哪儿也不准备去了。没电话可以——有也是多事，诚心送钱给我怎么也能摸得到。没网可以——天下无大事无非是些空欢喜和空悲切不知道也就不知道了。没书可以——基本无好书可以拿聊天替。没音乐有点问题，也可以吧——去听青蛙叫。没朋友可以——就跟谁真有过朋友似的。没女朋友可不可以？素一点，似乎也可以想象。脏无所谓，只要不得肝炎。不洗澡无所谓，只要不长股癣。苍蝇蚊子叮一个月也就习惯了，只要皮肤不化脓。但应该让吃饱，至少三天一饱——这是我试过的极限，再长就不坚强了。夏天穿渔网都行，也是一种风格。冬天一定要有一件棉袄和一双棉鞋，破旧脏都没关系，挨冻太难受了，一定要冻死我也行，但别让我生冻疮，我最怕脚指头生冻疮。实在没条件，也行，也能忍，忍到习惯。

不能忍受的，永远这个样子，一点改善都没有，一点希望都没有，时间一天天过去，情况一天比一天更糟，别人都走了，自己留在下面，本来是一场义举，结果成了自己的命。进城已经是个土鳖，进饭馆就哆嗦，看见汽车过来就跑，差点挨了撞还停下来回头冲人笑。过去的房子让人家住了。过去的女朋友住别人家了。看见你一副心疼的样子什么也不好说了只会给你钱。什么傻逼都能关心你一番，聊什么都跟你解释两句，给你碗里夹菜让你多吃一点，背过身去和别人聊你。这样搞下去，搞几十年，真不知道把我搞成什么样子，还会不会坐在这里摆一片马后炮分析自己，因为缺乏同情心自责？就数我过得不好，就数我招人同情，我还——谁还不都得劝我歇会儿？这样一个老头，还是我，就这个水平，到这个年龄，接近完蛋，会觉得这样搞一生很快乐，十分欣赏自己，佩服自己，觉得自己俯仰无愧，对自己很满意，站在这里哈哈大笑吗？你不能认为穷人不痛苦吧？

咪咪方：你跟我说话呢？我还以为你跟自己说话呢。您问我呢？我还以为您问自己呢。我从不认为穷人不痛苦。也不认为穷人就是土鳖，存在的目的就是招人同情，那是你，心里有个土鳖。说来说去，还是不能忍受不如别人，被人瞧不起，对别人的目光还是很在乎，还是要一个社会地位。做的事情都是给别人看的。

老王：还是痛苦。不和穷人同命运叫站着说话不腰疼，跟穷人同命运就是变成穷人。苦难也会腐蚀人，把人变成动物。说穷人有多高的境界，多宽广的胸怀，我也不信。说贫穷产生罪恶，我是见过的。说小山村里的人待客热情，那是去他们家的人少。我也建议我不要下去了。我这样的同志，贫贱能移，富贵能淫，到了下面也是给世界增添不安定因素。当然还有一个可能是变成特蕾莎修女。

咪咪方：您又开始幽默了。您不可能。我都替您想过了。您千方百计躲避苦难是对的，是对自己负责。这纸糊一样的精神，真落入苦难，您只能是灾民、难民，从亚洲到非洲几个亿嗷嗷待哺的骨头架子中的一个，无辜地望着新闻镜头。

老王：先不要谈精神，我是不承认一个人比另一个人的精神优越，都是被现实打垮的。先说概率，我看我也可能是那几个亿里的。我看这几个亿也都不是自己选的，叫他们选，他们一定选站着说话不腰疼。

咪咪方：他们没机会，你有机会，虽然算不上什么有钱人，也是肥头大耳过了一辈子，祝贺您，没吃苦也就没变成动物。——另外告诉你，在您发热这几天，您那些砸手里的股票又涨了，您现在还真有点钱了，想不想现在捐出去呀？满足一下兼济天下的愿望。

老王：不着急。高尚的话题真是不能随便谈，说说就把自己搁里头了——涨了多少了？

咪咪方：看见原形了吗？请回首照一下镜子，镜子里就是你的原形，你还要到哪里再去找原形？不敢选择就是没有选择，思来想去都白搭，你也只配有这样的一生。不要难为情，也不是什么大奸大凶，只是一个——你自己形容，你的词汇量比较大，镜子里坐着个什么？

老王：太平犬。

咪咪方：一只会痛苦的太平犬。你很讨厌我吧？你现在看我的表情说明你现在很恨我。

老王：今天晚上我肯定不喜欢你。今天晚上你几次打击了我。几次我正要大起，正要高高享受一下不高兴和自责的乐趣，都叫你拉了下来，拖回原地。太解骇了你。

咪咪方：噢，原来不高兴是你一乐趣。

老王：废话！高兴没道理，还不能从不高兴中找点乐趣吗？既然已经做作了，索性再做作一点。痛苦也要讲配不配，你居然势利到这个地步。

咪咪方：你觉得这个世界还需要一个人坐在家里为自己痛苦吗？如果这个人是我，您会不会看着我恶心？

老王：恶心也请您咽回去。我认识一个人，曾经对我说，如果有这样一种需要，选一个人，在他身上展览所有人类的丑，恶心，集大成，钉在羞耻柱上，当反面教员。这样一个荣誉，他愿意。我们也别都奔向光明，应该留一个人在黑处。此人说。

第十二章

2034年4月17日　星期日　大风

地点：老王家

出场人物：咪咪方　老王

咪咪方：大风天儿，坐在有阳光的屋子里，喝着热茶，吃着女儿做的剩馅饼，看柳树狂舞，很洒意嘛。

老王：是的，烧退了，浑身轻快，我正在这里享福。你也请坐，喝一口我用咖啡壶煮的乌龙茶，很多年前人送的，名字有点鬼扯叫"往北吹"，味道还是茶。

咪咪方：不要喝过期的茶，我带着有新茶，我来给你重新泡。

老王：没关系，喝一口，死不了人。

咪咪方：太难喝了，别喝了，你在这儿胡乱享的什么福，我给倒了，换新茶。饼也别吃了，都是凉的。

老王：今天你可以脱身了。一连几天都在这里，给你添麻烦了，真是很过意不去。

咪咪方：不必客气，谁赶上都一样。

老王：还是很不好意思，非常感激。

咪咪方：没有关系，应该的，再说我也没做什么。

老王：这杯茶敬你。

咪咪方：确实不算什么——可以停止道谢了，再下去咱们就成俩日本人了。你变得这么多礼，真让我感到不习惯。

老王：你看上去很疲惫，夜里听到你那边房间里一直在放录音机，好像一晚上都没怎么睡。

咪咪方：吵到你了，真是对不起。

老王：没有，只是夜里很静，突然听到自己在隔壁说话，感觉有点奇怪。每天录音回去都要整理吗？

咪咪方：也不是，聊兴奋了睡不着，脑子里全是你在说话，觉得话说得越多越有好多话没说出来，本来说东结果说西去了，所以来回听。

老王：我也是，睡着了还梦见自己在得逼得逼说个没完，越说越当真，生把自己说醒了，醒了半截话还在嘴唇上，前边的全忘了，只记得很重要，就在被窝里想，就再也睡不着了。过去通宵打牌，睡着了也这样，梦里全是一手手牌型。

咪咪方：梦里说的话是话吗？我意思是问，当真会不会有点傻？

老王：看什么话了吧——也。方言刚死不久，我梦见他。我们在一家酒店的房间里，好像就是我们筹备网站的亮马大厦。他对我说，你不是那样的人，为什么装作对什么都不在乎。然后他哭了，好像是为自己，也是为我。在梦里，他已经知道自己死了。这句话，我就很当真。我把它当做方言对我说的最后一句叮嘱一直记着。你已经知道了，最后半年，我们一句话没说过。不用紧张，王扣子一撅尾巴，我就知道她要拉什么屎。猜也猜得到她会跟你说什么。王扣子自以为是。王扣子只知其一不知其二。她跟我演戏，我也跟她演戏。父亲怕女儿，还怕她跟你瞪眼吗？怕的就是有一天亲亲热热的两个人硬要分开——又不可能永远活着，与其到时候让她伤心不已，不如活着跟她疏远一点，给她个理由，让她不要把这个人看得太重。要死的人应该自觉，不要加重活人的负担。现在看到你这个样子，我更坚信我这样想是对的。

咪咪方：不让伤心就能不伤心吗？到底也变不成仇人。你把她推得越远，她将来就会越伤心。

老王：到底好一点，生活里没有这个人，这个人走了就不会太影响生活，处处睹物思人。遥远的记忆不怎么伤身体。又有很多恨他的理由，都是防止过度悲伤的良药——说得好像是有计划的，替别人着想的，其实也不是，也是事情发生了，后果无法消除，只好将就将就了。

咪咪方：还是相信自己的女儿。

老王：相信。不怕她知道真相。世界就是不那么美好，人与人之间就是有光明有黑暗，她的父亲就是这么……恶俗——对不起，这可不是又拿人性当挡箭牌无处可逃再逃一把。幻想少一点，失落就少一点。一辈子碰上都是好人，算她运气。碰上几个坏人，她那个丈夫她那个儿子最后让她失望了——不是不可能。或者她自己管不住自己了，逞一时性子——我的女儿总有像我的地方。经过这些，到她临死，再想起我，已然故去许久，也许会说一句，我爸这人也没多么特别。

咪咪方：还是很在乎，说了那么多硬气的话，这句露了。放心，她对你还是挺好的，这不一有病就赶来了，其实也没那么遭人嫌弃。

老王：老是犯嘀咕，就怕表错情。

咪咪方：我在一边看着呢。不怕您说我心眼小，我还挺嫉妒的，王扣子在的时候就想，要是死的是你我爸还活着，把你家换成我家，多好啊。——自私吗？

老王：不算。那两本小说……

咪咪方：别别，先别说这个。我现在还拿不准我够不够脑力听。一晚上没睡我人是飘的，你一严肃我手心就出汗。咱们先说会儿别的，轻松的。

今天早上我梦见我爸了，刚想眯一会儿他就进来了，我都没意识到那是梦，也忘了他死了，好像他正常地活着，正常地在早上走进我的房间——这儿就是我们的家。所以我也不奇怪，就像天天见到他，连招呼也没打，照旧躺着。他也没跟我打招呼，自己走到墙角，转过身来，这时我才发现他特别焦躁浑身大汗，好像热得喘不过气来，一脸哭丧动作是不断举起一盆盆水从头往下浇，像夏天一个人在屋里冲凉但既没有盆也没有水——他也老是一副热得快哭出来的样子。这时我起来了，我们之间像隔着玻璃，他在里面焦头烂额，我在外面悠闲自在。房间里多出很多旧家具，一下破了，变成我爸去世时住的那个房子，还要破，还要满。床上地下到处堆的都是破烂。我发现房子里有一样东西不对。鞋——他的每双鞋都是一只。右脚的。鞋柜里门口摆的鞋都是右脚，从很高级的皮鞋到拖鞋。这时我就急了，跟一个在屋里穿行的人——好像是你，好像不是你，好像是一个女的，要不就是你们俩——说，我爸肯定出事了，为什么他的鞋忽然都只剩一只。然后我就醒了，醒了还在想，为什么鞋都只剩一只，怎么会呢。想了半天才想起我爸早就死了。出来看见你背冲着我坐在那儿喝茶心里还咯噔一下，情不自禁往你脚下看，看见脚下是两只鞋才心放回肚子。你说这梦是什么意思？

老王：要想一想……还是一种歉意吧。见到别人的父亲想到自己的父亲。内心深处对自己从不了解和从未为父亲做过点什么抱有歉意。想象死总是一件痛苦不适的事，那个焦热大汗淋漓又无水可冲的样子代表父亲死时的心象。至于鞋子，那只是一个穿帮——你营造的虚假情境的一个纰漏。起否定这个梦的真实性的作用。

咪咪方：我喜欢你用的这个词——歉意。你一说我就觉得歉意涌上来充满全身。我一直理不清对父亲的感受，恨——不是。爱——有点泛泛。愤怒——只是偶尔。怀念——没说一样。为什么总是放不下呢，一想起就觉得心思烦扰不得清净，但自己想不下去，一想到他对不起我就只会委屈。现在给你一下说破了，看清了，除了委屈，还有歉意。只是委屈不会这么烦恼，光为自己，三十年足以看淡了。过不去的是对他，爸爸——爸爸死了，一个人死在家里。我还小，只能闻讯前去哭一下，给别人看到只是个悲伤的小孩，其实悲伤的小脸下面还对爸爸怀着一份小小的歉意——做女儿的歉意。因为小，因为太多错愕，自己也忘。但是丧父之痛还在，歉意还在，在幼稚心灵的一个角落存着，存了三十年，从一个小小懵懂的心思，发育成一腔巨大的激荡的情感让我不得安宁。还以为是对父亲的嗔怨。但是怎么怨也不能释怀。现在好了，它变成液体，流出来了，陈年的歉疚居然有度数——像烧酒。我现在浑身——脸都木了。四肢也发胀麻得要命寒毛一圈儿一圈儿过电。但是心里一下敞亮了，通风极了。这感觉对吗？我头发丝上每根眉毛上眼睫毛上耳朵里门牙上都压着对父亲的抱歉应该很沉重怎么反而如此美妙？

老王：发觉是自己而不是别人更需要抱歉，而且把这歉道了出来，当然美妙。再就是你连续疲劳几天，昨一晚上又整宿没睡，大量熬费脑浆子，身体空乏，猛一激动，奋发代偿——垮了。

咪咪方：我眼睛很想睡觉，可脑子不让。只要一闭上眼睛，脑子里大家全醒了，像大白天。我要坐在这儿合着眼睛跟你说话，你不会认为我不懂事吧？这么跟你说说话也许慢慢能睡着。

老王：无所无所，你养着你的，什么时候黑过去了就睡一会儿。你可别落一失眠的毛病，睡不着觉那太苦了。

咪咪方：梦里的我爸其实不是我爸，是我大大。比我爸胖，比我爸高。梦出来以后我才反应过来。

老王：老方家的男人都不长寿，才几年，一个接一个脚跟脚走光了，好像集体发过誓不进入21世纪。就剩你们几个女的了，真姓方的也就你一个。一门男丁不旺，上辈子不定积什么德了。

咪咪方：你们家好像有气场。在别的地方很少梦见，在你家，梦见两次了。

老王：我也是，做梦挑地方。只要在书房睡，就能梦见我父亲和哥哥。也是总梦见他们还活着，忙着一件我不理解的事情。

咪咪方：其实我已经忘了父亲的长相。想起他的时候就那几个姿态，一个笑的，一个盯着我的。有一回翻照片，发现那是两张旧照片，盯着我的那张我还是个仰面朝天的婴儿。一做梦，他就变成别人。上次做梦，他是你，很多很多年前，窗帘是我爷爷家的窗帘。我想去上学被魔住起不来，你在门外，看不见感觉得到。一下醒了，想起你，十分恐怖，知道你不是我爸爸，是冒充的，可全家人都把你当我爸爸——接着发现还是梦，又挣扎，一半在梦里一半在梦外——你确实在门外走过。醒了一遍还是梦，醒了一遍还是梦，至少五六番儿，才哎呀一声醒过来。

老王：你爸小时候，老梦见各种妖怪和野兽来吃他，一着急就尿床。我们在保育院的时候，他的被子一抖开，全是世界地图。小学四年级，他做过两个礼拜的连续梦，天天有一个女妖怪来喝他的血，吓得晚上哆哆嗦嗦不敢回家，回家不敢睡觉。后来的后来认识了个女的，有一年对我说，他觉得这个女的就是他小时候梦见过的妖怪，可能也不是喝他的血，是一种接触，小孩不理解，以为是迫害。他说他小时候梦见过的妖怪，长大全见着了，都是他的朋友和关系人。这么想也好。我听了他这个逻辑，再做噩梦也不跑，站在梦里认这哥们儿是谁。

咪咪方：我只连续过两天，连续做梦看一只手表，已经觉得真有这只手表了。

老王：我连续过四天。一个偶尔在一块玩儿但不太熟的女孩。第一天梦里跑到人家里去做客。第二天在桌子底下跟人家偷偷拉手。第三天在兵荒马乱的大街上两个人东躲西藏并互相接吻。第四天跑进一所断壁残垣的房子里好容易发现一张床垫子慌慌张张做爱老是被人打断。之后再见到那女孩假装没看见，对依旧是太平岁月心怀不满。

咪咪方：不跟你做爱就对人家有意见。

老王：那倒不是那个意思，不跟我做爱的人多了，还能都有意见？不是梦完了就见到的，那还不糊涂。隔了一年，在一个社交场合碰到，四旧梦在脑子里晃了一下，似乎有事儿，一下不符合心理准备了，俩范儿不知道拿哪个好，走道同时出了右手右脚。就两分钟，两分钟就回过味儿了，是梦不是事儿，大大方方过去跟人家握手。

咪咪方：有时两分钟，就把人得罪了。

老王：那次没有，那次那位小姐毫无察觉。人多，两分钟，她还没看见我呢。

咪咪方：就跟有很多次似的。

老王：很多次谈不上，不止一次就对了。有一些人，现实中来往不多，梦里交情很深，不是每次都把人家拉到梦里来办事儿，梦里还聊天呢，主要是聊天。也不要求都连续，隔三岔五聊一次，吃个饭，跑跑步。不光是女的，我梦里的常客还有几个男的。有两三个朋友，因为老在梦里聊，多少年不见面，一见还是觉得亲，而且真是互相了解。

咪咪方：我在梦里和人聊，醒了都记不住。

老王：我也记不住，梦里聊梦里的，外边聊外边的，不是一国家。但一进梦就能对上号，跟张三聊什么，李四聊什么——不是每人每，壳钉壳，大概其顺辙。常聊的，几夜没见，还能接着聊不用重新起范儿。有两年，你爸一进我梦里就跟我狂聊他的梦，在梦里聊梦，一梦环一梦，越聊越深，完全醒不过来。有时在梦里还记着白天有什么事儿到时间该起来了，结果怎么提醒互相呼唤也醒不过来，就像你刚才说的，醒来一层不是，醒来一层不是，烦死了。有时其实就是我们俩之间的事，就在梦里直接办了得了——但在梦里办不了白天的事。

我在梦里认识的人，只有他一个是醒了还记着的，第二天能找我来，说头天怎么梦着我了，都聊什么了，我旁边还有谁，形容一遍。开始有点惊着我了，我在梦里和谁好再让他看见，岂不臊死我就这么一点隐私。后来发现在梦里他是独眼，只认得我，我带着谁他看着都是一个变形，老说我与虎狼同行。反观他，也始终一个愁云惨雾人，我才安心。他自己说，他单独为我做一个梦，这个梦里只有我和他，是个聊天室，聊白天想不到的事。

咪咪方：什么是白天想不到的事？

老王：还没发生的事，纯粹不可能的事。譬如他是间谍，我是女间谍。他是毛主席，我是林彪。跟梦一样，醒来十分荒唐，在里面全当正在发生无比紧张，该弹冠相庆弹冠相庆，该翻脸追杀翻脸追杀，最古怪的一次是他跟我谈结婚。

咪咪方：要是我，就再找一个人，三个人做一台梦，一定更有意思。

老王：再找八个人，就在里面搞成一个小社会了。不知道他，我是没好意思找一个人说我梦见你了，如何如何——也说过，人家说，哦，是吗。没抻我这茬儿。记性不好，心里还顾忌一点体面，梦中已经大不敬了，下回换脸又未必是此人，就当是梦永存吧。一直在梦里，容颜不改，还有亲切的交流，几十年绵绵不断，心照面宣，也只有你父亲。我们俩应该怎么形容呢？是铁面交情，什么话都可以开着说，没面子，全好意思，不带脏字不开口，越是羞处越是要挖苦，不搞得你无地容身不算朋友。每次互相臭卷，互相暴损，互相揭老底，互相目瞪口呆——之后，你父亲都会叹气低着头说，唾面自干就是说你我呢。

咪咪方：仗义啊仗义，见过仗义的。

老王：从保育院开始，我们俩就互相梦见。梦见了也不在意，各做各的梦。上小学的时候，外头打了架，梦里讲和，不像成年人懂得情义，反而别扭。一起参加过德军，一起遭到过枪杀，一起飞行也一起跳过楼。1969年，29号院解散，你们家去了河南五七干校，我们家搬老段府，我们有两年没见。一次他在梦里说，秫秸秆儿扎了他的眼睛，左眼皮上留了疤。还说新乡的胡辣汤好喝。我告诉他，我们每天夜里去东四的青海餐厅喝馄饨。不久以后你们家调回来，他左眼皮上果然有个疤。一见我就说，什么时候去青海喝馄饨呀。三十年之后我才在花市一家河南驻京办事处的餐厅头一回喝到胡辣汤，朋友认识人，专门叫给做的，就是浓烈调味的杂烩汤，说是农家盖房子麦收请工待客就馍的。都忘了，吃了回来才觉得早听说过这吃物。老了，梦里也是懵懵懂懂，懒得看那些千新百巧的心思。方言恨我，就是因为我对他的心思一目了然，参与了他的幻想。两个人做一个梦，结果就是这样。他爱谁我知道，他爱的那个人也不全属于他，有我三分之一至少。是我们一起创造的。

咪咪方：又是女人，我都听烦了。

老王：梦中情人，不是比喻哟，是真的——连续一个人，四十年出现在你梦里，有面容有身体还有对话还有性爱，就是光线暗点，颜色暗点，是不是也可以当真？你当不当真不要紧，反正我当真，你父亲当真。2004年和一个写作果儿聊天，她结了婚，但是感到从来没像样爱过一个人。我正在犯痛风，只能吃奶制品。她说——指我这痛风——你终于有了可以相伴一生的东西了。回来想，越想越觉得这话够损，但也是实情，现在和我在一起的就是这一身病。

咪咪方：每个人都带着一副原形来到这个世界——什么意思？

老王：其中一个意思是说每个人都不是看上去的那个样子。

咪咪方：真够深的。不是指人性吧？

老王：不是。你要不要盖上点？

咪咪方：不用，不冷。我也觉得不是，光人性多不牛逼呀。是指灵魂吧？

老王：是吧。

咪咪方：为什么这种口气——是吧？

老王：不想正面回答，因为灵魂太容易误会了，不同的人有不同的理解，有的人一听灵魂就吓得要死。

咪咪方：我不会光听听就被吓死。我对这个事情很感兴趣。风声像在山里，像一个小孩在赶路。

老王：听哪种——王氏的还是方氏的？你姓方，先听方氏的吧。先天存在的，至少存在了一百亿到一百五十亿年，大于人，大于生命，大于星际，小于原子，小于夸克，目前不被任何人类的观测方式所测量。可以肯定的是，即使可见也没有内禀质量，光子是它最好的比方。不能肯定的是它到底有多少种呈现方式，还是所有的呈现都归于它，哪一种才可称其为本质还是表面即本质？

咪咪方：前半句像宇宙，后半句像说无。

老王：站在人的立场很难理解。

咪咪方：那站到哪里理解？我们还能是什么？

老王：只要不是人了，就可以是任何方面，谁说我们非得是人来着？你首先要抛开一个观念，不能想灵魂为人所拥有，只是人的一个精神凝聚，像苹果的一个核。你要这么想，灵魂独在，纵横宇宙，人只是灵魂的一次乍然一现，这么讲也不准确，让我想一想，人只是灵魂的一次……临时外泄？不明出走？一个梦？都不准，都把人抬得太高了。因为我们是人，总是要把自己放在自我感想的中心，其实对灵魂来说，还有很多经历比曾经为人要重要得多。

咪咪方：比如说呢？

老王：比如说宇宙诞生，比如说恒星死亡，比如说黑洞逃逸。这么说吧，人，只是灵魂的一次轻微扭曲，一次轻微受困，一次感冒——说感冒都大，一次毛囊发炎，长了个青春痘。本来自由来去，无所不在，忽然跌了个跟头，掉在地球上一个人家，再睁眼成了个小孩，什么都忘了，什么都要重新开始，被人教导学做人，受人辖制，在人群中吃力地讨生活。走路靠重力，说话靠空气振动，视力限制在巨观世界，远不及十里路。听力限制在巨响，真不过二百米。拖着个软身子，吃生命维持生命。一天不吃就跑不动，少喝一口就舌干唇裂。风也吹得你，雨也打得你，太阳也跑到你头顶充老大。笨拙虚弱不明真相地度过几十年，一日日走向衰老，走向悲哀，哀之又哀，走进坟墓。转瞬之间爬起来，立刻忘了这一个跟头，就像从来没坠落过，又一笔怒放开来，无穷大无穷细微地躬身充满宇宙。说躬身只是一个比喻，是说我们那当时——从来的态度。什么看起来都很短暂，什么过程也不产生结果，什么态也不必表，只需要谦虚地站在那里。谦虚和站也是比喻，呼应躬身，是拟人，其实既没有表情也没有形体，只是一个三百六十度的注视。

咪咪方：有自主意识吗？

老王：这是我不能肯定的，因为我只有两次很短暂地达到灵魂状态，老王这个身份是消失了，但是还有意识，似乎是另一个自我的意识，我不能分辨，下来也糊涂，不知道这个意识是不是也是一次划过，再下面还有什么出来。因为我从未消失过自主意识，所以我倾向于有自主意识。你用自主意识用得好，因为确实不同于自我意识。当年方言就和一个朋友为此产生过争论。朋友少患难症，长年徘徊在生死线上，正经人里也就是他能聊聊死亡。

咪咪方：什么叫正经人？

老王：只关心人的，只关心人类的，一点人文精神就把他充满，比拜金主义照看的面儿稍稍宽一点，但还算正派的人。

当年一次大家一起吃饭，方言谈起自己的空中注视——当时我们都还在初期经历的惊诧中，对此还没有太多认识，所以也不称之为灵魂之旅什么的，不好意思的，只说濒死体验，也是请教的意思。方言说自我消失了只剩一个注视，朋友问他，谁在注视，注视什么。方言说都融为一体，朋友说还是有一个观照，有一个注视与被注视，有一个此与彼，有这样的关系存在，你就否定不了自我。后来就争论"注视"这个词，争论其中带有的主观意味。后来改用"视觉"，还是不能取消争论。后来我就很郁闷，又插不上话。当然我理解朋友的意图是不给人自以为是神的机会，在中国这个环境这样想也很正当，但是我认为他还是太爱字眼了。我很不喜欢朋友的雄辩中含有的这样一层意思，人的全部思想都反映在语言上，不能在语言上成立的就都是虚妄。朋友一点都不肯意会。这是把语言视为本质而不是工具。当时我没想到自主意识这个词，想到了只怕也难逃朋友的追问。也许这是朋友的武器，以此拨开种种乖谬的个人经验，捍卫他认真怀疑一切的权利——我倒不相信朋友是为了这个世界的完整性。朋友是——我们都是受西方思想方法训练的，重逻辑，重普遍性，相信这个世界具有本质。西方思想方法在这个世界很有用，不在这个世界浑身是铁也打不成一个钉。灵魂世界，全是新东西，没有一样儿被命名，怎么讲？我和方都同意，到彼地视觉为王，先看到，试着讲出来，试着指认，大意清楚了，尔后造词。每次进入新世界，开端都是这样。当然语无伦次，当然支支吾吾，比喻复比喻，一星半点能落在实处就谢天谢地了。中国字很典型，直接脱胎于画面，一百万字又怎能写得尽一处风景？字字句句推敲起来，大多所见无以言表。

咪咪方：我现在眼前就有小人跳舞。——你的意思是先要有个态度。

老王：我的意思是语言是网，世界是海，一网下去海水就会从无数网眼泄出。能说出来的永远小于看到的，小于感到的，再生动也只能概指那个方向，至大洞察力也只能望个隐约，上来就尖锐过早。争论不是目的，争论很伤感情——这是说我，我也是朋友都成了故人才明白这道理。面对那样大遮天蔽日的未知，我们这点可怜的已知全部加起来尚且不够插一指见缝，还在这里争什么？可以交谈的人本来就少，争一回少一个。

咪咪方：放弃争论，只能说什么是什么了——小人儿，小人儿，还举着花儿。

老王：也不是这个意思，其实谁都心里明白，有的争论是促进谈话的，有的争论是掐别人脖子的，也不是别人的话真那么难懂，只是自己的主张不可改变。不说这个了，交朋友还是酒肉朋友比较好，酒肉在朋友在。朋友交深了，就碰到世界观，最硬的，不能拔出来交换的。

回到自主意识，那确实比自我意识贴，很明白地处于那里，这就是自主。自命不自命为我倒无所谓，没有他——对象比照，你也存在，都是你，你是唯一。可以想象吗？一个万象合一的局面，都是因你而起，因你而灭。你在任何地方，同时的，又不是分裂的，什么坐标也标不出你的位置，你不在一个点上，也不在一个面上，你是全部。牵一发动全身，就是你和整个宇宙图像的关系。我们在地球太卑微了，什么关系都压着我们，时时刻刻提醒着我们，你是你，他是他，稍不注意就要吃大亏。在那里不用，没有人，没有一个东西在你之外，甚至也可以说没有你，在那里，我们可以不为自己做任何事。

咪咪方：都是看到的？小人没了，很远有一个花园，凡尔赛。

老王：花园后面有海吗？

咪咪方：有海有海，看见浪花了，你不说我还以为是天空。——我们是同一灵魂吗？还是各有各的灵魂，在地面还有关系乃至冲突，回到天空，永不相见？

老王：这也是我不能肯定的。我愿意相信我们是同一灵魂，但是没有证据。在人们脸上，我看不出我们属于同一灵魂。回到灵魂那里，我感觉不到其他灵魂的存在。你这样讲，真令人伤感。方言不这么认为。方言曾经认出两个人和他同灵魂，其中一个是我，但到后来，他不这么说了。

咪咪方：我看到他的脸了，花园组成的。——怎么就认出了呢？

老王：无意中，一个照面，一眼乒地合上。也不需要太多交谈，劈头就觉得顺溜，没有和别人初次见面一定要迈过去的那些社会坎儿，眼神像在同一个水槽里流动，动起来各擅姿态静下来像两盏同瓦数的灯泡。生活也有相同的轨迹，赶上相同的际遇，犯同样的低级错误，尤其在不如意处竞相模仿。越寻视共同点越多，多到密密麻麻，连起来活画出另一个人的心影。

咪咪方：听上去像一男一女，天生的一对相遇。——海淡了，变成大街了，这他妈的不是曼哈顿嘛。

老王：完全不是一回事。一男一女，可能是一半遇上另一半，一半凸一半凹，两个极端，正好投契。这个相遇，是自己遇上自己，柔软碰柔软，坚硬碰坚硬，是出对儿，两张牌，一模一样，认同感不影响敬而远之，过不到一块儿去的。

咪咪方：对对对，有人也特别不喜欢自己。——这黑女人对着橱窗照镜子……等一等等一等，我认认这是第几街。

老王：清楚吗？还是像睁不开眼那样看放在墙上的老纪录片？

咪咪方：像黄昏戴着墨镜，这出租车怎么也堵这儿了太逗了。——我怎么越听越觉得另一个只能是我了。

老王：抱歉，不算孩子，是社会上的人。——街上的人能看出是什么年代吗？

咪咪方：当代，表情都是当代。——他说过，我和他是同一个人。

老王：同血缘未必同灵魂。小时候越看越像，大了，相似都在表面，骨子里另有一套，像是专门派来剿灭你的。我也希望和自己女儿同灵魂，可你看她那个牛叉的样子，我哪里敢高攀。同灵魂这种事，还是方言说得好，只是人的一个念想，在灵魂那里，这个问题不存在。

咪咪方：不是我那是谁？另一个，哼——想必也是个女的。

老王：女的——你就关心性别。

咪咪方：没办法，我就这么俗——她还活着吗这老太太？小伙子走得真快发型还挺帅，几点呢这是？

老王：不知道。当时也就是一个邂逅，再三邂逅，产生一个意会。后来各自散去，不知所终。2000年的时候，我们都处于激动和敏感中，人是打开的，四面受风，经常也是误会，误以为很多事在发生，其实可能什么事也没发生。我还跟人说我和迈可尔·杰克逊同灵魂呢，在一排排心象前辨认自我的时候，一个画框接着一个画框，后来墙上出现他的容貌，一度代表了我，穿着浮夸的军装在一大群人前头边走边唱。唱着唱着醒了，他真在远处边走边唱，在MTV里，在电视里。

咪咪方：一到具体人你就不知道，你都知道什么呢？——这家店我进过，门认识，绿油油的。

老王：——心灵之门打开了，脑子也随之变成一个画廊，心象纷呈，一个思绪，一个愿望，一个心结，一个历史烙印，都化为一幅幅肖像挂在那里。有的是你，有的不是你。有的还可分辨出人形，不是人就是猫科动物，狰狞娇媚，毛皮斑斓，强烈反映着你，比你人前的样子还妖娆三分，入骨七分。几十万张看过去，你再去照镜子，真像看一张拓蓝纸，不相信眼前这副样子是原样儿。

咪咪方：这我就不喜欢了，怎么进了小脏巷子，中餐馆，墙上写着中文。真爱吹——

老王：都是，都是出自我心中。有的是我愿意扮演的。有的是我不愿意扮演的。有的是我避之唯恐不及的。要看就全出来了。过去再怎么自我嘲弄，内心其实是骄傲的，自己暴露自己也是出于优越感——也只有我敢这么做。不怕卖破绽给你们，不怕被打垮，不怕溃不成军，打烂的都是皮肉都是本该割掉的。内心是自信的，相信自己的品质，比很多人干净，就没有那些乱七八糟的东西，瞧不起一些人是有道理的。看过自己的肖像展，这个自信没有了。我瞧不起的那些人都挂在画廊里，这个说明什么？说明我骨子里有他们的那一面，本来也是他们，只是种种原因——大概还是选择比较多吧或者条件没给够——才没有成为他们。心象证明，我不具备优越的品质，我本可以成为任何人。每个可能的心机都备好了一张脸。一个灵魂有海量面目，像一个面具库，任人戴取。同灵魂可以截然相反。你说它什么意思？告诉你一句托底的话，要想找到自我是一件干不完的活儿，找到了也是自欺。——
睡了？睡吧。

咪咪方：没睡，都变成花门了，呢个布。——说完方的，黄的呢？

老王：睡吧，舌头都拌蒜了，我给你放点音乐。

第十三章

2034年4月23日　星期六下午　春风
地点：三里屯北小街和西六街拐角处河畔餐厅外的露天咖啡座
出场人物：老王　咪咪方　梅瑞莎

老王：这个风太舒服了，这个阳光太舒服了，这个味道太好闻了。这个餐厅还在，不容易。你经常来这个地方？我已经忘了还有这么个坐的地方。北京的味儿——槐花香。上次闻到这个味儿是有人得奖，夜深人静，我们在这儿的二楼喝大酒，老板招待我们吃鱼子酱和奶酪盘，开着窗户——大概记错了，不是春天，是秋天。鼻子里都是河水的腥气，亮马河上开游艇有点吵人。应该下一场大雨，这样河满一点，我喜欢看河是满的，活活泼泼流过去的样子。流水的声音让人想小便。再站一会儿。沙乌地阿拉伯大使馆。不走远。——不要咖啡，温水就可以。蛋糕——可以尝一口。那边桥上堵车了。

趁梅瑞莎没来，一个问题先要做一个解释，不解释感觉不好，好像我在其中搞鬼。《黑暗中》《死后的日子》两本小说，是同题作文。王扣子看到的是我写的。恕不便现在拿出来给你看。将来拿不拿出来我还没想好，还有很多心理障碍需要克服。牵扯他人隐私是一个因素，是否写得很好也是一个因素。放了几十年，已经对过去写的东西不太满意了，很多讲法不能代表我现在。改也没有力气，等等再看吧。王扣子一点说得对，也不过是一些恶心事，不看也没什么损失对任何人来说都是。

　　我也觉得我想多了。所谓坦荡笑骂由人笑骂是装的，事事小心尽量圆滑这才是我。你父亲在世，对谁也不用解释，不在了，对你们后人，还是说清楚好。这几天心中惶恐，很多年没和人这么畅聊了，尽兴之后一夜一夜睡不着觉，回忆每一个细节，生怕自己太忘形，哪句话没说对，得罪了你，很不放松。当然你从来没那么想过，你是好的，有问题的是我，我已经焦虑成习惯。那句话让我很温暖——到底也变不成仇人。还有那句——她对你还是挺好的。想起来就满怀感激，见笑见笑。你们都对我太好了，我是没什么可抱怨的了。我也觉得絮叨得可厌，也许我上辈子真不是意大利人而是日本人。请相信我不是用过分的感谢压你们。打住，坚决打住，我要再表示感谢你就拿水泼我。

　　生活能永远继续多好，那人当得才有意思呢。别拦着我，我必须感慨一番这么好的天气。过去很不理解那些老人为什么无耻地活着，现在有点同意好死不如赖活着。什么事都过去了也很好。之后不抱好奇也很好。坐一坐，望一望，有话说很好没话说也很好他大婶的我怎么这么多废话我真是有病。昨天做了一个梦，到东北去，被当地接待的流氓把信用卡和美国绿卡都给偷了，一顿酒后钱包里只剩一些没用的打折卡和会员卡。急死我了。又不记得信用卡号，没法挂失，紧急想方案，最坏的结果是卡里的钱被他们提光。跟他们商量，卡里的钱归他们，绿卡和驾照还给我，上面有指纹他们用不了。偷东西的小伙儿说，揭了皮儿用，今天已经有一个福建人用这张绿卡去美国了。一想到一个不认识的人用我的身份坐在飞机上将要在唐人街过一辈子我就哭了。——醒来还是急的，想着是不是要到嘉里中心报失。——再醒想这也不知是哪辈子的事，着的都是古代的急。——再醒想这不是我的梦，是方言过去做的一个梦，传给我了。当时你们刚到美国，人生地不熟，你和你妈一个马大哈一个马小哈。听说你妈拿着一张新信用卡一张旧提款卡，看来看去拿剪子把新卡铰了。到银行补卡发现驾照掏不出来，驾照哪儿去了？变戏法变没了，一溜十几个包，今天放这里明天放那里，放来放去哪个包里都不见了。怕就怕把自己锁门外，每次出门都要开一扇窗户，以备万一爬窗户，终于有一天手欠把所有窗户都上了插销，出门前特意把钥匙放在屋里，然后咣当一声把门撞上，高高兴兴去人家参加聚会。你们那儿夜里两点你给你爸打电话，说你们在等锁匠开门。说美国警察支唤不动，打911听了这个情况说这不属于紧急事务，不出窝。你爸问你，你们没有备用钥匙吗？你回答，有，上次用了没放回来。

这之后一个月，你爸就做了这个梦。我去看他，他忧心忡忡地在电脑上登记自己的信用卡号码。愁眉苦脸地说，你妈小时候就把她妹忘记在一个体育场里。在北京开一辆自动上锁的车，每季度都要严重违反一次交通规则，闯红灯立交桥逆行什么的，被警察吼下来，一下车就把自己锁外边。你要看见她在马路边靠着车东张西望，千万别以为她在看风景，准是等钥匙呢。北京不是有一阵儿有一帮哑巴盗窃团伙嘛，候在路边，见了开车的女的，就指轮胎假装焦急，你下车看轮胎，后边冒出一个人就把你车上的东西卷了。她能让这帮哑巴偷过两回，所有证件和卡丢得一干净，要等全城的好心人在公共厕所里一本本捡到，交到各区派出所再领回来。第二回还把家里存折都给哑巴了。你说她出个门带齐存折干吗？年年坐飞机，今年不忘，明年一定忘带一回身份证。踩着点走的，送也来不及，除了天知道也没人知道她的身份证放在哪儿。但人家每回都走得成，自个有办法，能劝下机场公安给她办临时登机证，到下一个机场再磕那儿的公安，来回照飞。有一年冬天路面结冰开车带着你一头扎路边树上……你爸说到这儿，又劈劈啪啪敲键盘，逐一登记所有银行账号身份证号护照号——连你们的。我说，要是小偷进来，把你这台电脑偷了呢？你爸看着我，眼中充满绝望。

有时候真觉得你爸是个可怜的人，每天都在为可能发生的事担忧。什么事都没出呢，自己已经一塌糊涂了，精神体力统统掉到零点。你说你忘记了他的长相，我也记不准了。蒋9见到你那天，回家的路上忽然想不起他什么模样，就想强作镇静这个词，一想这个词，他就出现了，头抬着，但给人耷拉着脖子的感觉。

一个朋友评价他：一辈子自己很会安排没着过大急，净替别人着小急了。

死后到我梦里说：一辈子累，天天在练眼不见心净功。

忘记前面说过没有，说过了就再说一遍。一次在一个人家玩，女主人是多年的朋友，说他，顾虑重重。

这四个字批得到位。最后一年不出门，不见人，不做事，是因为这四个字。小说写不下去，写写停停，功亏一篑是因为这四个字。他自己也承认，遇事作为借口。一个情调果儿喜欢他，他也喜欢人家，聊到人家门口了，撤了。情调果儿给我打电话，说你这朋友什么人哪。问他。说顾虑。顾虑什么呢？什么都顾虑，第二天，第三天，炮前炮后，前妻前女友，房子生活费，果儿的一辈子。我说，你没事吧。他说，我要不能全心全意对一个人就干脆别招事儿。因为我变好了。他给人家打电话说，我是个好人。情调果儿还没起床，说，你以后别给我打电话了。

好人，流窜到社会上一般也叫烦人。我说，还是要尊重约定俗成的，小欢乐也是欢乐。

他说，你当一回好人试试，乐不起来，背着一堆思想负担，还不如找鸡呢。

我说，鸡有病，警察抓，没准鸡还打劫，都想到了，就是好人的全称——最好一人待着。

他说，好，好，我就当这样一个——最好一人待着的人。

一个酒果儿好久没见他，见到他，跑来着急地对我说，他怎么了，他现在怎么这么孤僻。

小孩——我们现在叫她思想果儿，叼着烟卷在一旁说，这是专门玩郁闷的。

他听见了，笑着转过头，说，对对，我就是专门玩郁闷，高兴了，什么问题都没有，倒不会玩了，比如现在。

说什么还全认。我们笑。一哥们儿摇头摆尾舞将过来，叫他，起来起来，动动，动动。

过去你不是这样。我们俩聊天的时候我对他说。过去我们俩也经常像咱们这样坐在街上聊天。这地方是他死后开发的。过去我们比较多是坐在西五街西班牙大使馆对过希腊餐厅外面。那地方也很清静，比北街过往的车少，闻不着汽油味儿。吃喝委员会活动比较猖獗的时期，大家经常约在那儿聚齐再一起出动。朝鲜人冲馆之后，西班牙使馆墙外也拉了铁丝高网，增设了哨位。希腊餐厅对过就站着一个面嫩的徒手武警列兵。我看着笔管溜直的小孩哨兵跟方说，他的视点可以拍一地下电影。他天天站在这儿，看着对面这些餐馆进进出出的各色人等，演一折折戏。两年后他离开队伍，会不会也有一天坐到对面来看自己的过去？不是不可能，坐在他对面的这两个人当年也像他一样两手摁着裤线，站在山东平原哪儿都不挨着哪儿的路边望着前方，很年轻很乐观，一点都望不透自己的未来。

过去我什么样儿？他也很愿意回忆，一提起过去就双眼有神，点着烟锅，深深吸进一口烟，闷着，喘息一样喷出来。

过去你是一个很好玩的人，到哪里都凑趣儿，会说话儿，会套近乎，人人都说你懂事儿。多不靠谱的局也不张罗走，坚持到最后，人都散光了还一个人在那儿独自漫步。我说，从戏外到戏里，拍一条街，至少是一地下电影。

那是不好意思，怕扫大家的兴。也是体力好。他把烟锅递给我。现在没那体力了。

也是很替别人着想啊。大家都很领情啊。每个场子都很欢迎你，从没听说你把哪个局给搅了的。你是能把快乐带给别人的人。头牌讲话，你多招人待见呀。我摇手，现在不。给头牌发了个短信：听说你最近很神秘。

我也很领大家的情。跟别人不说，跟你可以说，这两年是我有生最幸福的两年。是大家把快乐带给了我，不见得脸上挂谢但心里铭记——谁给过我快乐谁知道。是真成长了。不是学习了世故增加了历练，多读了几本书多走了几个地方多见了一些人，混一个人人都说我懂事。是向自己的内心学习，认识自我，接纳自我。没想到自心如此壮观。没想到自心刀霜无痕。没想到自心一无所求。没想到自心远在十万八千里之外。我一直在玩呀，从和女的玩，到和男的玩，到和自己玩。表情落寞，那是全神贯注。双眼垂泪，是喜极而泣。你看我一脸僵持坐在那里，其实我心里如水洗一般，探照灯一般。不一定非要抓住什么，不一定要把快乐建立在别人的善意上，建立在自己内心上，不给别人添麻烦，也是一片喜悦。

对过的武警哨位来了个小班长，带着个更瘦小穿着一身新军装大盖帽能装两张脸的小新兵。小班长把小新兵放在一边，自己和站哨的小老兵帽檐挨帽檐说话，还一起回头看马路上过的跑车。忽然小兵们撅起屁股互相敬礼，小老兵和小班长迈着齐步走了，留下小新兵在原地挺胸夹裆像棵蒜苗。一会儿一队徒手小兵在一个年轻少尉的带领下从街那头走回来，小班长也在队伍里，前挺后撅，一板一眼摆着臂。过人行横道的时候，两个小兵各拿一柄圆圆的小红牌挡住来往的车，队伍过完，向司机敬礼。

头牌回短信：谁说的。

说只有喜悦那是假的。照见过去，过去如蝇。照见未来，未来如雷。身体还在，十分健康，山水不能寄情，光阴寸草不生，手长脚长走不出自己的视力范围。活到老学到老是一句挣扎起来，给自己吃宽心丸的话。不知生焉知死是大话，说一半夹生了的话，自己都不知道自己下边还想说什么。说事事来不及，倒是一句老实话。还要去哪里？哪里都不去，就在这里，待在家里，看谁能跑出二百米去。他叫来服务生，跟我商量喝什么酒。

天还没黑就进酒？我给头牌回短信：群众。服务生端来两支啤酒。我对服务生说：换个烟灰缸。腾屁股坐直起来。

前头还像明白话，后头又有点较劲，没有人在跑，是地球在转，天气在变。我觉得酒很冰牙，冰到牙髓里边去了，食管也疼，忍了一会儿，才过去。睁开眼说。这样的话我也接不住几句，也有点聊不动的感觉。你是个主意大的人，我也是个不爱管闲事的人，劝人也不是咱们干的事，有两句话你不爱听就当我没说。你读书，我也读书，你有你的兴趣，我有我的兴趣，读书杂，进偏门，是好是坏我也不知道，原则还是你讲给我的，看出破绽为止，书都是人写的。——小伙子，您这酒是结了冰坨刚化的吧？

方：没有真信他们，不要紧张。也是没人聊，逛到书店，书店里一百本书，一百本在谈眼前的事，也就是这一家几个人聊得远一点。

头牌：天天在家闲得都长草了。

方：跟崇拜一丁点关系都没有，只是觉得亲近和猛烈撞上胸口的安慰。觉得就像是几千年前和我们差不多的一群朋友，面临同样的困惑和过不去，凑在一起聊聊，看谁能把不明白聊得明白一点。都不是神，是人，要吃饭，要应酬，除了自己关心的事也要考虑人际关系，相互之间也有说不服和思想疙瘩。过去看两行就睡了，是不知道人家在说什么，跟人家没在一地方。现在一翻开满纸大白话儿，就会心一笑了，就像坐在界北儿咖啡座，听一帮老外聊天翻译说的是唐朝话。说的高兴，听的也高兴。唐朝话不是障碍，相当于一种山西话，学着舌头短一点也就接上了，用那谁什么话说，我和他的心是相通的。

我：告诉你一个八卦昨天夜里二兽和一个男的出现在鹿港小。

方：你们都怕聊，觉得忌讳的事，人家不忌讳。你们回避的问题，人家不回避。车轱辘话多一点，绕脖子话多一点，大约也不是翻译的捉襟见肘，说话人也是踩语言钢丝，如履如临，生恐一字说蹭了听的人一跤跌到姥姥家去。这还说一句解一句，我姑且这么一说，你就那么一听，千万别犯实心眼。

头牌：看见的人就是我你的资讯都慢一拍。

方：过去以为天下乌鸦一般黑，只会在那里封一哥，烧香磕头，是农村妇女开展的活动。对人家有误会。实际上一哥不是这样，是跟一哥的人瞎搞，打着捧一哥给兄弟们搞饭吃。一哥还是很彻底的，大破别人的同时不是给自己留一个位置，是连自己也一起破掉。看到"要是真有福德，我就不见谁说谁福德多了；因为福德没有，我才说福德很多"，我当时眼睛一热。这是把讨饭的盆底儿亮给大家了。这是什么精神？这是自己拆自己的台，你们不要图跟我有什么好处，什么好处也没有，这里不是开银行这辈子零存下辈子整取。抬举谁？谁也不抬举。还是要看原著。这才是一个也不放过，旧世界打个落花流水。读一哥的这些话，耳边不由响起《国际歌》"从来就没有什么救世主"。一哥又进了一步——从来就没有什么自己。

我要来锅子，闷了一口，徐徐吐出来：比较柔啊。你这样说一哥，一哥的兄弟听见是要拿板砖拍死你的。低头发短信：晚饭有人吗没人咱们可以往一块儿凑凑。

方：一哥很悲哀，本来打算一语不发，受逼不过讲出来，天下从此多事。

头牌：你解放了敢跟我吃饭在哪儿呢和谁。

我：一哥料不到吗？一哥也走面儿，一哥的狠话还藏在肚子里没说呢，说好了一场空，且让你们多事。短信：西五希腊和五兽来吗。

方：听说你诽谤过一哥，说一哥长得像苏雷，遭一哥报应，疼得死去活来。

头牌：五兽见我就教训我招他了他老训我。

我：你信吗，一哥这量级的，为一句话跟我急？我都不会他会？把一哥当什么了？后来查出来是胆结石。切了丫的，看丫还疼。短信：五兽喜欢你五兽正在悲哀叫上二兽三兽。

北京原来有句话，形容人心里起急，我一直根据读音胡乱写成"乌鸡遛瘦"，后经老梁考证，原出老房子上的"屋脊六兽"，笔画上不去下不来。

飞就把我们玩就在一起算一类组合的几个人封为六兽，按年龄排，自小至大，头牌即是么，另外一姑娘是二，飞是三，四是我，方是五，老梁过世后六一直空缺。小孩那时谈恋爱，已经淡出我们圈子。头牌和飞也不太喜欢小孩。她们女的总是派中有派一会儿好一会儿不好，和我们男的理由全都不一样。

我说，我诽谤一哥是给一哥造谣他报应我给一哥制造影响那他也不搭理我。

方说，对你当然最好就是臊着了这个谁都知道那批示怎么批的来着？

我：不予理睬不给机会。

方：你能别老玩手机吗我这儿跟你说话你那儿就没停。

我：头牌问她来不来晚饭光咱们俩干葱吃什么也不香啊。短信：五兽挑礼儿了。

头牌：挑一个词天空森林草地湖泊听说很准哟。

短信：天空。

头牌：天空是容易爱一个人也容易忘记一个人我是森林一辈子只爱一个人。笑脸。

短信：那你一定早就背叛了自己。

方：你再玩手机我把你手机砸了叫她过来呀。

我：有哥了就可以很粗暴吗？就见不得别人搞点俗人乐你再把我抓起来游街。搞网站那时候，去盈科周围小饭馆吃饭，旁边坐着的人都在谈纳斯达克。转过年来吃水煮鱼，每个包房都在聊新飞。今年又都在谈上师，世风真是一日一新。前几天看一个台湾法师讲话，真是混蛋，拿六道轮回吓唬人，举的例子都是升官发财考上名牌大学，化缘都化出毛病来了一脸媚态。我就不信你们丫的，你们丫说的全是真的我也不从，有本事你弄死我。

方：你不能把我和他们混为一谈吧，你觉得我和他们像吗？你这么说我很伤心。——小伙子，啤酒——咱们是换地儿，还是在这儿接着喝，我有点起。

就别换地儿了，我也有点微起。短信：五兽请你赶紧过来。再学几天你就像了。读书是不是应该越读越开呀，越读越像小鸡鸡一样缩着蔫巴着，是不是就该烧书了？我嘎嘎乐。

方也嘎嘎乐：你叫她过来了吗？

我：叫了叫不动要不你再叫一遍。

方：我也叫不动。

头牌：二兽不接电话番茄酱和番茄汁挑一个。

信仰自由，在咱们这个小环境还是允许的。我站起来，晃晃脖子，松松膀子，又坐下。要从，也要看全了书——谁让咱认字的，把他们丫根儿拎出来，确实有营养，再从。假比家里有雷，假比自己有雷，躲雷，找个天儿顶雷，揣着脏心眼儿——我瞧不起你。短信：二兽不在你自己过来番茄汁。

头牌：你喜欢一夜情。

红日西斜，啤酒晒了半天，已经温手了。服务生过来收拾了一遍桌子。我和方各自微笑缩在座位里望着街道，街道颜色鲜艳，车辆五光十色，越来越多花花绿绿的车开进这条街，越开越慢，渐渐开始堵车了。

都是有钱人。我嘟囔。方嘎嘎乐。

小姐该上班了。他又乐。

宝马又被劫了。他大笑。

小孩从街角掰出来的一辆出租车上下来，站住，拨浪着脑袋往我们这边看。

我：你约的？

方：不是我约的。

小孩打电话，我的手机响，我接了电话说：眼神够好的。

方笑得差点从椅子上滑下来。

小孩走来：看着像你们，果然是你们，美了看这样俩人都。

我说，美了，你那孙呢怎么一人溜达到这儿来了。

方笑得一塌糊涂，服务生差点叫他绊了一脚，店里的人都出来看。

小孩：真行。一个朋友新开一店，过来看看他一会儿就到。也笑，看

方：听说你拧巴了，看着还好嘛——把造谣的人查出来。

方偏过脸朝着街面自顾自地笑，对面的小新兵脸红了，一个馊壮馊壮的白毛老外冲他眨眼。

小孩：傻了你。

我：他是演拧巴，其实一点不拧巴，这会儿没演叫你发现了。

小孩：哦，咱们是演平顺，还要安慰他——这人太阴了。

方忽然剧烈咳嗽，回头皱着眉说，你们别逗我了。一看我和小孩，又爆笑。

小孩推他肩膀：哎，哎，喝了蜜了？

我给头牌打电话：到哪儿了？

头牌：三元桥了。

方咳着说，骗人呢，一定还没出门……一句没说完就干呕。

小孩：笑恶心了吧。

晚饭就在旁边"为服"吃的，我们俩吃了一桌子，怎么吃也不见饱像都滑进裤腿里了。中间一直给各位姐姐打电话，都说在路上，到我走一位也没到。我另外有一事要先走，什么事也忘了，但是必须去，说好去一个小时回来。我走的时候方一个人守着一桌空盘子，还叫服务小姐点菜。我出了门给他打了一电话，叫他少吃点，别又搂不住。

再见到他是夜里三点，头牌给我打了一电话，说他一人在8呢，她熬不住把他放在音箱跟前坐着自己回家了。我到了8，方四仰八叉躺在地上，椅子空在音箱前。我过去看了看他，人是睁着眼睛的，但是瞧不见我。我在椅子上坐了会儿，什么也没用，音响震得受不了，就坐一边去和小谢冬哥他们聊天，远远扫着他。四点看他举起一只手，四点五分又举起一只手，四点

二十坐起来了，四点四十坐回椅子上垂着头。五点十分站起来，又在场子里推了一圈磨。小谢过去把他带下来，扶到我身边坐下，给他叫杯水。他的目光空洞，面容呆滞，我知道他还没完全出来，也不跟他说话，就坐在那儿听音乐。一会儿他扒拉我，让我靠近一点，他要说话。我把耳朵凑过去，他对着我耳朵大声说了句：我也没办法呀。再听没有了，他又继续发呆。一个果儿在我旁边坐下，我问她是哪儿的，她说她是南非的。方又扒拉我，我凑过去，他说，要是你你也没办法。我动了动嘴，假装说了句什么，音乐声大盖住了。问果儿，南非哪儿的。果儿说，南非回来的她们家在南非投资餐馆。大陆出去的？果儿说沈阳的。黑吉辽。你说什么？没——什——么。

方把我拉向他，一嘴发酵的气味对我说，我要不是还有理性我就疯了。我刚才看见自己是上帝。一个巨大的舞台，整个苍翠的山谷都是一个舞台，山谷之间镶着一个白金的王座，很多人在装台，忙活，不用问也知道是为宇宙之王的加冕礼。我在一边人群中等着看热闹。典礼开始，奏序曲，所有人回头看我，我也回头，后边没人。什么意思，请我登基？人人表情很奇怪早知道早就理所当然，就我一个蒙在鼓里。接着山水像一扇扇屏风竖在我身后，我已在舞台中央，已在王座之上。坐上王座我感到这个位子的空旷和冰凉。我强作镇静，还能想，不会吧，宇宙是我创造的？生命是我给予的？我是万物的起源？这个性质有点严重。我是来找答案的，没想到我就是答案。这玩笑有点大——谁开的？我还是我，记得更多的是在北京混天黑。尽管我已经复位但没人前来帮我恢复记忆。我是个失忆的上帝。这个事我有点干不来。可是推辞又不知向谁推辞，我的宫廷只有我一个人。我的地位太高了，从理论上说是无可替代的。现在体会到上帝的孤独了，谁都可以发问只有我无人可问。现在知道上帝的悲哀了，谁都可以说不懂唯独我说都懂。

既然是上帝了，想必是有些主宰能力的，我创造的，我修改。我给予的，我收回。于是我举起右手，右面的大海拱起巨浪连绵成高山，蓝色的海浪投上去阳光变成葱茏的草木。我挥动左手，左面的一盏灯拉长抽丝幽明弯拱化为苍穹。我站起来，星光照耀大地。我一脚踏上去，山水涌现。再踏一脚上去，红日出，百物竞长。我坐下，眼底一派湖光春色，有亭台楼阁，长堤细柳浅草远人；一眼在桥上，一眼在红窗，一眼在水下。水碧如汤，摇来一只只宽额翘头船，桨行之处，开出一朵朵爽眼的莲花。是那些景在移动，我随之前仰后合，不伸开手大劈叉就立足不稳。那是一套娴熟的手势和步伐，像自由体操规定动作和太空漫步。

总是有一个大倾角扑向大地的缓缓降落。降落之后乘上高速列车一路疾驶，一路攀升，又离开地面，在一方方玻璃和金字塔形的钢梁中升到塔尖，立锥于城市上空，双腿灌风。接着鼓乐宽广雄壮，节拍铿锵顿挫，天上开来一列洋红色的轨道快车，接我到一座浮雕般黑压压的铁山前，铁打的台阶一级级通向云端一个阴霾和霞光互见的宝座，又是请我归位。

一路上可以看到一些男女在不同的生活场景中，正在步入宴会厅；正在咖啡馆聊天；正在一面面落地窗前翩翩起舞；正在小溪边洗衣；正在田野里收割；正在天井里吵架；正在一棵树下拿着绳子准备上吊。有白天的，有黑夜的。不同时代，不同地域，不同人种。我一牵动他们，他们就连人带景弯曲，变得修长直至化为一抹抹暗淡透光的颜色和深浅不一的线条。与此同时，颜色和线条又渐渐浓郁堆积出一组组人物和景致。它们都像是一种油，可以凝结成温润的形态稍一软化又流淌一地。它们是我戴的首饰和肉粉十指交错编出来的花儿。是我手中提着的一只只花篮和彩屏。当我舞将起来，这千丝万缕的花篮和彩屏就上下翻飞，像水流星像织挂毯，仔细辨认可以看到里面绣着一个个遥远的世界。

这一套程序太自动了，有点无人驾驶的感觉，像是上辈子练过的基本功很深带在骨子里的一个舞蹈，一跳身体就全想起来了，关节也抹了油似的灵活，节奏一带每个齿轮都转一齿咬一齿。先是双手擦皮球，接着是一把一把捯线团；接着是拧麻花绕肩卷绳子从裤腿里抽裤衩；接着是抓着挠着在风中奔跑，像截了肢挥舞肘子夹着胳肢窝游自由泳；接着是高握双拳左一下右一下似投降似欢迎；接着是自我受阅；接着是男子钢管舞，像投链球拉着胯原地转圈；接着是在胸前反复画一个大桃子和双掌剁馅儿；接着记不清了，还有一连串南北回旋东西反侧拧来拧去掏炉子扒灰上房揭瓦；最后双臂变成大车轮以肩为轴转着转着不转了，像狗立起来两只前爪耷拉在胸前——收。

他问我，你没觉得刚才我非常像一个专业舞蹈演员在跳一个作品？是不是特别影响周围其他人？

没有，只看见你在那儿推磨，而且推得极其偷懒。我本来什么感觉也没有，坐在那儿醒得跟个鬼似的，两分钟被他彻底聊大，眼前一片毛茸茸，一列列火车进站，很多陌生男女上上下下，屋里变得熙熙攘攘。

他说，已经不是第一次了，每次我忘了它都要提醒我一回，你其实不是凡人，您其实正是上帝本人。我必须警告自己，严厉警告自己，这不是真的，我可千万别信以为真。要不就活不成了。你知道我的痛苦吗？

这当然不是真的，你要是上帝，你女儿是谁。我说，我真不能和你再聊了，我必须先去跳一会儿。我站起来，忽一下屋子裂开了。

…………

梅瑞莎来了，我们走着去红绿灯南边的意大利馆子吃面条。穿一身旧得发黑的中山装守在饭馆门口乞讨的老头看见我把脸一扭，手伸向咪咪方和梅瑞莎。咪咪方和梅瑞莎掏钱包找零钱给他。我刚要进门，老头在我身后冒出一句：姐夫呢。我说，姐夫早回国了。

梅瑞莎：你们认识？

我：他在这儿要三十年饭了。

第十四章

2034年5月2日　星期一　晴

地点：老王家

出场人物：老王　咪咪方

老王：执子之手，与子偕老。方言说这话时是两眼垂泪的。怎么也想不起这是什么时候什么场合从何说起的，后语接在哪里，在座的还有谁。应该是指一个女人。也可能是慨叹一种不能实现的愿望。不不，不是悲切，有眼泪也不代表什么。也许是高兴，为自己终于理解了一种情怀高兴。他那时就像小学生，重新认字，为每一个中国字所包含的古典情感触动。譬如说忠、诚，这两个字也曾让他落泪。他自己说，这两个字刚造出来的时候，是发自内心的一种涌动，是纯真的情感，是符合人类天性和自然律的。后来派生出效忠，忠于，才变成丑陋的标语。再譬如纯、洁；又譬如坚、贞；都是源自肝胆的，有这个分泌，这样才舒坦。变成号召，才恶心。

他坐在一只沙发上面带泪光，我坐在另一只沙发上无动于衷。当时的心情，都石沉大海了，和表情对不上号。就是我们俩，也是有很多话说不出口。

他说，他过去那么不喜欢中国人和中国文化所代表的那些趣味，现在可以更正为不喜欢中国的老人和历代统治阶级所推行的风气。这些人用几千年的时间歪曲了中国，把人活生生的情感变成化石，他们不代表中国。中国人过去还是很可爱的，是至情至性的，他们在精神发育的过程中发现了人身上脱不去的一些特质，造出一个个对应字，用于自我描绘。每个字刚出炉都是好的，有营养的，基于健康人性的。我们很可怜，我们生得太晚，这个国家舌头上已经长了癌，每个人都传达不出良好的心愿，每句话一说出口就是大便味，自己和自己说话也会演变为对一群人的攻击。刊行的中国语言已经不能顺畅表达人的情感了，好的文章也不过是聪明安排曲尽其笔，稍一激动便成了哮天吼和洒狗血。写字多年，我一直觉得特别堵，觉得自己缺器官，有暗疾，现在知道了，因为要绕开一些词，惧怕一些词，所以怎么写也不像自己，也歪曲了这个地方。

他说，我很惭愧，我为歪曲了自己的兄弟和姐妹道歉。为颠倒了自己和朋友的人品道歉。我很羞愧，今天才相信中国人也是完整的人，中国文化也是人的文化。每个词都要身历其境才懂它在说什么，为什么这样说。教育太失败了，我太失败了。

他说，我不做老人，我不讨人嫌。

他说，你要比我活得长，应该做一件事，编一个字典，像成语小词典那样的。把今天已成空话、大话、不着四六的话列出来，一一追溯回最初的源头，原出人的何种情义，因何自然生发，以及流变。一一都洗干净，讲清楚，别再叫小孩望风而逃了。

我们小时候，互相发过誓，不活过四十岁。也不是愤世嫉俗，只是觉得四十是天文数字，活得那么久十分恐怖。那是在公主坟水果商场门前的大土坡上，下午放学。那个年代正在挖地铁，土堆成山，沟里全是军人。我们从商场里偷了一把伊拉克蜜枣狂跑出来，一溜烟上了山，书包拍打着屁股一边吃枣一边互相指着骂：孙子活到四十岁孙子活到四十岁。夕阳黄土黄军装，满山遍野都是追追打打的小学生。

真活到四十岁怎么办？他一蹲坐下发愁地说。

一头磕死。我一跃骑上他脖子。

孙子不磕死孙子不磕死。我们连笑带嚷互相指着一溜烟跑下大陡坡。

远看是个灯笼，近看是个窟窿。头牌有很多片汤话。我们赢了说：用射电望远镜看，是个火山口。另一本小人书是中秋夜，月亮很低挂在巷子尽头像个灯笼，大家在王吧敞着门跳舞，跳着跳着人都来到街上，在月色下喝酒说话。蒋9的门也敞着，人也都在街上喝酒望月亮，放着另一种音乐。两店的朋友站在街上欢聚，彼此问候，笑语喧哗，去对面"抛吹司"的黑人青年也误走进这里。

店里剩的唯一一桌只喝啤酒的客人大家怀疑是点子。老啸坐在门口高台树下的一把椅子上缩着身子瑟瑟发抖。方言靠着墙一边和人说话一边回头去看正从蒋9台阶上下来往这边连迈带走的一个猫笑的姑娘。

这姑娘我不太熟，大名一直没问过一直喊她笑脸，只在街上搂过她一次，俩肩膀像俩弹簧不使肌肉拢都拢不住。她是蒋9的常客，偶尔到我们店坐坐，经常看她开一辆饼干色的日本车，停在巷子口，笑模笑样从我们店门前走过，一副良家妇女的梳头打扮。——我不是专门拦在街上调戏妇女的，认识，聊过，聊得挺好，一眼撞上，刹那间都灿烂了，才冲上去抱一下，表示熟。也仅限于几个人。

有一阵方言老去蒋9串门，一大了就不见影儿，我想蒋9那边大概有什么吸引他，那时候蒋9也是鼎盛期，号称果儿园。一拨拨好果儿往那屋进。听到客人一些闲言片语的笑谈，说方言近来贼上一果儿，一过去就把着人家聊天，有出动的意向。也是那么一传，传的人都找不着正根儿。我去蒋9侦察了一番，只见楼上楼下果枝累累，也很不得要领。方言活动规律也没什么大变，还是到点就出现，在一帮干葱局或熟张儿局里耗着，无可疑来电，来来去去一个人，打手机问在哪儿说的都是实话，不像有情况的样子。当然谁也说不好谁真是怎么回事了，谁也搞不清谁心里惦记谁，演得好都算正常。但是，果真有一码事，以我对他的了解，就是这长着一副笑脸有一对好肩膀的姑娘。他那点爱好，嘻。

咪咪方：什么爱好？说说，不要紧的。

老王：阳光的，学生的，没心没肺的，一逗就乐又什么话全听得懂接得住透着伶俐的。我就不说他有恋雏儿癖了。

——他递过去的眼神是看喜欢人才有的，心里乐，照得眼珠子亮。嘻，我也别瞎吹我会观察了，实际上我是根据自己的心理活动下的判断。那姑娘冲他一奔那么一笑，俩人那么一过眼，我这边顿时一阵嫉妒，就凭这嫉妒，我断他们俩有事儿。我的嫉妒一向是很准的，专用于甄别暗藏的情人。一大厅人，各说各话，我一进去，见谁嫉妒，谁就正在和谁打联联。是返祖现象，公的本能，不干什么，我祝福他们。

咪咪方：那么，他们到底是好了没有还是只限于眉来眼去，除了你这种不靠谱的条件反射其他证据有吗？你别净光说你的心理活动。

老王：录音录像？当场抓获？没有。都是听说，东一耳朵西一耳朵。要不要听？不听不说，要听就说——什么叫都是我的心理活动，好像我在这儿淫得不行，往人家清白姑娘头上扣尿盆子。问题有，问题存在，而且问题很严重。听说啊——我这儿可全是听说。方言有个人儿，除了面儿上的历史上这几个，还有一个暗的，最后几天跟他在一起。谁家姑娘咱不管，可能是笑脸，可能不是，爱是不是，就冤枉她了，拿她当形代了，省得再找一个名头顶缸，再冤了一片人。

从我本人，我愿意信他有这个事儿，愿意他最后有个伴儿。我哥去世前，海南两个跟他熟的小姐主动赶到北京来陪他，照料他的起居。人我没见到，到了收没收钱我也不想知道——收没收钱也不影响我感激这两位小姐，为我哥感到安慰。我觉得她们特别好，特别高级——对别人我怕用高级形容，她们我觉得配。还是她们懂情义，一下就把我比下去了。

咪咪方：话说得无比诚恳，但仍无比是男人的想法——临终床头最好有一个红颜知己。

老王：你要狠就狠到底，千万别改主意，就自己单鞭儿，一条道走到黑，见谁喷谁一脸血，死也咬着牙死。我不行，我干不动了，早举手投降了，看到死人墓前一束花也很羡慕。也不要太多，只要一束。我哥很幸福，年年墓前都有花，很多人送的花，延续了很多年。我爸墓前除了我偶尔去带一束长年累月就那么秃着。知道我为什么努力活着吗？还有一个人记着我爸——这世上有过这么个人——是原因之一。他死的时间越久，我越感到这个连系揪着心，想着一天我不在了，他的墓前也彻底空了。虽然我在他眼里不是东西，也就剩我一人还惦念他。一直想写一个关于他的东西，把他放下，只怕写起来又没好话……

——不叫你插嘴不叫你插嘴就是怕被你岔了，你一插嘴我就不知道自己在说什么就改唠叨了。你能别插嘴嘛，让我自言自语自圆其说。我这副架子到年头了，芯儿都糠了，进到过去挺难的，你一开牙我就蹦回来你一开牙我就蹦回来，你要累死我呀！——闭嘴！从现在起，静默五分钟——我也。

…………

一家人已经累死了，人不能再多了。人民都是臭大粪。什么也值不当人把肠子沤断。不能同命运真可悲。现在这个脑子，想到什么就要马上说出来，否则一扭脸就忘得一干二净。广东歌还是好听的，就是窄得转不过身。听说他们是原装汉人。听这盘的第5曲，11和13。

先说一个好玩的，有一天一帮女的在卡拉狼嚎唱歌，一堆新歌"舒脖死大"什么的，女的唱得个个亢进，们哦一帮男的坐在那儿赛着发呆。们哦一哥们儿说，老没老一进卡拉就显出来一首也没听过。问方言，方老，咱下半辈子哪儿还能去呀。方言扁着嗓子说，咱没下半辈子了兄弟，您这辈子已经过完了兄弟。

——不怎么好玩是吗？我也觉得不好玩，我说不出来当时的气氛了，当时很好玩，乐死我们大家伙了。们哦这哥们儿的习惯动作是伸出俩大拇哥，当时就把俩大拇哥一齐伸到方言脸前。

问什么是最喜欢的北京话，方言回答，哭半天还不知道谁死了呢。听说那女孩是开指甲店的，又一说练过体操，还一说有老公，普遍说法是比较紧不容易逮。在我们店小二楼听过一耳朵，可能是她可能是她旁边另一姐姐，记不清了，男一边女一边都是半大状态，互相犯骚，方言也在，有女孩的清脆嗓音飞过来：半年起步。

我劝过方言，给自己留机会，也给别人留机会。

丫装没事人但是笑，什么和什么呀。

我说，不要以为好果儿都在树上等着你。

一次我俩两车在机场高速开车，我在后面看他一路打电话，打他电话

. 271 .

永远在通话中。终于通了，他关着鼻子说：没电啦，等到地方充了电再给你打。

我说，冷，怕。

他说，滚蛋。

到地方我先低头满地乱找，主人问，你找什么？我说，电门，电话没电了。方言居然，昂，居然臊了。一晚上我都在喊，有司机吗？有人问我，要司机干吗。我说，接个人去。方言一把拉住我，我连忙说，我疯逼了。

大概是第二天晚上要不就是第三天，夜深人静，我打车过来王吧，一帮人在另一地方玩，准备下半夜转移到王吧，我先过来安排一下。那时我们已经不对外接客了，门上事儿事儿的钉了块铜牌子：私宅。怕服务员小卧提前下班锁门走了我没钥匙。小卧不姓卧，因为对这条街上每家店每家人口情况都摸底，爱跟客人聊，问什么都知道，被隔壁蒋9的老公安起个外号叫卧底，立刻叫开了，来我们俩店的客人都这么叫她，她也答应。我觉得不尊重，人家还是个姑娘，就叫她小卧。我跟圆先生说过，小卧的视点其实也是一地下电影，以一个精明的外地农村女孩子的眼光看这一条短街几家夜店的二十四小时。马步已经采访了小卧，回来说这女孩子的讲述能力非常强，讲人非常生动，而且很会抓特点，整理整理就是一部朗朗上口的山东快书。原来我们店还用过一个叫少一点的湖北孩子，来了没俩月，趴在吧台上写小说了，让小卧替他抄稿子。辞他的时候还给大鸟写了半页纸的申诉，说这个决定让他精神受了刺激，要求赔偿，把大鸟气坏了。蒋9的客人听了我们店这些事，说，你们那儿都是什么人啊。我说谁说不是，这店还敢开吗。

小卧——其实小卧就住在店里，总之我忘了，总之我大着瞎操心以为自己很警张，就颠颠来了。

一路上没幻觉，一推开门我产生了幻觉，特别聊斋，店里完全换了一堂景，长桌子铺着白布，上面摆着一群好似红嘴唇的玫瑰——最让我郁闷的花，和一碗碗蜡烛和全是半瓶的红酒。一些三十大几穿晚礼服的女人已经喝醉了，端着红酒杯脚下画蛇东倒西扶走来走去或搂在一起耶——齐喊一声干酒。被撇在一边的几个男人都是长相很操劳规规矩矩的宽额白人，说着他们的语言。音乐是咖啡滴呢，慢慢丢。吧台里站着一企鹅似的服务生，我看他，他也看我，麻木不仁的样子。这是谁家呀这么八九十年代？要不是墙上还挂着灯照着的《三猛女》和《童年老王在骇中》两幅画，我一定以为走错时空店被变没了。渗了多一会儿，这才走过去捂着嘴小声问企鹅——走近认出是隔壁蒋9二舅：们家卧底呢。小卧噌一下从厨房帘子底下蹿出来，刚才她好像一直都骑着小板凳坐在帘子底下，什么情况，嫌们家卧底不够派，不让出来招呼人？卧底对我说，那些人在结婚，外企的，旋儿的朋友，新郎是德国的新娘是武汉的，老外都是老板。快完了，他们自己定的结束时间是十二点不结婚的明儿还都上班呢。方老师一个人在楼上呢。

一切都合乎秩序吗？我说。

卧底眨了眨眼：合乎。

我一蹭一蹭上了楼，方坐在角落警惕地瞪着我，认出我，问：几点了？我说，不到十二点。他叹了口气，才半小时，我以为已经几个世纪了。我说，都去哪儿了。他说，哪儿都去了。好吗？还可——以。

我看他一杯水已经见了底儿，就从小二楼探出头叫卧底，拿两瓶可罗那。

耶——下面女的又是一声齐喊，接着一阵齐笑。

他说，下面是谁。

我说，一帮不靠谱结婚的。

刚才我上天入地的时候就老听着一群女的喊，好像是喊我，生把我喊回来了。他说。

她们是干杯呢，没喊你。我说。

卧底拿了两瓶酒上来，问我要瓜子吗。

我说来一碟看着吧。

方言说，能换换音乐吗？

卧底说，她们快走了，等她们走的。

我和方言扒着二楼边看楼下，老外已经走光了，只剩一帮女的还在喝，组火炬似的举臂碰杯，从上面看她们一人一头汗，脑瓜顶一人一个旋儿，染的黄头发的黑发根儿一清二楚。

一看就是二婚，他问，哪个是新郎新娘？

我哪知道。我说，都不像，都苦大仇深的。

他回身坐下，望着我，你现在在哪儿？

我说，一路过来已经差不多下来了。

方：本来就是坐一会儿，稍渗，小来来，结果自己把自己搞大了。

我说，同志们一会儿就到，东西不错，但是你别弄了。

问你个事儿他说，如果现在就是咱们这辈子最后一晚上，天亮就得死，还有几个小时，你害怕吗？

我说，天亮就得死，归天，上海话叫瓦特了？——害怕吧。也不是害怕，就是那什么说不上来也不是怕死有点坐不住忽然还没活够你知道那感觉。

方：还没活够——也不是很准。

我：——啊，我要完了，没几分钟了。

方：或者叫犹豫，也不是不勇敢，就是不毅然，没有宾至如归的感觉。——我也害怕，我以为我不害怕。刚才我死去活来若干年代，简直不知自己身在何处，看见你上来，才真觉得自己还活在这里，心里很高兴，尽管知道是在路上，还是舍不得路。

我：回家，你这样一说我倒是有些欣然。一个人的大家，我还没经验，一直都是和别人住，小房子，隔出几小间。将来钱要够，我要自己住，住到水边去，养鸭子，鸭子都是笑的。——小卧，换那张《水门》，甭管她们了。聊这个还要听《水门》，忘了的一情一景都能想起来。有时我想《水门》正好代表了我这个人，积极，明媚，有点小华彩，有点小宽广，有点小手腕，总的来说是乐观的，失去什么也不可惜。

方：《水门》太乐观了。

我：是啊，我承认，太人间了。好像天永远是有阳光的，在这样的天气里生老病死都是有信心的。

方：隔一会儿就要吹号，就要打鼓，给自己打气。

我：水，山谷，瞭望，山涧，阳光爬上来，极度瞭望。小步快跑，老是这几个人，蒙着头，这速度是马的，这一声喊得不靠谱。这一段没名堂，也就是进了个村子，小姑娘走出来了，一队小姑娘，旁边跟着一大爷，姐姐心里有多苦呢？妹妹一来就给冲了。部队来了，是散兵游勇，是解甲归田，小媳妇儿一下好看了，心跳得那个野……口哨，这段我不喜欢，好一下就要平庸半天，还要请出姐姐来，姐姐的床挂着金钩。贫乞贫了。破锣，哐乞哐乞，像敲饭盆。这女的得有四十了吧？最怕男声吆喝。深沉也深沉不到哪儿去，这不又来了，假装开山——别装糙汉了。几根柔肠，全靠这几根柔肠。小爷们儿又来了。姐姐在这儿喊喊。绣花鞋，小脸儿绷着，走得还挺急，去哪儿啊，前边是广场，怎么你就觉得你赶的都是早霞？小蹄子，小心思，小鼓捣油，大段的无聊，轻飘飘。太阳落山了吧——太阳落山了吧。

我问方言，你怎么不说话？

他说，不在一地方，没法聊。

回头见一位女士摇摇晃晃站在楼梯口望着我们，好像随时要一头扑地上。我一指墙犄角，告诉她，厕所门在那儿。她蹬了几步好像鞋不太跟脚冲进去关了门，就听一口人在里面吐。卧底在楼下喊：换个音乐吧，她们都听吐了。

我坐着嚷，换吧。站起来往下看。卧底仰着头说，她们要听刚才的，说这个太快了。我说，别太刚才了，太刚才我们该吐了。卧底：明白。

卧底放的就是刚才的。厕所里的女士精神恍惚地出来，闭着眼扶着墙一步步下楼梯，下一半脸贴青砖睡了。

你接一下，下来这位。我嚷。怎没听见她冲马桶？我得去看一下。去了回来，冲了。问方言，你在什么地方？

方：在门槛上，这边越来越真实，那边越来越遥远，两边都还看得见。主要是你太真实了。

咕咚一声，楼下一声巨响。我坐着喊：没摔坏吧。竖着耳朵听，没人答应。拔腿冲下楼，楼下一人没有，卧底也不见了。

忘了是哪一年新年了，小二楼被一帮少年男女盘踞，说是网友聚会，各种斑竹，都长得挺怪的，大脑袋小身子，智力发育超过身体发育。喝大了闹酒炸。一女的骂了一晚上，嗓子都骂哑了。我还以为上头剩多少人呢，上去一看，只剩俩丫头，一个嗓音都劈了闷在喉咙里还在嘶吼，一个昏坐一边陪着。她俩互相搀扶着出去的时候，路上都结了冰，还嘶嘶咻咻哭的那丫头脚下没根儿走一步摔一个大仰八叉，走一步摔一个大仰八叉，都摔得倍儿狠，带着搀她的那个也不停跪在地上。一帮出租车司机看着笑。没走到巷子口，生给摔没声了。我也没管，也看着笑，回屋觉得自己挺没同情心的。跟蒋号聊天，他说开酒吧四年，一分钱没挣，完全把他这人变了，但凡能扛下去，他就不卖这个店。他的生活方式已经成了酒和夜猫子，一人儿没有也整夜整夜在这儿守着，等这些人。挣钱的欲望已经退居次要，主要是看人看人物关系转换。四年时间不长，也改变了很多人，很多人四年前进来是一个人，四年后出去是另一个人。他的店也只剩一桌常客了，我作为王吧的残部也加入了进去。

后一年中秋后半夜，我们一桌老客儿坐在角上，乌泱泱进来一群衣冠男女，都喝大了，进门儿就嚷嚷弹琴唱歌，听歌是九十年代上班的人。其中一个女声还有点嗓子，年轻时候归置过，能唱民族《走进新时代》什么的，吊得倍儿高，还能顺顺溜溜下来，一起调门儿我们就全醒了。回头见一地残山剩水苍松古柏和对着啃。我说这是什么组合？蒋说看样子也像网友。歌儿还行老公安说。歌儿还行练过大家一致同意。我背对歌女评了一句：十二苍果坊。正好音乐声歌声停，就剩我一人在说话。想上厕所也不好意思起来了。再回头，屋子空了。

另一回也是夜深人静，我在蒋9二楼睡了，一姑娘硬要拉我下去看一个东西，我跟姑娘下到门口，一堆人勾肩搭背一脸幻想坐在门口，见我来了都说必须来看，给我让个缝。我斜么插压着前边人肩膀往天上一看，姑娘说地下地下。一低头，没瞧见路，脚下是一条新河，白白亮亮一街水银，推推挤挤涌过去，还有小波浪一溜小巴掌似的拍打着台阶和墙根。姑娘拉着我蹲下，先把自己手伸进水里又把我手按进水里，你摸摸水你摸摸水——热的。骇么？姑娘乐滋滋地问我。我又惊又喜连连点头，说这还是北京吗。姑娘一指对面青年友谊酒店，他们家热水管子爆了。

一条街河升起袅袅蒸气，像是无数根烟绳儿从一大张刮得平平展展的锡箔纸上冒起来，只是烟绳儿欠软，没有一股力量使它们嗦嗦向上。路灯柳树月牙都罩在水气里，坐在门口像坐在小时候保育院的蚊帐里。一辆"三派"的警车蹚着热水闪着红蓝哗哗开过去，车灯光柱只有短短两截儿。不会把车胎泡了吧。有人在一旁担心。我产生了一个相当大的错觉，以为只有我们这一小块是清晰的，其他的都在雾里。有人贴着对面墙根踩着砖头小心走过来，用英语问路，尽管看不清头尾，挨着我坐的姑娘还是用英语跟他们高高兴兴说话，一碟儿声啵啦啵啦一碟儿声缸啷缸啷。姑娘说，他们是荷兰的，也是第一次看见热水河。

我一直有一个错觉，以为那四年方言都在，天天跟我们在一起，实际上他早过世了，后来乱哄哄的日子都没有他。很多事件和人都对不上号了。老有错觉死人比他们实际在这个世上待过的时间要长，认真算日历，想不到的短，之后若干年是他们的影子在纠缠。有趣的人只在前半生出现，后半生都是一群妖怪。

咪咪方：请喝茶，妖怪请你。

老王：你不算后半生的，你算前半生的。我壮年时那只手机里有你小时候一张照片，看到的人都说是樱桃小丸子。当然现在是老丸子了。

咪咪方：妖怪也好老丸子也好，没关系，随便侮辱我，我不在乎。

老王：这是侮辱吗？真要侮辱你，我会说，你看上去还不错。侮辱你的智力。不知道别的父亲怎么想，我每回见现在的王扣子都微拧，觉得一米七八说话震瓦的这个不是我女儿，小的那个矮墩墩的爬床都费劲的才是。看到女儿变老变糙真是挺悲愤的一件事。

咪咪方：我不发表意见，您脑子成糨糊又该赖我了。你要准备喘口气拿我打会儿镲，我这儿有一百句等着你呢。

老王：女儿就该永远小，永远长不大。都以为小孩破费，长大了才破费呢。我要当道，把男的都杀了。

咪咪方：对不起，我必须插一句——派女兵去吗？女的可都还小呢。

老王：只是理想，理想就是想一想，缺心眼才真干呢。

咪咪方：觉得您已经开始豁聊了，脑子跟不上嘴了。要不我陪您扯会儿？

老王：扯会儿扯会儿。很多人反映方言自己躺在"8"地上。他不在了几年还碰见人跟我这么说。那次一帮傍老外的在我们那儿结婚，我们一帮人后半夜去酒吧，方言一个人在楼上大着，躺在沙发上，我坐在他头边，想问问他什么情况，一碰他的手，进了他的幻觉：都是石头地，白色的，因为年代久远天暗更像是灰；周围的房子也是灰石头的，好像是罗马的一个广场，或者是罗马式的。很多人聚集在那里，都穿着灰袍子，留着络腮胡子，情绪激动。接着这些人向我——应该是他——转过身，伸出手，无数只手组成一条灰色的云霄路一直通向我们酒吧我坐的脚下，酒吧里的灯照在路上，最上面一截又变成搪瓷那样的白。这似乎是邀请和渴求的手势，又充满威胁的意味。我们一起来的朋友就在一边喝酒猜拳做游戏。两个场景一眼球装一个简直要把我的眼眶睁劈了。我有点害怕，不想动，可是他动了，沿着云霄路被一只只手托着传下去了。

下到广场我看到巨大的木头十字架竖在暮色中，立刻明白了这是一场审判。耶——楼下传来妇女的呼喊。她们在喊我的名字。我突然想起来我过去的名字是耶稣。这是杀害我的场面，这血腥的一幕又在重新上演。小孩笑着端着一杯酒举到我面前要和我喝一下，可是我不认识她了，一动不动，旁边的老费说别闹他。记忆像酸雨溅进了我的瞳孔，我又看到了自己的过去，又看到那些痛苦遍体鳞伤为人追逐的日子。那时我也很胆小，身孤力单，过路的赶羊人一拳就能把我击倒，怕军队，怕刀剑，怕人的横眉立目。我可以过得很好，那时我也有手艺，但是有一天我走出了家门，去冒天下之大不韪。也不是一个声音，像短波收音机一样叫醒了我，是时时忧虑，天天地想不通存在心头，年年培土年年发芽，到这一天开出一朵长眼睛的花，我藏着，这朵长眼睛的花也要从我的额头长出来。你们不知道古代的人有多残酷，古代的生活有多艰难，古代的一日等于今天的十年。我没想和天下人作对，只是发表自己的意见，他们就杀死了我。我的眼中含泪，为再次目睹自己的受刑和那些观刑的人伤心。你们还想杀死我，那就让你们杀，只要这能满足你们。这次我是心里有底的，知道自己是杀不死的，上面有手接我。这时我的思想开了个小差，上次我没太注意怎么由死复生，怎么由疼痛转为喜悦，没有留下太多记载，这次可以留心。

我这样想的时候，他已经上了十字架——现在的视野是一个离地三丈的俯瞰，可以看到更多的人，人人仰着头显得脸很短。耶——妇女们在下面哭喊。天已经黑下来，有人点起火把，周围的房顶烟囱一垛垛像连成一线的城墙。风从腿上吹过，我觉得自己是赤身的，我感到大张着双臂手心有点疼像一只待飞的大鸟，这时我想起了自己的台词，不禁念出来：父啊，你为什么抛弃了我？其实我心里想的是，你看这些人有多可笑。当我再次低下头，视野又扩大了一倍，可以看到广场四面的出口焊外延的几条街焊远处黑乎乎的树焊黑天上流动的苍云。对面楼上有人开窗户，我发现自己已和四层阳台处于平行。再低头广场小了，人群少了，只是一小撮人。我意识到自己正在上升，只是十字架和我的比例没变，反而显得巨大，完全盖过了只剩一口井大小的广场。人像一堆蝌蚪，像麻点，一片斑。广场不见了，只有簇簇凸凸的屋顶和乱刀切下去纵横交错的街。天上的暗云潮水一般滚滚而来，飘到眼前全是羽毛似的白，湿淋淋，但是温暖。城市已变成地貌上一小块精细的几何图形。大陆周边的大洋起伏不定，地球像一个气囊。

以下引自鄙人的《黑暗中》，我实在记不住了，也乏了，请允许我偷个懒。

我带着十字架上升，屁股有托儿，极为稳当，像奶酪夹在面包里——修改为像坐在一只大手上，四周的空间——删掉"的空间"温暖柔韧。这时四肢发胀，变成不断发散头发——加一个"丝"似的虚线，充——轻盈至无，倒在宇宙大模子里，像气泡嵌进玻璃球。这时出现引擎声，视角——方向为之一变，是太空归来，满目璀璨——生辉，正贴着一个巨大的缓缓旋转的亮丽星球下降，身在一个葱头——气泡般的飞船里，心情无比振——兴奋——安得喜悦。看见——降落平台，大楼，有音乐，有人说话，是我们酒吧。

十——五——二十——不出——开！周围一片手掌和拳头。

我看着方言，他看着我——他也醒了。我们都没说话，一会儿他先走了。

第十五章

2034年5月4日　　星期三　　晴

地点：老王家

出场人物：老王　咪咪方

老王：由死复生很美妙，由离去变归来很美妙。上次说到一半脑子干了，睡了一觉又有了，可以再说一点。上升，上升，无限上升；上升到一定高度，就在另一个所在了，就看不见下面的事了。当你发现坐得很稳，很温暖，景象变成视窗，面朝一个方向，就在飞船里了。每回都是这样。飞船是透明的，飞向地球的。宇航服也是透明的，我好像说过，塑料夹克。穿上就动不了，装在那儿。飞行过程身子骨完全蒸发，只保留意识，这样长途飞行也不用吃东西。舱里好像无人驾驶，只有一圈圈放射出去的短虚线，地上的人看见以为在发光。没有词形容地球，除了美丽焊蓝色。"亮丽"我很不满意，想找一个比方，珐琅、景泰蓝，可以喻其斑斓，无法喻其大。射进一个星球时，那巨大的弧度，你也很大，它也很大，也无可比拟。进了人世间一条街，一所阁楼，三支曲子的工夫，身体才重新凝聚，由耳朵至眼皮，至手背至脚趾，一处处寒毛恢复飘动，可以站起来走了。牙关一直紧咬，恨不能咬碎。更正一个观念，高处不寒冷。

咪咪方：你信吗？你这一趟。

老王：还好啦。我在走这一来回的同时，一只单眼球的三分之一黄豆大小那么一个凸镜还在酒吧，在看一些人在玩，也听得到他们说话，压在一个声音道里。就在我认为我是耶稣的时候我也没忘了我还是北京老王。在广场的时候我强烈感觉这是我的前世，降落回酒吧第一想的就是赶紧划清界限，这不是我，是方言，是他在那么想——那么看。我入侵了他。我不是故意的，但是窥视了他，加了一磅。这样想，我好受多了。

咪咪方：他怎么样？信以为真了？

老王：我想解释一下，三十年前尽管没有现在看得清楚——当然现在是否清楚也两说着——但我们对所有的事情都谈不上信。我们谈这种事不用信和真不真这样问，会问——你觉得这是主观的还是客观的。当然我们非常倾向这是一个客观——我们不看它也存在。我们看了，就像哥伦布站在船头看见了美洲。客观了才意味着真和信——以我们当时的头脑。我们最不相信自己，非要看到周围可以触摸的客观帷幕才有真实感。一说到真就是指大眼瞪小眼，只把信任票投给它。发生在自己一人眼中，不能使众人一齐看到，皆为虚幻。这叫唯物主义者吗？我不知道，至少我过去一向是这么认为的，我，是唯物那头的。

咪咪方：现在你们是两个人了。一个人不足以成事，两个人可以互相作证了。

老王：还不够，远远不够，要使每个人都看到，都出来见证，证明我们俩——他是耶稣。想什么时候看——他什么时候都在十字架上。一开灯就出现一开灯就出现，不管刮风下雨电闪雷鸣，都是罗马时代，不带安转台的。这才是真，才可信，才科学，才是唯物主义的态度——我和方言都是被这样教育出来的我们认为这是天经地义。

咪咪方：你们真够可怜的，这种事落到你们俩头上真是太糟糕了——能想象出来有多糟糕。你们最后怎么办了？放弃自己还是放弃唯物主义？

老王：第一冲动是和唯物主义睡通铺，尽量披上科学的外衣，譬如量子真空零点场和……挠场。

咪咪方：一般骗子都是这么做的。

老王：是啊，想到别的骗子都是这么做的，我就别再走翻车的老路了。我最后，像一个真正的唯物主义者一样，决定忘了这件事。也不是真决定，是真忘了，想记也没记住。

咪咪方：您的自我保护闸盒又跳闸了。他呢？

老王：他请我吃意大利面条，第二天，在西六街拐角。那个要饭的老头刚出道，向人伸手还有些脸苦，方言一掏兜给了他十块钱，还紧紧握了一下他的手，尽在不言中了。我说，你这样要把他坑了，瞧着吧，他今后觉得干什么也不如这个来得快，下半辈子就在这儿站着了。老头微笑地转向我，我冲着他脸一板：没有。

吃面的时候他问我：昨天挺好的？

我说：挺好。

他说：没出什么事故吧？

我说：没有啊，开始很好结束也很好，大家都很愉快。一个女的吐了，但不是咱们一势的，不归咱们心疼。

中间有一段我觉得咱们俩在一起。

咱们俩一直在一起，你躺着我坐在你头边，我还给你擦过眼泪。

我是说，在里面，咱们俩在一个幻觉里。

对的。我们去了很多地方，就像男子双人花样跳伞。我还挥舞了你半天，用一只手，你在我手指尖上盘旋——现在这指尖上还有你脊椎和尾巴骨的感觉。

他笑：你丫可真能编。

难道不是吗？那就是咱们俩好像在一个被窝里其实各做各的梦，也算共卧一宿。

你说的真砢碜。他观察我的脸，陷入迟疑。我怎么觉得你很主动呢，我还没动你就先动了。而且你很老练，该说什么该什么姿势都心里有底，好像这样干了一千遍我都有点跟不上你。

我笑：我干了吗我心里有底。

他：忘了就不提了。不管怎么说，我感谢你，我心里最冷的时候，因为你在，鼓励了我。

我一脸茫然。他尖锐地看了我一眼，低头卷了一叉子面，放进嘴里慢慢嚼。

你觉得有复活吗？他说。

咱们能别刚得罪完一拨又得罪一拨嘛。我举起双手像是要阻挡他的话进耳。

不管他，得罪的只能是人。他脸上出现一条生硬的纹路。你认为耶稣如果复活他会去哪儿?

不知道，回他的老家劝架? 不知道，我不想去揣摩他的心思。

当然会去最乱的地方，最无法无天的地方，人很多但是都闭着眼心眼最脏的地方。

那就是非洲了。

不要污蔑非洲。非洲很穷，非洲一些地区生活很坏，非洲经常有大屠杀，但是要论人心凶险，我觉得还有一个地方胜过非洲。

那是你生活在那个地区，天天受刺激，加上激进，你是个激进分子，更恨自己的国家，不像普通百姓，只恨别的国家——在意大利你就会是激进党。

你说得很对，你总是很对。我主观，你客观。暂且先把你的客观放下，非洲可去，这儿也可来，二选一，你去哪儿?

我上非洲。

可是你已经来了，你已经选择了这儿，你当了中国人，你跟我们生活了四十年，把我们摸透了，现在你暴露了。

什么意思?

你就是基督，黄基督。我看见了，全看见了，你怎么死的怎么复活你爸的飞船怎么接的你到这儿降落——全过程。

我不是! 我一捶桌子。

你别装了。

嘘——远处靠窗一个老太太望着我，用一只食指摁着嘴。

管得着吗你! 我怒视她，叫服务小姐过来，去，告诉她，她到别人国家来，就要尊重别人国家的风俗——我们这儿吃饭就要大声说话。

我头凑向方言小声说：我不是。

他也小声坚持：你是。

我几乎要哀求他了：这种事最好不要开玩笑。

你为什么不承认呢，我又不往外说去。——基督。他望着我笑。

我连忙回头看别的客人：你要害死我呀。

你有办法，我知道。

店堂经理带着服务小姐走过来，问我：有什么问题吗？

没有走吧走吧。我头也没抬，对方言说：你不能这么乱说，想给谁戴什么头衔就扣什么头衔，这要传出去——为什么你自己不当呢？

我看经理还站在附近，对他说：我们这儿聊点事行吗？

经理一笑，退出几步。

一顿饭演了四五个人。方言望着我笑。

我实在受不了他那种欣赏的态度，问他：我来这儿干吗呀？

他还是那样笑：问你自己呀。

你别这样，你这样特别不好——我就不说传出去别人怎么看你了。

我们在天的父还好吗？

哼哼，嘿嘿。我连声冷笑。我给你表演一凌空穿越。

那种雕虫小技，不必了。他脸上忽然露出痛苦的表情，如果你不是，那我看到的是什么呢？

幻觉——你看到的都是幻觉。你读过《圣经》，你有救世主意识，当你沉醉时，这意识就被激发出来——我也不知道，可是我知道这是不对的，我们都是无神论，我们都是《国际歌》的拥护者，怎么一扭脸，自己当起神来？

可是太清楚了，比我们坐在这间餐厅还清楚。我看见你走进广场，被钉上十字架，流血，死亡；然后天黑，然后带着十字架起飞，地球变小，景象变成视窗，在光荣啊光荣的音乐陪伴下，坐在气吹的飞船里重返地球——我一直用你的眼睛观察这一切——环球的无鼻中隔的眼睛——这一切都不是我的经历，我怎么编得出来？

那不是你吗？你走向十字架，你流血，你死亡，然后你上升，你无人驾驶，你返回地球——我一直用你的眼睛……我尽量压低嗓门，盯着他的眼睛——说到一半不敢看了。

他和我用同样的形容：景象变成视窗。这个句子使我眼前一亮，餐厅里桌子铺的白布，黄地板黑皮鞋酒杯刀叉瓷盘以及盘子里的面条墙上挂的画一下上了光，画里的蓝花儿也动了一下。

他说，你的瞳孔现在特别大。

我说，我现在有点怕你。小姐，我扭脸举起右手——结账。

你回家呀？他问。

我现在一人回家就拧巴了。我感到他的目光像两只小聚光灯泡烤着我。你能别这么看我吗？我说。你再这么看下去我都不敢出这个门了。我给我们赢了打电话，问他在哪儿呢，他说在哪儿在哪儿和谁和谁，我说我去找你。

我站起来，不看他说，你结账吧，我先走了。

你生气了？就把我一人扔这儿。赢了他们在哪儿啊？

我本来没生气，一下特别生气，对他的自作聪明。更让我气的是，他这话撂得使我们像俩女的。我想一言不发走吧，挺像一女的。给他甩两句吧，还是一女的。我都走到门口了，觉得不行，胸口堵得慌，这话不控出来我就过不去。我走回墙角，他正给小姐数钱，见我还没回过味儿，说怎么又回来了。

我忍着气等小姐拿了钱走，坐下对他说：我非常非常生气，非常非常不愿意搅和到这些乱七八糟事里，你愿意怎么想干什么那是你的自由，但是别把我扯进来，还想给我安排个位置——我不干！

他眨巴眨巴看看我：那对不起了。

我立起来扭头就走，心里后悔，没组织好，还不如不说呢，没比这篇儿话更像一女的了。别把我逼急了，逼急了我当"给"去。

我上车一脚油门，进了隔条街，我们赢了的车已经停在"佛头"门口中国银行了。我进门，服务生说他们在二楼。我上楼，一帮人扎在角儿上玩色盅。一会儿帝偶下楼打碟去，小张扒着栏杆说，打好听点。

装逼犯，迟早要完蛋。

已是后半夜了，马前和锯人对着跳骚舞，像一对电动人。马前一边狂搜自己兜一边喊。

口立穿一件红汗衫，君羊穿一件红裨子，两个人在窗户前面对着跳，像一对剪纸。

我们可以买一个小岛，宣布独立，建立一个国家其实比干什么都靠谱。我和我们赢了坐着聊天。去网上查查，太平洋和印度洋一定还有，我喜欢热带，可以少穿衣服。我们自己宣布自己合法。

一果儿指着我裤兜说你那儿老亮。我拿出手机，方言给我发了一堆信息，我也给他发了一堆信息，都是空白的。因为我手机不带翻盖，揣兜里老碰摁键，谁在通讯录第一名就给谁发空白信息，经常接到刚认识不太熟的男女给我打电话或发信息问我，什么意思或我是谁呀。我还要解释，是键子不好没意思不是我特深。以后就把方言放在第一位。他的手机是不是跟我同一型号忘了。我给他发了个：？。

人类这种自我限制实在是太讨厌了，我们赢了低着头一脸疲倦，越是苦逼根儿毛病越多你发觉没有。

咱们早就停止进化了我刚发现。自以为发展得一塌糊涂，其实跟蚂蚁怎么比？当兵的生下来就扛着枪，看到他们饲养家畜我完全拧巴了。

人类是傻逼。我们赢了说。

听说有一鹰俩焦点，一个水平的一个纵向的，可以同时巡航几十平方公里。听说一海鸟，自己脑袋顶上带气囊，可以时速小一百公里撞海面。刀螂，那就是自己进化出锯子。蜜蜂，自己进化出红缨枪。姚明，本来是要进化成吊车的，结果改打篮球了。

我看信息，没回。

都是工具闹的。咱们这双手现在还怎么和猩猩比呢？抓酱油瓶子都抓不住。

看一篇文章，将来移民太空，都住空间站，脚就没用了，一脑袋四只手，好抓东西。做爱一定舒服，多出两只手。

还做逼爱呀，试管都能婴儿了，克隆一起来，子宫先没用了，女的都是空心的，再往后改互相摸电门了。——我叫一碗馄饨你吃不吃。

吃。手机亮，又是两条空信息。我还看一文章，反驳这观点，说这个进化没必要，有吸盘和电子手，人类只需要保存思想，实际上就要一台电脑，再进化就是一芯片。另一本书说得更邪乎，智能生命最后就是一片粒子云。

所以我不太同意《骇客帝》的故事，打不起来，再过一百万年——都用不了一百万年，人必然进化成电脑，脑子坏了要不要换硬盘呀？眼睛坏了要不要换摄像头啊？器官移植嘛一定没区别。

嗜热菌想通了，三叶虫想通了，鱼爬行动物猴子都想通了，我们还有什么想不通的，进化后浪推前浪。

馄饨上来了，我说你先你先。手机亮，亮了又亮。

赢了说，你叫他过来吧。

我按通话回去，那边没人接。

这个人比较事儿，这个瞧不上那个瞧不上，来什么局还挑人儿，不太熟的局我就不爱叫他，玩嘛，你玩你的，他玩他的，哪那么多毛病你们家的局行了。说了一堆他的坏话。

这个事儿我是这么看的，我们的宇宙上面还有一宇宙，巨大。赢了推开馄饨碗张开双臂。我们这儿一大爆炸，人家那儿只是一屁。

我下楼上厕所，碰见俩认识的果儿，抱完这个抱那个，看见丝绒帘子后面通往厕所的明亮大厅变成一广场。果儿蹲下从我的怀抱里抽出自己走开，我一个怀抱的姿势定在那儿。穿白袍的男人从墙四周站起来，一个接一个往广场走，到了亮处人数众多。我看见十字架，心里的积泪刷一下流下来。我又变得赤身裸体，充满疼和寒冷。你不是不信嘛，那就再叫你看一次。古老的我对眼下的我说。再上十字架时我不想念台词，但是身不由己，还是念了，念得很没感情，敷衍了事，父啊，你为什么抛弃了我。我完全听任摆布，耷拉脖子，装死，等待旱地拔葱，上升。与二楼平行时我看到我们赢了正在吃果盘里的葡萄，他向后一躺仰天望去，似乎屋顶漫天星斗。大家都知道，所以见怪不怪。我对自己说，出来，出来。我的皮肤像一副铠甲岿然不动。

到我能动了，我恍恍惚惚走出门，找到车，爬上车，坐在那儿。我们赢了给我打电话，你怎么走了。我说，有点事。

街道很静，一地纸屑烟头和饮料瓶子，一个平常夏夜人去店空的样子。老郑背着沉重的背囊从蒋9出来，已经发胖了，过去他就脸那么宽。这段我空白了，不知怎么来的停在王吧拐角。老郑隔着挡风远远看我，我放下车窗问他，最近有什么新盘？他说，很多。我说，有地动毛吗？

再记得是在"百粥乡"吃牛肉馅饼，一个煎得很焦，一个塌了，巨腻。再记得是在家里看毛片，不是一个通常的毛片——我指着看得更多，看出很多眼睛平常遗漏的戏缝里的戏，一个皮瓣悸动，一个毛孔张开，一个小默契意外的笑，一个直捅心肺接着眉毛惊诧，一个拿不准或掉链子——甚至听到她私下吩咐他们，公然出戏，从一个伪装到另一个伪装。

当我觉得自己的意识变得危险，我的意思是说当我开始怀疑这个环境。我就看毛片。毛片总能把我拉出来。毛片很狰狞，毛片演员很辛苦，毛片里白刀子进红刀子出。

刚入睡就看见方言在小二楼面朝里一动不动睡着，手机在他裤兜里响。我叫他起来，跟我说说话。他转过脸来，闭着眼说他没睡，只是沸腾地躺在那儿。我说我知道自己很不一般，但没想到这么不一般，这一下自我否定得太厉害了。他说以后你更难，吃不下饭——因为所有食物都不再是美味；睡不着觉——因为一睡着就不是你；天天都在惊恐中，实在扛不住了，才昏过去一会儿。我说女儿怎么办？父母怎么办——他们还是我父母吗？他们不会麻烦你，人都不会麻烦你，你的麻烦还是你自己——如果你不接受使命的话。他说。我说，我有什么资格接受，我简直没法面对我的前半生，我什么坏事都做了，而且兴高采烈，这是一个什么样的使命啊。

难道他们没告诉你吗？他又面朝里，偷偷在那儿抽烟，有烟从他的脸下冒出来，我也很想抽，可是找不着。

告诉了，告诉我很多事，安排我去做一个常人，既不比别人好又不比别人坏，在所有人之下，洞见人性，经历人性，使命是写出来。这么说的同时我想起来了，大幻降临时除了看、跟从，还在大量接受信息，也不是一个声音也不是一行行打字，是电流——发现有思想灌输已经被充满了。

你不是一直在问人生的意义吗，现在你知道了。我不知道谁在说，方言似乎又入睡了，但我继续和他对话。

也不要你去死，也不要你去受苦，也不要你去荒野呼喊，只要你写。你不要不相信自己，你比你知道的还要多，你什么都知道，一切真相都将向你展开。

你不能跑不能跳不强壮不快乐从小却能够想就有这个天分那是要你注定成为一个写字的人。

别人都要工作都要奔波都受辛苦，你不必工作不必奔波不受辛苦，当兵不是一个好兵念书不是一个好学生，需要东西就有东西送上门来你以为那都是运气吗？是人特别爱你吗？那是要你有时间写作，有时间练习，保持头脑单纯自由思想的能力，到时候可以说，没有人影响过我。

你写得很不好，很不着边际，还没摸着门呢，只能说是荒唐就给你出版。给你读者。给你一个写作者应得的名声和钱财。让你在你落脚的国家很方便地谋生，及时得到一个自尊。想想那些帮过你的人，铺垫你的人，替你开路的人，你不是比所有写作的人都幸运吗？

你的敌人也在帮你。你嘲笑人人也嘲笑你。你嘘人人人也嘘你。给你放在一片嘲笑声中，嘲笑越多你越机敏，越警醒。逼进墙角也能写，踩着脖子也能写，只剩一口游丝之气也要写。潮流肢解你，形势压倒你，大卸八块还是你，难道每次他们得一你不是得十吗？

可是我一点也没有自由的感觉，解放的感觉，全知的和无畏的感觉。

你当然没有，那感觉不是此刻的。你要这样想你已经把自己杀死了。你要这样想我已经自由已经解放已经全知因而无畏你就不是你了。

你要这样想我已经自由已经解放已经全知所以我来讲两句就不需要你讲了。

你要和所有人在一起，和他们一样不自由，不解放，一样无知——比他们更不自由，更无从解放，更感到无知如果你比他们机敏。

如果你比他们机敏，你只会比他们更痛苦。你不痛苦，我就散播痛苦。你怀有希望，我就打碎希望。你在上面，我就要你在下面。你是痛苦的徽章，和绝望同名，沉沦中最沉沦的那一个。

你在最底层。你不再有一点夸耀和傲人的本钱。我不给你。我给你的，我都收回，并且不再给。这一次我把你剥夺得一干二净，不给一点许诺，不给一点安慰和依仗。从黑暗中一步步往外走吧。这一次我要你把自己撕开，全人类，你最低贱，你最卑微。这一次你自己出卖自己，最后一刻我也不把手伸给你。这一次我把你钉在耻辱上。人不爱你，我爱你。

方言说，他脑子被人动了，讲这些话时他能感到脑子里一根筋被重新搭了一下，切了一个频道，脑海里随之换了块银幕，这些话就是那块银幕传下来的声音。他和我一样，也是在倾听，在观望，是一个配音演员在为外国电影配音。中间一度，他深深理解了剧情，从传译者变成了发言人，当这些话真的由他自己来讲时，他反倒听不懂这些话了，像一个不懂外语的人在鹦鹉学舌，但是激动，像一个盲人听到雷鸣般的掌声就知道自己来到一个盛大的舞台中央。他后来形容为跳大神。他能够站起来了，被无形的手牵着舞之蹈之，喃喃之絮叨之，沉重啊沉重，拨不开啊拨不开。一边两眼发直一边插空问我：像不像东北跳大神——现在明白跳大神是怎么回事了，我说的全是看到的不是我想到的——你帮我记一下，开快车……说完雕塑在叔平面前。

我还跟叔平笑，这可怎么记呢。

我醒了，墙上一片蓝屏，左下角括弧里一个黄色的问号，投影仪发出嗡嗡声。在梦里，我一直是若即若离有口无心，醒来，发觉自己不是在笑，而是双手捧心皱着眉头发怔，一想到刚才，立刻失声痛哭。

哭了又哭，问自己，哭谁呢？答不上来，才黯然收声。窗外已经大亮，窗帘四周镶了一圈光边。我回到卧室，脱了衣服，上了床，钻进被窝又忍不住哽咽。我像小时候那样，蒙着头压着半边脸哭，用枕头擦眼泪，哭热了喘不上气儿，就一下把被子掀开，唉——唉——一声接一声大声叹气。躺着施展不开，就赤膊坐起来，唉——叹一声，拍一下被子。

咪咪方：是这样嘛，两手同时抬起同时落下——唉。

老王：这样，一只手，唉——唉——另一只手拿纸巾，擦眼泪擦鼻涕，再次悲从中来就捂住嘴。拍到后来，手拍红了，嗓子渴了，眼睛疼了，就冷静了——也不是冷静，是晃范儿了，想自己的从前。

今天给你讲这个梦，已经被我篡改过了，是一个药渣版。今天讲，讲不出万分之一。原版，那不是人和人说话，是起高楼，洋红色的万丈高楼，我的生生世世都在高楼上。我悲，是我曾经多么自由，远星是我的故乡，从那边到这边，真可说是星路迢遥。我确认我来自另一个世界，曾经存在了亿万年，经过无数天空，一直是壮阔的，灿然的，清白如风的。我确认我什么都知道，见证过所有根源和起因，也知道时间在什么时候完结，人们在何地湮灭。

我悲，是一次次失去自由，一世世焚心鞭尸，去而复返。一世为人，永世为人，这是我受的诅咒。我不是那个盖楼的人，我是那个拆楼的人。每一世我都接近完成自己的工作，每一世时间都从我手中夺去镐头。下一世我又被蒙上眼睛。

大楼至高无穷，楼里的房间至多无穷，我知道人们在各自的墙后面想什么，如果时间够用，我会走进每一个房间，把其他房间发生的事告诉这个房间的人。可是这一代我又没时间了，我还蹲在地下室，既苍老又颓废，日常生活把我扣押在这里，平日我甚至不知道我头顶上有一座大楼，也看不到楼的颜色。地下室的墙是灰色的，空气是灰色的，我蹲着的姿势也是灰色的。

我悲，因为我知道，这悲也超不过三天，三天之内我将忘记头上还有这座楼，回到白纸状态，或者隐约记得自己是谁，只是一个标题，翻过多少页全然没有文字——这样想的同时，遗忘程序开始启动，左太阳穴出现一只删除键，飞快地把一行行字从我脑屏幕上消去。

同时，这只键还是一只灵巧的手，把我脑子里的枝蔓一叶一叶折叠起来，叠成指甲盖那么一点点，手一抽，空了。每次都是这样，我巨大，我忘记，最后结束，我又被洗脑，忘记自己曾经是谁。

窗帘变成厂字形银边，我睁开眼，眼前全是灰色，闭上眼，也是灰色。我闭眼看着灰色灰了一层，又灰了一层，像一眨眼皮合上一张又合上一张。再睁眼，窗帘不见了，屋里一片漆黑，空气在嘤嘤叫，仔细听又变成蜂鸣。楼上的人家开门关门，上厕所冲马桶。我的脚在出汗，伸出被窝，凉了，又缩回来。我想起一个人说的笑话，他的一个朋友正在酒店卫生间洗澡，这时酒店停电，睁开眼发现眼前全是黑的，怒喊：我失明了。我翻了个身，笑了。我裹紧自己，决定先睡一觉，再睡一觉，如果可以就一直睡下去，永远不起床。

我就这样躺了三天，白天是银灰色的，夜晚是黑色的，滑进睡眠又滑出来，做的梦都是在一个不开灯的室内冰场无声地溜来溜去；从泰山后山浓荫蔽日的一万多级台阶一级一级走下来；在青岛前海湾蓝渊般的海水里一个青蛙蹬腿一个青蛙蹬腿地往回游。第四天中午，我右小腿肚子开始转筋，需要绷直腿使劲跷大脚指头。

我从被窝伸出手开了电视，当年的美国领导人在四处访问，在会客室草坪上发表讲话；身穿沙漠迷彩装的美国兵开着重型车辆从运输舰下来，一群戴着风镜的兵荷枪蹲在沙丘上拿望远镜乱看；他们好像是在发动战争，我知道有这么回事，已经打完了还是正筹备打搞不清楚。一群亚洲领导人在椰子树下开会，又一群亚洲领导人在奢华的宫殿里开会。欧洲人在机场接一个亚洲人，又在另一个机场接另一个亚洲人。这些老头子老妇女的脸个个熟悉，但是叫不出名字。我喜欢的一个女主持人露了一下脸就消失了。各电视台的女主播都眼睛聚光，侧着身子，像镜子里的一系列重影；要不就是转来转去，像小孩子骑在木马上。她们的声音，嘈嘈切切，像一群鸟扑棱着翅膀在屋里乱飞，每一个字我都听不全，脑子里都是残字。

大楼，我还记得那洋红色和高耸入云，但不记得那楼的由来和建在何地。红楼——这个词是一个生锈的箭头，嵌在我头骨里，它射中的正是我产生想法的那个点。

我和自己的过去依依惜别。我知道，当我能够下床的时候，我的脸上将看不到一点悲伤的影子，我会特别舒服，走出门去吃饭，谈恋爱，会朋友，挣钱。不这么做，除非我死。我安静地躺在床上想死这件事。躺着看黑乎乎镶银边的窗帘，知道那就是精心修饰的死神的眼帘，只要走几步，掀开它，跨过窗台，那下面就是死。我注视着死，安静地躺着，知道只要自己不动，就不会有事。

死，恢复自由。我又想了两天两夜这句话。

第六天晚上，我下床藏手机，找受屏蔽的屋角，藏好了，给自己打电话，通了，再藏。最后找进厨房，放到微波炉里，手机里一个女人说，您拨的号码不在服务区。

我躺回床上，极度清醒，对自己极度厌恶。

后半夜，我看王扣子小时候的照片，一边看，一边含着泪笑：太憨厚了。我给自己打了个电话，手机通了。我受了一惊，连忙下地，一溜烟儿小碎步跑进厨房，打开微波炉，手机上一堆未接电话和留言。我们赢了的留言是昨天傍晚：我建议你出来吃个饭。方言的留言是五分钟前：太美了。

第十六章

2034年5月7日　中医星期六　晴间多云
地点：老王家
出场人物：咪咪方　老王

咪咪方：自由是美吗？

老王：自由是至美。

咪咪方：自由是孤独吗？

老王：自由是绝对孤独。

咪咪方：至美和绝对孤独是死吗？

老王：是经过死，看到至美和——独有、独在、独享。

咪咪方：在你们那个时代，死是不是还是一个禁忌？

老王：是。

咪咪方：你这样说，是不是会受到谴责？

老王：是。也许不光是谴责，所以我选择了沉默。

咪咪方：尽管你得到指示，说，是你的使命。

老王：是。我拒绝了我的使命。我失去了我的勇气，在说和不说中选择了不说。不是一次丧失，是自那时起到今天三十年，一万天，每天丧失，每天问自己，说还是不说？每天选择不说，苟活到今天。我没有勇气讲死亡只是一扇门，是我们每个人回家的门，走过去是万物的故乡。没有盘查，不分彼此，罪大恶极的人回到家也会受到和最善良的人一样的对待，就像石头磨成石灰一样清白。

没有勇气讲，万物的故乡不分善恶，不是一个上诉法庭，不行使正义和惩罚，也不优待任何人。不相干。它要是区分善恶它就是人间了。它要是让一些人坐在左边一些人坐在右边一些人在上一些人在下它就是一个国家了。特别没有勇气说，行善都扔在水里，祈祷也是空响，想要在未来占有一个有利的位置的人，扑空了。呼喊报应，期待这个世界的债那个世界讨的人，扑空了。心愿带不走，恩怨带不走，多少情多少恨——人物关系你我他带不走。我们的家没有这些划分。你不是要平等吗？它给你平等，不带任何先决条件的平等，在辽阔的天穹中把我们解散，变成光，投向幽暗的星河深处。光和光见到了会怎么打招呼？会说很久以前你欠我一条命吗？会说我爱你吗？你不要见到平等，又怀念区别。

我想说，没有上帝，因为没有子民。人只是原子的一次临时聚合，在宇宙的星尘中昙花一现，超不过一亿年，你怎么能期待宇宙——那一刻也不停自我膨胀的力量，理会你这些打打闹闹的小儿把戏？

咪咪方：这是你看到的？

老王：这是我看到的。

咪咪方：你是基督吗？

老王：不要再提那个名字，我说过了，没有上帝，所以没有使命，我什么也不是，我只是我，一个胆小、贪生的中国人。那些声音没人说过，我这么想，才听到。我不是精神病，我不发疯，除非所有人听到，大喇叭广播，所有报纸先登，而不是只有我一个人听到——那我也不认这个账。

咪咪方：你这么害怕，你全身在抖。

老王：因为我听到笑声。今天跟你讲这个话，我仍然听到有人在墙里冷笑。我只讲给你，你千万不要对八说，你讲出去，我这个日子就过不成了。

冷笑的人，迷信的人会把我撕成碎片。我躲到郊区来，和所有人不来往，不再写作，就是要逃避自己的命运。我要过完自己的一生，悄悄死去，不想再听愚民的吼叫——这也是我特别不基督的地方。我已经混了一辈子，还想混下去。我要搬家了，自从你来到我家，我又听到墙里有人笑，上个月是在夜里，楼下，我一个人的时候。这个月开始是在白天，每间屋，现在你在场他也笑了。

咪咪方：是死亡的笑声还是人的？

老王：人的，年轻人的，北京口音——笑也有口音你发觉没有。从我小时候他就开始笑，家里没人的时候。中间几十年他没吭声，吭声我就抽他。现在我老了，抽不动人了，他又开始放肆——王八蛋！

咪咪方：如果我告诉你，现在是自由的时代，人人可以发表自己的看法，哪怕很荒谬，没人笑。

老王：我不信。没有这样一个时代，你要么是骗我要么是骗自己。没有这样一个时代，这不是人类社会的品质，只有死才能使人自由，我把人看死了。

咪咪方：你是死亡的爱慕者吗？

老王：他又笑了，这次笑的是你。

咪咪方：我不怕笑，笑吧，王八蛋！

老王：好好保存你的勇气，孩子。我也不怕过，后来变成了胆小鬼。你的时代应该比我的时代更好对吗？爱慕，我喜欢这个词——连这个都抬举了我。我的时代沾染了太多罪孽的气息，悲绝的气息。死亡随处可见，死亡是老朋友。爱尔兰的音乐是悼亡之声。我走不出我的时代，人，从蒙昧状态走出来比一生要长。死——自由。这样想我才感到一点欣慰。你对我这么好，我拿什么回报你，我再向你泄露一点秘密，我看到死，死，不是那个被丑化的猥琐的黑衣男人。是个年轻姑娘，我叫她夜明姑娘。黑头发，很温柔，目光如水，手并不冰凉，是暖的，紧握你的时候会出汗。和她走在一起，人人都会回头看你。死也要趁年轻，到我这个年纪，做什么都太费力气。我能为善良人们做的是，闭嘴。如果一定要说有什么遗憾，发表一下临终感言，我要说我早来了一个时代，人们还没准备好。也许到下一个时代，你儿女长大的时代，人对自己更尊重，没有那么多的自相干扰，各方面都具备了条件，有政府拨款，基金会资助，大学也开这门课，把死作为生命的一个进程进行研究，形成学科，有死亡学博士，我再回来，作为一个研究者发表自己的看法，比较合时宜。

他又笑了，他说，骗人。我一说点什么带教训的口气他就笑——私下说说也不行吗，孙子！

咪咪方：你认为你是正常的吗？我是说你老听见笑声其实没有人笑。有没有可能是精神出了问题？

老王：我自己——我不认为是精神出了问题。别人——如果你这样说，我也会认为你出了问题，会建议你去看精神病大夫。

咪咪方：像你这样，姑且称之为狂放的人——你一定认为精神病都不存在吧，是人出于无知虚构的一个问题，如果算不上是蓄意迫害的话？

老王：方言疯了以后，我和他讨论过这个问题，疯是个人问题还是社会问题，如果这个世界只有一个人，疯还存在吗？

相对什么而言，相对这个世界，我们姑且叫现实世界和多数人群，不能回到这边来，按多数人群——社会的要求行事待人，脑子一半还停留在——我们姑且叫另一个世界，分不清两个世界的界限，会被人当做精神病。如果太干扰这个世界的关系，造成空气紧张，人们就会限制你，用药，把你关起来。如果分得清，在那个世界想那个世界的事，到这个世界说这个世界的语言，除了影响自己不影响别人，就不是病，就是——我安慰方言说：拥有两个世界的人。

咪咪方：他也疯了？

老王：他自言自语，不分场合，坐下就狂聊就喋喋不休，说的都是中国话但没人听得懂他在说什么。大家开始躲避他，他在哪里坐下，哪里的人群就会很快散开。朋友也一个个溜走，找借口或干脆不找借口。

咪咪方：你也溜走了？

老王：我，开始还坚持。

咪咪方：他在说什么？你一定听得懂。

老王：听得懂。他在说这个世界的背面，说他来自什么地方，将要回到什么地方。说死，死后世界的繁华。说前历的种种，他爱过的人，他离弃的人，他经过的种种惨烈和痛不欲生。说上帝的模样，天堂的变迁，宇宙是怎么创造的，阶梯是怎么铺就的，又是怎么交付到他的手中，在他的手中失落。千千落日，万万余晖。他是在描绘自己的头脑，以无亿量和奔腾的速度倾吐，一个词没说全就跳到下一个词，一个字刚发音就变成另一个字的音尾，我都见过，也在脑海留下了那个世界的光影，但是跟不上他的速度。这狂聊最后变成他一个人丢了转儿的悲鸣和不时爆发的狂笑，和睥睨，和悻悻然，和被我打断。

我说，你完全是混乱的。

他说，脸上还挂着狂笑，是吗？我一点没意识到，我说什么了？

我说，不管你说什么，你是沿着自己脑子说话，完全不看对象，你要注意了，你这样下去，别人会当你是疯的。

他说——这时脸上挂着的表情是高傲。你也认为我疯吗？你知道我不疯，我说的都是你也看到的，是客观的，每个人终有一天会看到的，你不承认就是虚伪。

他也说我虚伪，我这一辈子听到的最多的评价就是虚伪。

我说，我不当你是疯的，你是天聪的，眼神带钻头的，你有自己的世界观，你要是疯的，我也是疯的。可是，我说，你没看人都散了吗，你在对谁说？你把人都聊跑了。歇歇吧，兄弟，歇歇吧。

咪咪方：你不是疯的吗？

老王：我，至少认为自己控制得很好，来往于两个世界，没给别人添太多麻烦。不知根知底的人，不聊。三十五岁以前的人，家里有负担的人，不聊。你不问我，我也不说。我在自己一个人的精神世界里独享很好。我是疯的，但跟谁都不说。你父亲疯了，到处跟人说。

我很想画这样一幅画，一个人坐在屋子里静静地发疯了，双手放在膝上，外表眼神一点也看不出来，但周围的一切都是颠倒的。如果我会画画，我就画这样一张画，挂在一进门的地方。这是我心里常出现的一幅画，是我对自己的描绘。

我还想拍一个电影，一个人回到住了多年的家里，发现一块砖从厨房的墙顶了出来，他把它敲了回去，重又抹平了墙壁，第二天，这块砖又顶了出来，第三天，另一块砖缩了进来，渐渐地，这面墙变得凸凹不平，布满抓手和蹬踏，像一面攀岩的训练墙。渐渐地，卧室里的墙也有砖出来进去，凸凹不平。渐渐地，家里的每一面墙都有砖开始活动，白天敲平了，晚上突出来。他来到街上，多年出入买东西的小杂货店不见了，变成一块空地和几棵白菜。第二天，他头一天还坐在那里吃饭的小饭馆不见了，变成一片草地。从一块砖开始，这个人的世界渐渐崩塌，他的目光停留在哪儿，哪儿就开始变化，最后他变成一个陌生人在一个崭新的世界里。以纪念你父亲。

我还想拍一个电影，已经被英国人拍了，一个杀手，一心想死，不巧爱上一个中学女同学，挣扎一番还是决定把这个女人和她的女儿用枕头闷死，断了这个念想。最后这个人欣慰地站在英国海岸白色的悬崖边，一个跳接是全景，一个跳接是更大的全，只有白色的峭壁没有了他。这是我看过最黑色的电影。

我还想拍一个电影，一个瞎子，但是那种有内在视觉的瞎子，从小就自己创造了一个世界给自己看，不知道自己是瞎的，大家也不知道，以为他是好的，大家在误会和一个世界各自表述中相安无事。最后也不知道。瞎子在完全的主观中和周围人打成一片，很平常很忙碌地生活下去。可以是喜剧，也可以不是喜剧。要用两堂景和两拨演员。

我还想拍一个电影，很多年以后，我已经死了，我又来到三里屯，老人儿都不在了，三里屯走的都是新人。我也是个小伙子，外国人，但心是老的，中国的，还记得这一世的事。我看见你，你已经是个风烛残年的老太太，我认识了你，整个电影都是我们坐在三里屯聊天，你给我讲你的一生。你以为你对我怀有长辈的慈爱，其实是我对你怀有父辈的情感。观众以为我热爱中国文化什么的，其实我就是北京人，我比这街上走着的什么人都北京。我一直想拍一个两套故事在一个时空里的电影，观众看一个故事，演员演另一个故事，都岔着但并不打架。这在小说里没法安排。

片子结尾，方言也出现在街头，他是个黑人，一下出租车就站在人流中大口揣气，谁也不知道这黑哥们儿怎么了，只有我遥领他的心情。我举起一只手，露出鄙人这张新脸给他看，他龇着一嘴白牙笑，我们谁也不戳穿谁。

咪咪方：你认为人生有意义吗？

老王：单纯的人生，没有意义。我还想拍一个电影，地艺毛——本地艺术毛片。关于皮肤的。用一秒三千格的高速摄影，专门的片盒，卷片子就得半天，特别费胶片，一百分钟乘六十秒，你算算光素材就得多少尺。身体可以是任何两具，每一路皮纹都记录到了，每一口毛孔都成井了，每一粒鸡皮疙瘩都成宝塔了，汗毛凛凛成了草原，风吹草低见血管，一定特别美，特别地质公园，特别不色情。是人从来没有看见过的景象。

咪咪方：你……

老王：让我说完。我在等科技进步。我最大的愿望是想拍一个我脑子的电影。我那几百亿脑细胞，一个格一个格的，每一格打开都是一个世界，带着宇宙开辟以来的洪荒景象，星际飞行的所见，物质世界的转化和生命的诞生，人类的历史及其曾有的想象。现在拍只能拿电脑做，要花很多钱，还要损失。最不损失的是在我脑袋上装一个投影，直接把我脑海投到大屏幕上，现场直播。拍人死的时候细胞怎么还活着，透明地板怎么在鼻子跟前合上的，怎么在地下凝视人间，怎么又从旁观置身其中。镜子擦得干净，完全照不见你。墙上的画揭下来一张还印着一张。花和叶子互相分离时互相磕头。上帝只有在黄灯下才看得见。音量不够人间就显得简陋，哪儿哪儿都不严丝合缝……

咪咪方：对不起，你大概也混乱了，我必须打断你一下。

老王：我没混乱，是画面太快，我已经很简洁了，还是跟不上。所以说，人的语言很无力，听其言不如观其脑。人是被语言限制的。真理是画面形式的，无法音译。派一个人来说，本来就是不可能的任务。真遗憾你看不到我的大脑，看到了你就知道人类书写的历史是多么简陋。上帝是那么一种存在，直接对每一个细胞的，细胞被唤醒的人就有基督般的感悟。这一种人在传说中层出不穷。这一种人活着就能体会灵魂的根系和庞大。基督是临界点，被灵魂充满的人，看见来路的人，是人挣脱自身登上的第一级台阶。简直无以名状，就用父与子比喻这一联系，也可说在人说人话。父亲是什么？是上线，也可说是根源。上帝——根源。上帝——灵魂。每个人被解散时都会发现自己是灵魂的派生物，是基督，在回归根源。我保证。这并不神秘，如果你能像一个细胞那样感受。

回到灵魂，你当然会得到休息，尤其是你刚从疲倦的人生归来。和星辰同辉，你当然感到荣耀，因为你至高无上。你以为那是恩宠，其实那正是你的本来位置。没有谁给予你，你本来就是自由的，解放的，不被玷污的。是语言造成的误认。

咪咪方：您喝口水。

老王：我说明白了吗？要不要我再说一遍？

咪咪方：大致明白，上帝是比附，等于灵魂；基督是比附，是渴望回到灵魂的精神状态。我本来就是自由的，不被玷污的，是原子吗？

老王：你能想象最大的自由——还要超越你的想象。没有谁再能统治你，没有谁再凌驾你之上。

咪咪方：我干吗呢？

老王：你什么也不干，就是待着，观看，不追寻意义无情地观看，直到另一个原子嚓一下飞来击中了你。

咪咪方：我怎么了？

老王：你就引起一次核爆炸，你就分裂再分裂，连锁又连锁。你要是倒霉，你的一小块又落回人间，出溜出溜分裂，又分裂成一细胞。你要是更倒霉，你就整成一卵细胞，或者精子，随你。你要游得快，出来得不是时候正被蝌蚪扎中，你又分裂成一小孩，又开始重新想，我有意义吗？见过葡萄架子吗？你就是一个会吃饭的葡萄架子，遇到另一个葡萄架子会说，嗨，你好。稍微不累一点是变成石头，那你风化的时候还长一点，也不用讲话，老这么来来去去一会儿有了一会儿秃了假惺惺的多累呀。

咪咪方：是啊，老这么折腾怎么受得了。——那你呢？

老王：我也没准儿，没准成老虎了，没准成孔雀了，没准成你儿子了，肯定不孝敬啊，那倒是我连累了你。

咪咪方：我连累了你我连累了你，谁生的就是谁连累谁。你要是一老虎也是个爱聊天的老虎。

老王：一定请你喝虎骨酒。

咪咪方：不核爆炸行吗？

老王：不核爆炸不行，一定要爆炸。都攒着，太热太挤，也爆炸。世界大战算什么，我们原来解决冲突扩大生存空间都是靠核爆炸。

咪咪方：有没有不掉回来的，就有这志气。

老王：大多数人——大多数残骸都没掉回来，也不知道掉哪儿去了。也没多少次可掉了，地球自个还爆炸呢，它一爆炸，想掉盘子里也没盘子了。一亿年很久吗？珍惜吧。

咪咪方：之后呢？

老王：之后就不停地掉，掉啊掉，因为永远没底，还以为是往前飞，就像一萤火虫，越飞星星越远，越飞越没人，最后您猜怎么着，眼前一暗，尾灯灭了，就和黑暗一体了。

咪咪方：还是黑暗？

老王：还是黑暗。无亿无亿年之后，乌鸦飞在黑天上，飞也是黑，不飞也是黑，往下落，下面全是煤渣。

咪咪方：是够没意义的。听上去真够惨的，乌鸦飞在黑天上。

老王：眼睛滴溜溜转打什么算盘呢？

咪咪方：这就是你的世界观？我还以为你很好，结果也就是只乌鸦。我还以为你有什么，其实什么也没有。

老王：我要说我有什么，我就是吹牛逼。我要说我看见了未来，我就是自欺。一颗原子有什么意义，创造宇宙吗？创造宇宙有什么意义？接纳人吗？抱歉，我不能同意人就是宇宙创生的意义。撒出去，收回来，撒出去，不再收回来，上帝就是一撒网的渔民。撒开宇宙这么大网就为捞上几条人吗？此上帝甚是无聊。抱歉，我要批评这个上帝。抱歉，就是这么回事，宝贝，你要看开一点。我也很想有意义，感到水淹了脖子一直在抓稻草，喊救命，一个弥天大谎飘走就游向另一个弥天大谎。我必须说，情况很糟糕，情况越来越糟，我游得越远，看到的越少。掉进黑洞就是永恒吗？遇到反物质就能彻底湮灭吗？生是过往，死也是过往，灵魂——原子也是过往。我不知道何谓终点。我也不认为谁知道终点。人说的终点都不是终点。

我和方言坐在小饭馆吃饭，上帝站在窗外，穿得像一个武警哨兵。我们同时想起一个老笑话，忍不住笑了。我们盘子里的菜叶绿得都站了起来，鱼在呼吸，肉块在爬行，汤像深池，虾在里面翻身还翻白眼。白墙皮，一块块吹鼓。杯子口，一圈圈盘上来。服务员，都瞪着眼睛。我说，这日子没法过了。

我经常半夜里开着开着车，路边的树都变成了墙。有一天大中午我回我妈家，刚上三环，三环就变成了海滨和沙滩，路边走的男女都穿着泳装。有一天清晨我去东四街加油，上一秒正要开进站大门，下一秒是黄昏，我在路边车里醒来，油箱里已经加满了油。丢日子。昨儿刚过星期一，明儿又是星期五。下得特别快的是洗窗水，打了满满一仓，一夜出来落了一场雨，车窗上都是泥点，再一扳，空枪了。漏视线。认识的人走到跟前没看见是常有的事，被人叫了一声就目瞪口呆。点着打火机，发现嘴上没烟，几次烫了嘴唇。一手拿钥匙一手拿手机半夜出门，开了车门只剩手机了，全身上下找，回店里找，听见发动机响，才发现已经插车上了。去吃饭，出来车丢了，东看西看，一辆车一辆车数，准在一特奇怪的地方，譬如正前方，都有经验了。一次去人家玩，天亮出来进电梯发现手机落人家了，坐电梯又上去，一推门是一公司，一帮人在上班。看看门牌号码对呀，是28钩。回到电梯口重新进楼道，一推门还是一公司，一帮人在上班。对自己说，别慌，晴天白日出不了鬼。退回电梯口再来，还是一公司。那就是楼走错了，我记得我下过楼。28层哐哐哐坐电梯下去。下了楼没错呀，就是这楼，这门口，这保安。再进电梯，看准楼层，郑重地摁下，哐哐哐上去，出电梯，定睛注视一分钟房号分布图，确实看清了，然后举起右手，跟着自己右手当一个舵走向28钩，一推门还是一公司。一屁股坐地上，疯逼了，什么也不想胡乱推一门，正是我朋友家。28J。再看那门，28L。都是"钩"闹的。

咪咪方：脑子进水了。

老王：脑子打成方格了。脑子砌成直角了。你一定去过游泳池更衣室，就是那样，一层一层，一箱一箱，印着号码，要拿东西出来，多一道开门关门手续，每天脑子乒乒乓乓开门关门。你要同情我，我是自己的访客，平常只能在走廊上溜达，哪扇门开了就进哪间屋办公。很多门永远不开。很多门关了再开就不知猴年马月了。

我去国医堂请脉，国医堂的大夫问，你是刚跑来的吗？

2004年是猴年，闰了一月，叫马月。猴年中国人狂打炮儿，马月妇产科爆满，生了不少迷信的孩子。

此刻我脑子里的门，都朝着过去，都是过去进光。

方言说，你本来信佛，和尚伤了你的心。你本来信基督，教会伤了你的心。你本来什么也不信，自己伤了自己的心。

从现在开始探着脖子一步一高走上小二楼，问我，你们俩干吗呢？

我说，他在给我看前世呢。

第十七章

2034年5月12日　星期四　晴

地点：老王家

出场人物：老王　咪咪方

老王：那一年我基本颓了，人类的理想祖国的前途都被我抛到九霄云外。那是第三次世界大战爆发前的乐观年代，世界被商人统治，商人到处做生意，闲下来就看赛跑和踢球，写书介绍自己的精明和第一次得手。巴勒斯坦人忽一天全跑到街上扔石头。朝鲜人忽一天又瘦又黑。炸弹忽一天落在中国大使馆。美国总统忽一天在电视里展示他的人性。我都不知道，我也是后来看历史纪录片才知道别人都在干吗。

北京忽一天飘白毛忽一天下黄土。我只在8，8那那，王8，走三角形。我也逮哪儿往哪儿躺，哪儿的音箱壮烈就把头伸过去，轰脑子。我没完全把脑子轰平轰压了箱底轰没了捻儿是因为方言在那儿比着，我一看见他就满地乱爬，我起来吧我别像他那样。

我大他更大。我没样儿他更没样儿。他都快把眼珠子瞪出来了像一金鱼。他走起来像蛇，盘成一堆卧着像被麻绳捆着的屎。他都快舔自己脚丫子了。

有时候像深海大龟往上游，天热，我们也不开空调，关着窗户，身上都是油，他光一膀子，露着白肚皮，肚皮周围有一堆飘飘荡荡的小白毛。他管这叫过精神生活。

从现在开始一看见他就悲痛欲绝。她已经不和他说话了。她给我打电话，问我们在哪儿。我说，你不要来了，他不欢迎你。

他是削了皮儿的，解了桩子的，平地一个焦雷和上边打通了关系得了喜信立起来跑什么也不顾——冒着烟儿的。

他说，性生活有什么意思。

他说，从今往后一切书都可以扔了，哥们儿这儿全有——他拍拍胸脯。

他说，什么人言可畏？我叫他们可笑，可怜，从今后这儿听不到了——他指指耳朵。

他说，哥们儿见过真理了。哥们儿现在记不住，将来不会老记不住，等哥们儿记住一些，嘿嘿，他笑，哥们儿一根舌头压死他们。

看到一本书，上帝降灵到某人身上，"好比在灵魂上打下烙印"。他大哭，我就是这样，我就是这样。

他拉起我手说，哥们儿都是相信另一个世界存在的吧。哥们儿都是到过另一个世界的吧。

我说，这还真不是瞎说。

他说，不好意思，哥们儿现在和耶稣释迦他们站一排了。哥们儿先从基础做起，先练跳大神。哥们儿已经掌握一些要领了。哥们儿跟你比较熟，先拿你练——哥们儿你信我现在已经是千里眼顺风耳了吗。

你说呢。

这时他仰起头，嘴里发出感叹，啊，啊，太牛逼了。每次我要看他总是让我看。

他说，你跟那和尚叫什么劲啊的，他吃他的香菇木耳三鲜馅饺子，吹他的电风扇，睡他的沙发床，他本来就是一装逼犯。你让他装，让他装……噢，你是想让人家一见你倒地便拜，您可来了，您早干吗来着，一向可好，久违了，大师。你再哭出来。是你装逼，有脏心眼儿。

我说，有的。

他说，那金色碍着你什么了，那不就是尸体裹金吗。让他们丫造，让他们丫惯着自个儿，照死了惯，不就是镀上层色儿吗。非要讲这个话，是真气不愤嘛——他们太腐化了。我怎么不知道你还是一个男低音。那是你们家的吗。

我说，是的。

他说，还不相信这是客观存在？还不承认这一切早就存在？你看窗外的瓦楞铁，怎么落了一层雪。

我说，这都是发生过的，你这叫人说顶多是算命，我是不是跟你说过呀？

他说，你就是一影儿，后面全是列车。他含着胸跋涉。你从前是一战士，浑身是血，大漠戈壁一路走来，白云苍狗，一转眼都是黄土，都是奔马，都是马腿和滴着红的刀尖。一姑娘在跑，胸前一抖一抖的。你说，连窗户都没有。还是青春期问题。你从前当过小姐，下摆绣着云霞——只能看见下半身。家里有一湖，湖心有一棵柳，你下的楼梯是黄杨木的，你坐的阁子是小人书的，坐在里面透着天的，你填词，用毛笔写的一个一个小苍蝇，拼却一生羞，与君尽日欢，要炮儿要不来是吗，小脚粽子。

他扭扭捏捏踮着脚尖在我跟前莺声燕语。

刮着肉进去就很舒服嘛。都给叫起来都拨拉到了狠胡噜一遍身上就觉得顺吗？自己个皮儿都扒了，毛儿都炸了，掰断了腿子，拧酸了脖子，跳疼了心肝，酱油汤子，酱油汤子。卸了这一百多斤碾碎了肠子弹着弦子这一地白花花细泪泪热辣辣怎么收拾得起来再糊个标致。

从现在开始上来了，一看我们俩就哭了，你们俩干吗呢？

方言指着她说，这是一工兵，在社会上挖地道的，刨了不少东西。还有还有，金银玛瑙。

从现在开始说，你能别这样吗。

我说，你走吧，你不懂。

她说，我不走，你们都成什么样子了你们为什么呀。

我说，没事。

她说，还没事呢。

方言突然满嘴山东话，说起一件杀人案，银生很漫长，银生很遭罪，月亮很狼犺，月亮很煎饼，俺家很敞亮，俺家很窝囊，俺把个彪子砸巴砸巴，埋猪圈了。边说边插自己的话，怎么成外地人了。

我把从现在开始搂过来，坐在我腿上，她是凉的，胳膊带着外面的夜气。从现在开始拿过我的电话按了一气，抬身下楼了。

方言突然掉泪，怎么什么人都留不住。怎么没一天是顺心的。把心掏出来都搁地上踩坏了。他一哭就出来了，问，我是好人还是坏人。我说，你——还行。他说，我怎么看见我不是好人。他说，我看不清你，还是只能看清自己。

他说，我杀过人，我老看见自己杀人，拿着棒子在看不清对面的黑暗中挥舞；刚从屋里出来，蹲在月光下喘气，棒子上沾着脑浆和黑头发。看见自己被捆着，跪在地上，脖子一冷，就往前边一堆人脚里连滚带爬，回头看，几百人扛着刀往回走。我的睫毛长了草，一株一株挡住目光，像绿网兜，像绿玻璃珠子穿的帘子，一串一串打脸。

我还杀过一小孩，小孩睡在炕上，沉着脸蛋，我这么横着一画，屋里飞过一道反光，才发现手里拿着把长刀，小孩齐下巴裂成两半儿，一点接触——碰着东西的感觉都没有。我为什么呀？我杀人的时候心里一点杂念都没有，就像一件衣服跳上床杀人。

有那么一座楼，远看像庙，进去是山，顶着门口，平地走越走越高，越走越孤，看见下面是没有水的河床，河底雪白，像是碱水流过去又晒干了。到脚下只有一拃宽，下一脚抬着没地儿落，就知道是走到峰尖儿了。这一脚踩下去腿一下伸长了，特别想踩高跷。心顶在头上，差着那么半米往下落，温度都在上半身。倒过来，心含在嘴里了，温度都在脚上，十个脚指头又胖又暖，两条小腿像两瓶酒。脸都冻疼了，脖领子结了一圈冰。每看一眼又低了一眼，鞋掉下来，掉得比我落得快，一只砸了我的脸，一只划过我鼻子，在我身下，两只平行着摆在空中，和我一起往下落。裤子留在云间，灌了风，两条腿儿乱扭。裤衩也没了，也在天上飘。这样下去我落地时就是一丝不挂。这样想的时候背心已经和裤衩在一起了，风直接吹着我的小腹和会阴。

海底像七八个画面一起摇晃，夹在玻璃板里带着景色栽跟头。走路弯着头，有思想压力。海底开满花，白色和藕荷色的，每一朵看着纸一样捧起来都沉得直不起胳膊，松开手就怒放着坠进黑暗。不知不觉满嘴甜了，鼻涕也甜了，走着走着全身遭到冰镇，蹲下才暖和一点。只能暖和到脖子，脸还是凛冽的，结着晶的。这时一条鱼游过来，一刻面前就裂了一道纹，再刻，画面缺一块。鱼吃眼皮像针灸。吃牙床像剔牙。剩下一个骷髅披着头发，看着小鱼鳞光闪闪游进脑子，一边一条，在里边喝豆腐脑。有牙的鱼最爱吃肛门，一条褶一条褶锯下去，锯成一立体的。蛋子就是鱼的面筋塞肉，瘦脸鱼一口吞进去，立刻鼓出俩腮帮子。这个不能碰，这个要碰就太刺激了……

方言一佝偻，两眼发直，喊，我射了。

我喊：音量小点。

咪咪方：这种事也有这种现象？

老王：这种事绝无仅有。我要不是亲眼看见也以为我是胡编的。他奔出去了，搭错神经了。高潮我也高潮，但不是这么个高潮法。过精神生活，人人都有高潮，一般是出汗，页码突然翻乱，讯号蜂拥迭起，眉间乱泼油漆。有一个专有名词叫"听洞"——也许该说是形容词。不好意思老跟你说到下三路，实在是低级恶心。

咪咪方：没关系没关系，只要是自然现象，都不恶心。谁叫你确实发生过呢。

老王：不觉得恶心是吗，不觉得恶心我就再形容形容。比真射那什么舒服——精神射的时候。面积大。房事勤——我们一朋友，说，是全身放箭，挵挵的——东北人儿。从头到脚百万垛口——至少是，一起射，还带着伴奏。

咪咪方：声控喷泉？

老王：还带着放礼花，对对，用放礼花加礼炮更准——自己给自己放礼花，自己欢迎自己，走红地毯。别人以为你傻了，其实你眼前绚烂得无以复加，热闹得一塌糊涂。我是没打过仗，没见过万炮齐轰，真打过仗，当过炮兵师长的也未必见过百万联装喀秋莎齐射，打出千山万水，各个时代的人在天上一起出动，全世界的历史交织在一起。一夜下来，皮肤都射粗了，能不舒服吗？射过精神的，很多最后都性冷了，没劲。

咪咪方：你也？

老王：我也——我也不知道。减少，大量减少。房事勤说，一次等于一万次，一辈子的数一次都交代了。我们赢了说，这可不行，每回都成酥泥了。我说，老了不求人了。有一次我射猛了，早上照镜子脸都是黑的，厚了一层，毛细血管都爆了，开梅花。去美容店磨皮。晚上在酒吧碰见一女士，说，咱们上午就在一起，我躺你旁边床上。

一则社会流言说，谁谁废了，谁谁废了。叔平气得肝儿疼。我正在看某人回忆录，他老师批语，你想成为一棵白菜，对吗。我改了一下对叔平说，他想成为一棵烟屁看这意思。

咪咪方：你。

老王：我倒是什么也不耽误。几年之后一次偶饭同桌坐着一个戴眼镜面透红晕的年轻人，他是学科学的，弃了本专，剃了头，强身，习武，持全斋，遍访各大丛林，相信采气。他没有跟我说，跟别人说，要练一些神通，现身说法才会济世。他有社会抱负，有梦想。看见他我就想起方言。他们脸上都有令人心惊的纯洁貌似平和的神态。回到家里我对着墙念叨：你要是平和你就不要涉神通。你要是平和你就不要钻庙。又是一个正道执。我执好消，人执难消。几大教门枉度了多少灵秀之辈。

一个唱歌的女孩子也懂得，前人音尘绝，后人晕后人。什么叫都是真的，真的也是望山跑死马画三五妙手在天陲，写写小说罢了。一个唱歌的女孩子也懂得，他们几个都是人，独行人，在宇宙星光下如你我一样。何况二手，三手，百手之后的木歹憨掬鹅懔得色荒腔拌清挣拔装逼举凡高门大殿松柏铜炉一路滴拉腥腥点点，无外嚼牙张致作怪。干完事儿就走了。说得巧而已。他要是通了他来这里做什么。唬你个钻牛角尖的。

他要你站起来你偏跪下去，还说这是瑜伽姿势直通囟顶——你要是趴着你永远不见天颜。我对着墙说。

方言不在多年，我在舞厅看见一个练花样游泳的女孩伸开两条粉腿在地下鹅颈宛转。一个唱歌的女孩子在跳自己的一生，穿着白色的水晶一样的短裤。我跟着她看，冻在一个大冰块里望天梯。唱歌的女孩走过来对我说，尾随不是开悟的办法。我得了这句话，却不知对谁说。

方言给我发短信：你不自信，永远不自信，因为你五千年来是奴才。上了天也要寻一个奴才的位置。

方言给我发短信：你不敢说自己好，永远不敢把自己想得好，因为你把标准交到别人手里。每回你都是吓死的。

他给我发短信：你想当女的，因为你是精神妓女，没人奸你就没思想。

他给我发短信：二十岁时你是小井里的井底之蛙，三十岁时你是大井里的井底之蛙。四十岁时发大水，你游上来，但是你是白内障。

我实在受不了他的奚落，给他回了个短信：你是不见棺材不掉泪。

他发来更汹涌的短信：你从来就是个吃软饭的，只不过你软饭硬吃，所以你瞧不起那些软的人。你只是不老实。小人儿也比你诚实一点。你吸干了你爸的血，你妈的血，你老婆的血，你朋友的血，你女儿的血，你才有今天。你吸足了中国的血，想吸美国的血——没吸动；吸上帝的血——没吸动；所以你现在有点贫血。

我回短信：是白玉雕吗。

他回短信：是白发黄，白发狂，白发忙，白发吱呀，无限细量在咱开，张旺的脸，从那里到这里要翻译，要单纯，你要整整齐一条鱼，你要开锅珠兰的思想来了跟你的处境镁光系。

我回短信：喜刷刷喜刷刷。

他回短信：你是看着那傻逼高而副吗。

我回：是。

他：那三棵树杈，铁皮瓦，歪风扯旗子。

我：傻逼楼，横逼趴，三叉几。

他：你那儿枝丫发芽了吗。

我：长豆豆。

他：他冲你笑了。

我：眉开眼笑。

他：无限伸展在米黄。

我：星星点灯。

他：我这里绿色正在生成。

我：我这里黄色正在生成。

他：一闭眼就在河里。

我：一闭眼就是夕阳短街。

他：坏妞的脸。

我：看咱们小时候吧。

他：全是咪咪方咪的果子脸。哭了。

我：蹬踏蹬踏蹬踏。我给他打电话，这不是挺好吗，咱们楼上楼下联网成功了。你最好坐一带轱辘的摇椅，窗帘全拉开，一边看一边还能动。

他说，你又给我带回来了，刚要融进去。

我说，你下来还是我上去。

他说，我动不了。

我到他家，窗子全黑了，他还坐在窗边。我说你喝点枇杷膏我给你带来了。

他说，我的薄荷鼻通吸出塑料味儿了。

我说，我下去再给你拿。

他说，我还要人造眼泪。

我说，我新买了一款鲜牛眼的，要不要试试。

他说试试就试试。

我下去又上来，带上来一小姐。我说，要不，你们俩先打一炮得了。

他说，农村的吧。

我说，我靠，还挑哪，您多久没性生活了。

小姐说，上海的。

我说，你妈逼上海的我们都是东北的一听就听出来，你怎么不挑一近一点的地方说。

小姐：那就不瞒你俩了，我是阿拉伯人，沈阳的，伊拉克后人。

我：家里有电视是吧，白点胖点，你就冒充外国人。东北哪疙瘩的。

小姐：辽东的。

我：沈阳下车怎么走啊，坐汽车还是摩的呀。五块钱能到家吗？

小姐：五块钱到不了。

我：还得坐手扶拖拉机吧。

小姐：不用。

我：进过几回派出所。

小姐：就一次。

我：不止一次吧。

他说：你这是聊天吗。

他说，坐在岸上，看到的净是沙子和风波，早晚一天，憋足了，潜一次。

我说，缺一个摄像头，固定在头上的，防水的，捞上来可以反复回放的。

大鸟扑扇着翅膀沿着湖岸掠过来，好像有风在后面推着她。低头一看，她脚下穿着溜冰鞋。

头牌挂在空中，树叶掉光了，发现一根树枝挑着她。

小孩低着头摘袖子，她的毛衣上都是毛球球。

从现在开始开着一辆吉普车，挥舞着一只手哇啦哇啦说话，手指间夹着一支烟卷，烟在空中画出一个个抖擞迷乱的白字。我怒喊一声：你别唠叨了。

她不说话了。我扳过她半边脸问她，你从此不跟我说话了是吗。她点点头。我问她，你原谅我吗。她点点头，然后朝我摆摆手。我说，是拜拜吗。她点点头。

方言说，你福报很好。

我说，我不信福报。

方言说，那你也福报很好。旺朋友，旺女朋友。你从来没活到老，这次你活到很老，但是在寂寞中。你最后是孤家寡人。三十年后有人会来找你，我看不清来人的脸，看鞋子，是女人。你过去三百年是闺房门前草，被绣花鞋高跟鞋来来去去踩在脚下，这一世女人都来怜悯你。

我去敲方言的门，他不开，在门后说，咱们没关系了，以后你遇见我，千万别跟我打招呼。

第十八章

2034年5月15日　星期日　晴
地点：老王家
出场人物：老王　咪咪方

老王：刘索说，这世上有一种人，其实是吸血鬼，不是用牙咬，是收你的精气神。一群人中有一个这种人，别人都会感到苍老，乏力，特别累，他却越来越年轻，越来越健谈，红光满面。一个屋子住着一个这种人，花都养不活，屋外的草地一圈黄，树半扇枯，猫瘦，狗蔫，蟑螂死于道，蚊子不进屋，他长寿，别人都折寿。我就是这么一人。

咪咪方：你别这么想。

老王：事实如此，谁跟我近谁倒霉。我爸我哥把寿借给我了。方言也把寿借给我了。好多朋友认识我后，麻烦不断，疾病不断，血案不断。都该是我的，都被别人挡了。我知道，心里明镜似的。

咪咪方：不是这么回事。

老王：你遇见我，家里不是也死了人。

咪咪方：我坚决不同意你这种说法。

老王：这就是福报，把别人的福寿报在自己身上。福寿守恒，你这里得，别人那里就要失。我活着，这个世界其他地方就要有人死。我是那借命的人，吃息的人。我这里每一小时都是别人几条命堆出来的。我真该死，可是每次想死，就有一个朋友死在我前面，我一动念就有一个垫背的，就成了对别人的诅咒。逼得我不敢起念。这是一种什么安排。

挖他西挖抠抠搂你觉得恐惧，觉得要出事，觉得已经出事了，马上就要波及到我，就莫名紧张，等坏消息。好消息永远不像，假装很好，假装一切很顺利。生活还好，生活处处有回忆，一切真的很顺利之下还是恐惧。老觉得门外有人，有公安，随时冲进来，一眨眼就站满了各个房间，往外端纸箱子。还可以溜，溜到地球其他地方去当侨民。这样溜了一辈子，一辈子过去，老来回到家里，坏消息理着个平头夹着手机包坐在家里等我。说别人，所过之处一片废墟。你看看我身后。

朋友的血，亲人的血染红的生命，我不知道还有什么意义。

我认识从现在开始的时候，她还是小孩，在锦什坊街小学上一年级。我坐在锦什坊街理发馆里低着脑袋推头，她背着书包从窗外走过。我一般总是在午休的时候去推头，她总是在那个时候上学下学。刮风的天气她翘着的辫子被吹得七扭八歪。下雨的天气她扛着一把黄塑料伞。冬天捂得苍白，夏天她就晒黑了。有时也在街上吃零食，专心舔冰棍儿，或往嘴里塞东西鼓鼓囊囊也不知在嚼什么。有时低头踢着一个哗啦啦响的铁盒子一跳一蹦地过去，肩袖上钉着一个小队长的牌子。大部分时间她是绷着脸蛋急急赶路的。也见过一次泪汪汪有点伤心的。一次她一边走一边站下来朝街对过喊，特别焦虑和束手无策。这次我就带着一脸头发楂子笑了，头还抬了一下，被理发师摁了下来。我看不到她喊的人，街对过只见一件件大人皱巴巴的衣摆，一只只来回甩着的手，孩子们前簇后拥的帽子头巾，推过的一车白菜或是一车煤球。那是上世纪八十年代年前后，中国还很困难，北京街上走的人都衣衫褴褛，面带菜色，刮风都像刚从灰堆里钻出来。她穿得也很普通，是耐洗的暗红或棕色的灯芯绒，胸前绣了个橘色的小鸭子，肤色一阵暗一阵亮，阴天就亮一点，晴天就暗一点。我小时候也有一件墨绿灯芯绒，绣着小鸭子，我在心里也管她叫小鸭子。

一天刮大风我在街上天晕地暗走，后边有人叫我，一回头下半身撞了个人，低头看是小鸭子，戴着头巾，像个小家妇，比我想象的还矮，瞪我一眼。我一迈腿从她头上跨过去。

　　一次我进理发店，一进门就觉得有人瞪我，理发员都背着我站着，找了一圈，发现是她，加了个小板凳坐在理发椅上铰头，支着根棍儿似的挺着脖子，脸在镜子里，看着斜处，但我知道刚才那一眼是她瞪的。我坐在她背后，一抬头就瞧见她的小脸，我也瞪她，瞪得小孩东张西望，铰完头冲了水，一头湿着灰溜溜走了。

　　那时我和锦什坊街上一个姑娘谈恋爱，其实就是乱搞，通奸。白天姑娘妈出去卖菜，姑娘就打我们单位窗下晃一圈，我就从班上溜出去，拐个胡同，到姑娘屋待一下。姑娘白，瘦，大劲。姑娘家旧床榫眼都松了。我们在屋里就像翻箱倒柜，床也跟着哼曲里拐弯的长调一阵阵发出劈了的声音。一天我从姑娘身上昂起头，瞧见小孩站在院里太阳地里，支棱着耳朵，我这边身下一响，她那边就拧一下头，满脸三个字：怎么了。响一下，问一句。我咳嗽一声，她兔子一般撒腿不见了。

　　咪咪方：疯很光荣吗？

　　老王：你是打算歧视我吗？

（第一部分完）

跋

　　我的问题就在于想写一个和所有小说都不一样的小说。这想法十几年前一产生就把我将军将死了。我知道这之前我写的那些小说出自哪里，也就是些聪明的模仿。这想法——可以叫它野心吧——毁了我的生活和家庭。你能想得出我对生活有多不认真，多潦草吗？我出去玩，到处演，其实都是为自己的小说凑场景呢。我觉得小说才是真实、可靠的生活，其他的，演砸了，都无所谓。我就想着自己的小说，什么办法都试了，最笨的和最傻的。今天才发现，写作对我来说是一个诅咒，每当我想换一种方式生活，不管我决心多大，跑得多远，装得多像——假装是另一国人，文盲，最后还是会被逮回来，坐在桌子前，写自己的各种妄想。

　　多年来，我一直盼着哪一天把这本"和所有小说都不一样"的操蛋小说写出来，我就踏实了！可以放心去过自己的日子，比较正常的生活，到处转转，到异国他乡看看风景，像电影里那样一个人开车长途旅行去看望朋友，或素未谋面的亲人，吃一点没吃过的东西，每天躺着晒太阳，或开个酒吧。我真是挺喜欢开酒吧的，那有一种把家放大，街上的行人随时都会变成亲人的错觉，走在街上，左邻右舍，每家店铺的人都认识，都打招呼，你还知道每家店的一点小秘密，那感觉真是不错——这是正常生活吗？我也不知道。反正这些年我在世界任何地方都没玩好，净想着小说了，心不在焉，耽误、辜负了很多人和事，几乎、还是已经很不道德了。就差犯法了。

　　几次以为逮着它了，终于把它揪出来了，几次都是揪住个头发，拉上来一看，脸不是，认错人了。

　　这本《和谈话》是揪得比较多的，揪出上半身了才觉得不像，写到最后一行，那么一跑，似乎觉得和自己哪个小说通了，如同《女儿书》聊，聊进《看很美》了，立刻颓了。我这倒霉催的，真不该贪图稿费，写那么多烂七八糟的小说，当年。

每回我以为自由了，其实还在枷锁里。写这趿时，心里老有一句话，顺着这话往下写，也没下文，接不住，想着也许是句歌词，就硬放在这儿吧：一个人的天塌了，全塌在心里……

这就像在狂风中把两个气球揉成一个面团……这句话也莫名其妙地老在脑子里打转儿，也不知该安在哪儿。

写作，其实是靠别人生活。一辈子靠别人，靠得住吗？在人群中谈自由，我只能对自己冷笑。变一个人，我做到了，但这有意义吗？

王朔

2007年12月11日上午

图书在版编目（CIP）数据

致女儿书／王朔著. — 北京：北京十月文艺出版社，2015.3

（王朔作品精选）

ISBN 978 – 7 – 5302 – 1361 – 2

Ⅰ．①致… Ⅱ．①王… Ⅲ．①王朔—自传 Ⅳ．①K825.6

中国版本图书馆 CIP 数据核字（2013）第 278038 号

致女儿书

ZHI NÜER SHU

王　朔　著

*

北 京 出 版 集 团 公 司
北 京 十 月 文 艺 出 版 社　出版
（北京北三环中路 6 号）

邮政编码：100120

网　　址：www．bph．com．cn

新 经 典 发 行 有 限 公 司 发 行

新 华 书 店 经 销

河 北 鹏 润 印 刷 有 限 公 司 印 刷

*

880 毫米×1230 毫米　　32 开本　　10.25 印张　　260 千字

2015 年 3 月第 1 版　　2022 年 11 月第 40 次印刷

ISBN　978 – 7 – 5302 – 1361 – 2

定价：35.00 元

质量监督电话：010 – 58572393